Bernhard Maier

DIE RELIGION DER GERMANEN

Götter – Mythen – Weltbild

Bernhard Maier

DIE RELIGION DER GERMANEN

Götter – Mythen – Weltbild

Verlag C.H. Beck München

Mit 7 Abbildungen

Satz: Fotosatz Janß, Pfungstadt
Druck und Bindung: Ebner & Spiegel, Ulm
Gedruckt auf säurefreiem, alterungsbeständigem Papier
(hergestellt aus chlorfrei gebleichtem Zellstoff)
Printed in Germany
ISBN 3 406 50280 6

www.beck.de

INHALT

ANHANG

VORWORT

Wer heute für ein allgemeines Publikum eine Darstellung der Religion der Germanen verfaßt, erhält Vorgaben von wenigstens vier verschiedenen Seiten. An erster Stelle steht dabei die Geschichte mit all ihren Wechselfällen der Überlieferung, aus der sich die Quellenlage ergibt. An zweiter Stelle stehen die einzelnen Fachwissenschaften wie Religionswissenschaft, Archäologie, Klassische Philologie und Germanistik, die für die Deutung dieser Quellen die Methoden bereitstellen und mit ihrer jeweils eigenen Geschichte den gegenwärtigen Forschungsstand bestimmen. An dritter Stelle steht der Verlag, der Umfang, Gestaltung und Ausstattung des Buches vorgibt. An vierter Stelle schließlich steht der Leser, der ein Vorverständnis des Gegenstands und damit eine bestimmte Erwartungshaltung mitbringt. Bei der Abfassung des vorliegenden Buches habe ich mich darum bemüht, den möglichen oder wahrscheinlichen Erwartungen des Lesers so weit entgegenzukommen, wie es im Hinblick auf die übrigen Vorgaben möglich war. Dies sei an dieser Stelle kurz erläutert.

Wie der allgemein gehaltene Titel anzeigt, handelt es sich bei dem vorliegenden Buch um eine einführende, zusammenfassende Gesamtdarstellung. Der Leser erwartet daher mit Recht eine ausgewogene Behandlung aller Aspekte, die er von seinem Vorverständnis her mit dem Gegenstand verbindet. Dies ist jedoch in zweierlei Hinsicht einzuschränken. Zunächst ist dabei auf den vergleichsweise geringen Umfang des Buches hinzuweisen, der eine umfassende, handbuchartige Zusammenstellung unseres Wissens von vorneherein ausschloß. Was hier über die Religion der Germanen berichtet wird, will daher zwar repräsentativ, aber nicht vollständig oder erschöpfend sein. Des weiteren ist zu berücksichtigen, daß viele gängige Vorstellungen über die Religion der Germanen weniger die historische Realität als vielmehr Entwicklungen innerhalb der modernen Germanenideologien widerspiegeln. Dieser Aspekt gehört gerade im deutschsprachigen Raum zum Vorverständnis des Lesers und sollte daher in einer allgemeinen Darstellung nicht ausgeblendet werden. Gleichwohl erschien es sinnvoll, die Religion der Germanen als den eigentlichen Gegenstand des Buches nicht durchweg vor der Folie neuzeitlicher Germanenideologien darzustellen, sondern diese neuzeitlichen Konstrukte gleichsam im Anhang abzuhandeln und ihnen im Hauptteil eine ausführlich begründete religionswissenschaftliche Sicht der historischen Realität gegenüberzustellen. Aus diesem Grund behandeln die Kapitel 1–8 die Religion der historischen Germanen und die Kapitel 9–10 die moderne Germanenideologie bzw. das neugermanische Heidentum.

Wer nun aber mit Blick auf den Hauptteil erwartete, ein Buch wie das vorliegende könne die ideologisch motivierten Fehlurteile der Vergangenheit in großem Umfang durch wissenschaftlich abgesicherte Deutungen ersetzen, der gäbe sich einer Täuschung hin. Entstanden sind die modernen Germanenideologien ja nicht nur durch sachfremde, politisch und weltanschaulich begründete Vorurteile, sondern auch durch die Spärlichkeit der Quellen und die fehlende Bereitschaft der Forschenden, die dadurch gesetzten Grenzen der historischen Erkenntnis anzuerkennen und gegen den jeweils vorherrschenden Zeitgeist zu verteidigen. Ein wesentliches Anliegen des vorliegenden Buches besteht daher darin, dem Leser neben den wichtigsten Quellen der germanischen Religionsgeschichte auch die methodischen Grundlagen ihrer Deutung darzulegen und anhand ausgewählter Beispiele auch die Grenzen unseres Wissens zu veranschaulichen.

Kann der Verfasser eines Buches schon durch die Wahl des Titels eine bestimmte Erwartungshaltung hervorrufen, so sind ihm die fachlichen Vorkenntnisse seiner Leser im allgemeinen weitgehend unbekannt. Bei einem Buch über die Religion der Germanen stellt sich daher die Frage, welche Kenntnisse der Vergleichenden Religionswissenschaft, Klassischen Philologie, Altgermanistik, Nordistik, Vergleichenden Sprachwissenschaft, Vor- und Frühgeschichtlichen Archäologie und Geschichtswissenschaft beim Leser vorausgesetzt werden können. Da das vorliegende Buch auch als erste Übersicht für ein breites Publikum und Einführung für Studierende der oben genannten Fachwissenschaften dienen soll, setzt seine Lektüre keine besondere Vorbildung in einer dieser Disziplinen voraus. Darüber hinaus ist der Hauptteil so geschrieben, daß er auch ohne

Lektüre der Anmerkungen mit ihren Hinweisen auf neuere weiterführende Literatur aus sich heraus verständlich ist. Ein ausführliches Namen-, Sach- und Begriffsregister soll einen möglichst raschen Zugriff auf die dargebotenen Informationen ermöglichen und so den Gebrauchswert des Buches als Nachschlagewerk erhöhen.

Um die Lesbarkeit nicht unnötig zu beeinträchtigen, erscheinen einige auch hierzulande gut bekannte altnordische Götternamen wie *Þórr*, *Óðinn* und *Freyr* in den eingedeutschten Formen Thor, Odin und Frey. Wie diese Beispiele zeigen, wurden dabei in der Regel *Þ/þ* (englisch *th* in *thick*) durch *Th/th* und *Ð/ð* (englisch *th* in *other*) durch *D/d* ersetzt. Darüber hinaus fehlen in diesen Fällen zumeist die Bezeichnung der Vokallänge (durch ′) und die Nominativendung (häufig *-r*). Im Register ist die philologisch korrekte altnordische Schreibung aber jeweils hinter den betreffenden Namen in Klammern vermerkt. Dabei steht der Buchstabe *ǫ*, der im Neuisländischen als *ö* geschrieben und gesprochen wird, für ein offenes *o* (wie in englisch *watch*). Durch Sprachvergleich rekonstruierte, also nicht belegte Formen sind durch ein vorangestelltes Sternchen (*) gekennzeichnet. Übersetzungen fremdsprachiger Texte stammen, sofern nichts anderes vermerkt ist, vom Verfasser.

Nun ist mit diesen einleitenden Bemerkungen aber noch immer nichts darüber gesagt, was die vorliegende Darstellung unter «Germanen» und – mit Bezug auf die Germanen – unter «Religion» versteht. Eine einfache Definition in wenigen Zeilen erscheint hier jedoch kaum ausreichend, da beide Begriffe von der Antike bis zur Gegenwart unterschiedliche Bedeutungen angenommen haben und auch von den Fachwissenschaften der Gegenwart keineswegs einheitlich verwendet werden. Um den Gegenstand des Buches genauer zu bestimmen, gilt es daher zunächst die Geschichte des Germanenbegriffs und der damit verbundenen Vorstellungen näher ins Auge zu fassen.

Einleitung:

GERMANENBEGRIFF UND GERMANENBILDER

Die in ihrer Bedeutung ungeklärte Bezeichnung «Germanen» (lateinisch *Germani*, griechisch *Germanoí*) stammt ursprünglich aus der antiken Ethnographie und Geschichtsschreibung, deren Sprachgebrauch die damit verbundenen Vorstellungen bis in die Gegenwart maßgeblich beeinflußt hat.[1] Charakteristisch für das antike Verständnis fremder Kulturen war die Zuordnung einzelner Stämme (*phŷla*) zu größeren Stammesverbänden oder Völkern (*éthnē*). Als die beiden größten und bedeutendsten Völker nördlich des Mittelmeerraums galten bis kurz vor der Zeitenwende die Kelten im Nordwesten und die Skythen im Nordosten. Eine grundlegend neue Sichtweise propagierte demgegenüber um die Mitte des 1. Jahrhunderts v. Chr. Gaius Iulius Caesar, als er den bis dahin kaum beachteten Namen der Germanen mit dem der Kelten und Skythen auf eine Stufe stellte und ihn nicht mehr wie bisher als Bezeichnung einer wenig bekannten Untergruppe der Kelten, sondern als den eines eigenständigen, von den Kelten grundverschiedenen Völkerverbandes östlich des Rheins verwendete (*Der Gallische Krieg* 6,21–24).

Daß Caesar damit die ethnischen und kulturellen Verhältnisse in Mitteleuropa zutreffender als alle seine Vorgänger beurteilt habe, galt in der neueren Forschung lange Zeit als selbstverständlich. Dagegen ist jedoch gerade in der jüngsten Vergangenheit Skepsis laut geworden, ob seine schematische Gegenüberstellung von Kelten und Germanen sachlich berechtigt war oder ob sie nicht vielmehr in erster Linie darauf abzielte, mit Blick auf die Eroberungspläne des Feldherrn den Rhein als natürliche Grenze der römischen Expansion darzustellen. Wie dem auch sei, das Beispiel Caesars machte Schule, so daß schon gegen Ende des 1. Jahrhunderts n. Chr. der Historiker Tacitus in seiner ethnographischen Schrift *Germania* alle Stämme nördlich der Donau und südlich der Nord- und Ostsee, östlich des Rheins und westlich des iranischen Steppenvolks der Sarmaten als «Germanen» bezeichnen konnte.[2]

In der Geschichtsauffassung des Mittelalters spielten die Germanen kaum eine Rolle, da einzelne Stämme wie die Franken, Sachsen, Schwaben und Bayern sich nicht so sehr als Nachfahren der Germanen verstanden als vielmehr darauf bedacht waren, sich durch die Anknüpfung an die griechisch-römische oder biblische Überlieferung einen Platz in der universalen Heilsgeschichte zu sichern. Dies änderte sich jedoch grundlegend im Zeitalter des Humanismus, insbesondere mit der Wiederentdeckung der *Germania* des Tacitus in der zweiten Hälfte des 15. Jahrhunderts.[3] Welche Aktualität die Germanen nun gewannen, zeigt das Beispiel des päpstlichen Gesandten Giovanni Antonio Campano (1429–1477), der 1471 in einer für den Reichstag von Regensburg bestimmten Rede die von Tacitus gerühmte kriegerische Gesinnung der Germanen als leuchtendes Vorbild für den Abwehrkampf gegen die Türken pries.[4] Feierte der Humanist Conrad Celtis (1459–1508) in einer 1500 in Wien gedruckten Ausgabe der *Germania* das unverdorbene Wesen der von Tacitus geschilderten Germanen, so zitierte Jakob Wimpfeling (1450–1528) in einer 1501 verfaßten Rede an den Rat der Stadt Straßburg die Angaben des römischen Historikers über linksrheinische Germanen, um damit die deutschen Ansprüche auf das Elsaß zu untermauern.[5]

Faßt man das Germanenbild der deutschen Humanisten insgesamt ins Auge, so zeigen sich deutlich zwei ebenso weitverbreitetete wie folgenreiche Eigenheiten. Zunächst einmal folgte man weitgehend ohne Rücksicht auf kritische Bedenken dem Bedürfnis, die Vergangenheit im Lichte der Gegenwart und umgekehrt die Gegenwart im Lichte der Vergangenheit zu deuten. Dabei rechnete man von vorneherein mit einem hohen Maß an historischer Kontinuität und war nur allzuschnell bereit, der Vergangenheit Vorbildcharakter und normative Geltung zuzusprechen. Des weiteren verführte Tacitus' ebenso konsequente wie effektvolle Gegenüberstellung germanischer und römischer Verhältnisse und seine Beschreibung der Germanen als eines «eigentümlichen, reinen und nur sich selbst gleichen Volks» (*Germania* 4,1) immer wieder dazu, augenfällige Ähnlichkeiten zwischen den Germanen und ihren Nachbarn zu bagatellisieren und statt dessen tatsächliche oder vermeintliche Gegensätze in den Vordergrund zu rücken. Ein gewichtiger Unterschied zur modernen Sicht der Germanen bestand allerdings noch immer darin, daß man sie – antikem Sprachgebrauch entsprechend – ausschließlich auf dem europäischen Festland lokalisierte. Außerhalb des Gesichtskreises blieb daher der skandinavische Norden, wo sich zur gleichen Zeit eine eigene Sicht der Vergangenheit etablierte.

Galten die Franken im Mittelalter als Nachkommen der Trojaner, so betrachteten gelehrte Autoren in den spanischen Königreichen von Asturien und León die Bewohner dieser Regionen als Nachfahren der Goten, die zu Beginn des 6. Jahrhunderts in die Iberische Halbinsel eingewandert waren.[6] Die Goten wiederum identifizierte man aufgrund von Namensähnlichkeiten und spekulativen Geschichtsdeutungen mit den in der Bibel erwähnten Völkern Gog und Magog und den aus antiken Quellen bekannten Skythen, Geten und Dakern. Als ihre Urheimat galt Skandinavien, das schon im 6. Jahrhundert der Historiker Jordanes in einem vielzitierten Bild als «Werkstatt der Völker» (*officina gentium*) und «Schoß der Nationen» (*vagina nationum*) bezeichnet hatte. Begeistert aufgegriffen wurde diese Sicht der Vergangenheit namentlich in Schweden, wo man schon im 13. Jahrhundert *Götar* und *Goten* miteinander gleichsetzte. 1434 forderte daher auf dem Konzil von Basel der Gesandte des schwedischen Königs für Schweden als Stammland aller übrigen Völker Europas den ersten Platz in der Konzilsversammlung, und um 1450 verknüpfte die sogenannte *Prosaische Chronik* (*Prosaiska krönikan*) durch die Ableitung der Goten/Göten von Noahs Sohn Japhet die antike mit der biblischen Geschichte. Einen ersten Höhepunkt erlebte dieser später so genannte Gotizismus im 16. und 17. Jahrhundert, als Johannes Thomæ Bureus (1568–1652) sich um eine kabbalistische Deutung der Runeninschriften bemühte und Olof Rudbeck (1630–1702) in seinem Werk *Atland eller Manheim* Platons Atlantis und das Paradies der Bibel ins vorzeitliche Schweden verlegte.[7] Großen Anklang fand diese Verherrlichung der Vorzeit nicht nur in Schweden, sondern auch in den übrigen skandinavischen Ländern, zumal man das Adjektiv *götisk* seit dem Anfang des 17. Jahrhunderts zur Bezeichnung der gesamten altnordischen und insbesondere der reichen altisländischen Literatur verwendete.[8] Im gleichen Jahr 1643, als der Däne Ole Worm (1588–1654) mit seinen monumentalen *Danicorum monumentarum libri sex* die wissenschaftliche Erforschung der Runenschrift begründete, entdeckte der isländische Bischof Brynjólfur Sveinsson

(1605–1675) als eine der wichtigsten Quellen altnordischer Mythologie die aus dem 13. Jahrhundert stammende Handschrift der Älteren oder Lieder-Edda, die nach ihrer Übergabe an den dänischen König von 1662 bis zu ihrer Rückgabe an Island 1971 als *Codex regius* in der Königlichen Bibliothek in Kopenhagen aufbewahrt wurde (Abb. 1).[9]

Was für das skandinavische Geschichtsbewußtsein bis dahin nur eine untergeordnete Rolle spielte, waren die antiken Nachrichten über die Germanen, die im Vergleich zur reichen altnordischen Überlieferung wenig attraktiv erschienen. Umgekehrt jedoch griff man seit der zweiten Hälfte des 18. Jahrhunderts gerade im deutschsprachigen Raum verstärkt auf Texte aus dem skandinavischen Norden zurück, um der nebelhaften nationalen Vorzeit Konturen und Farbe zu geben. Starken Auftrieb gewann dieses Verfahren in der Romantik, als die Vergleichende Indogermanische Sprachwissenschaft die enge Verwandtschaft des Gotischen, Althochdeutschen, Altniederdeutschen und Angelsächsischen mit dem Altnordischen demonstrierte und diese Sprachen als Germanisch von den benachbarten keltischen, baltischen und slawischen Sprachen abgrenzte. Eine wichtige Rolle spielte dabei die romantische Vorstellung von den Germanen, Kelten, Balten und Slawen als einheitlichen Völkern, in deren geistigen Schöpfungen wie Sprache, Religion, Recht, Kunst, Sitte und Brauchtum sich ein jeweils charakteristischer Volksgeist erkennen lasse.[10]

Vollzog die Romantik damit die räumliche Ausdehnung des Germanenbegriffs von seinem ursprünglichen mitteleuropäischen Geltungsbereich auf den skandinavischen Norden, so erweiterte man ihn im weiteren Verlauf des 19. Jahrhunderts auch in zeitlicher Hinsicht. Maßgeblich daran beteiligt war zunächst die archäologische Forschung, die aus der Kontinuität von Siedlungen und ihrer materiellen Kultur auf eine biologische Kontinuität der Bevölkerung schloß und so den Begriff des Germanischen gerade in Skandinavien bis in die Bronzezeit zurückverlängerte. Eine wichtige Rolle spielte ferner eine aus dem Geist der Romantik und Zivilisationskritik geborene Volkskunde, die im Zeitalter der Industrialisierung und Verstädterung Sitten und Bräuche ländlicher Gegenden als umgedeutete oder mißverstandene Überbleibsel aus der heidnischen Vorzeit interpretierte und dadurch die Kontinuität der Gegenwart mit der

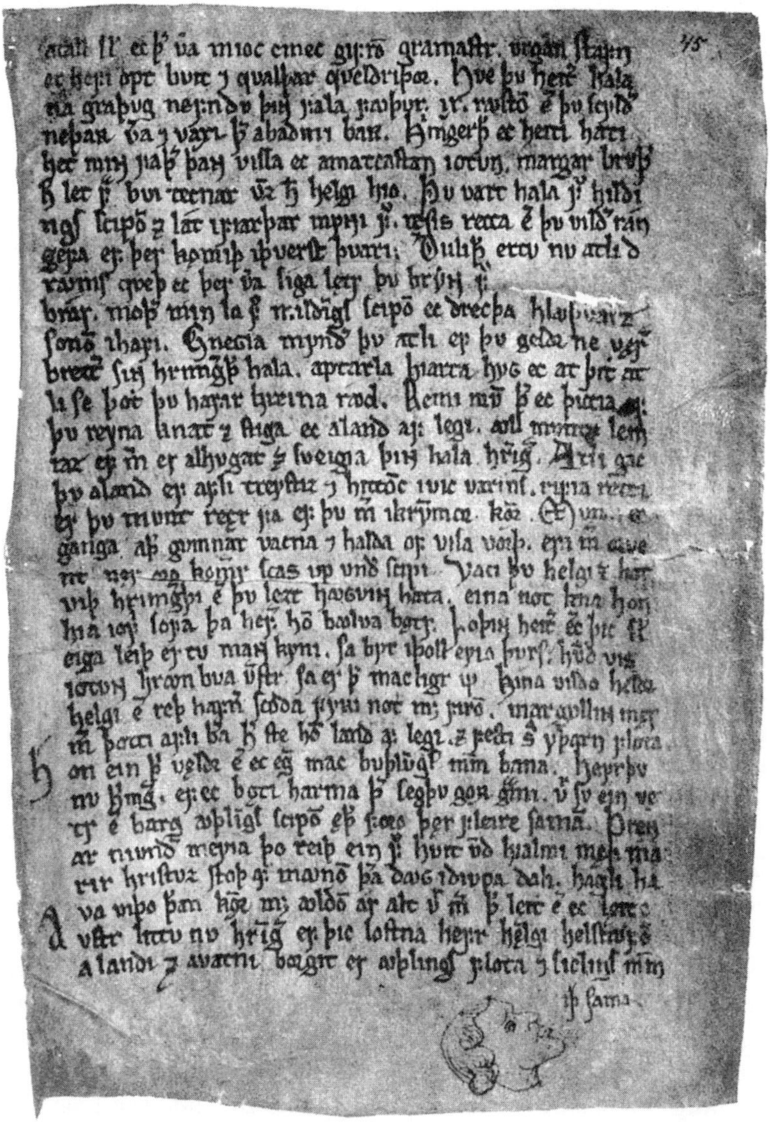

Abb. 1: Eine Seite des *Codex regius*

germanischen Vergangenheit hervorhob. Ihren ideologischen Höhepunkt und wissenschaftlichen Tiefstand erreichte diese Entwicklung zur Zeit des Nationalsozialismus, dessen politische und weltanschauliche Vereinnahmung der Germanen den Begriff in weiten Kreisen diskreditierte und die unvoreingenommene Auseinandersetzung damit gerade im deutschsprachigen Raum nachhaltig erschwerte.[11]

Sucht man die Entwicklung der wissenschaftichen Forschung in den letzten fünfzig Jahre zu umreißen, so ist in allen Bereichen eine deutlich gestiegene Skepsis gegenüber jenen Deutungsmustern zu verzeichnen, die sich seit der Romantik herausgebildet hatten.[12] So ist man sich heute weithin einig, daß die historische Kontinuität einer Sprache und die biologische Kontinuität ihrer Sprecher sich nicht wechselseitig bedingen und ohnehin keiner dieser beiden Faktoren zwingende Rückschlüsse auf das Selbstverständnis oder Zusammengehörigkeitsgefühl einer Gesellschaft erlaubt. Darüber hinaus ist die einst gängige Ausdehnung des Germanenbegriffs in die vorgeschichtliche Vergangenheit insofern fraglich geworden, als die neuere Archäologie aus einer Kontinuität der materiellen Kultur nicht mehr ohne weiteres auf eine biologische Kontinuität der Träger dieser Kultur schließt und umgekehrt Veränderungen im Fundgut nicht länger auf Wanderungsbewegungen und Bevölkerungsverschiebungen zurückführt.[13] Im Hinblick darauf trifft sich die gegenwärtige archäologische Skepsis gegenüber der traditionellen Vorstellung von Skandinavien als Urheimat der germanischen Stämme mit neueren Ergebnissen der Vergleichenden Sprachwissenschaft, denen zufolge das Germanische in weiten Teilen Skandinaviens überhaupt erst nach dem Ende der Bronzezeit eingeführt wurde.[14] Skeptisch geworden ist man heute jedoch auch gegenüber der Ausweitung des Germanenbegriffs in Richtung auf die Gegenwart, da die neuere Volkskunde oder europäische Ethnologie die weitreichenden Kontinuitätshypothesen der älteren Forschung vor allem aus methodischen Gründen verworfen oder zumindest in Frage gestellt hat.[15]

Welche Konsequenzen ergeben sich daraus für eine neue Darstellung der Religion der Germanen? An erster Stelle zweifellos die, daß eine solche Darstellung nicht sprachwissenschaftliche, archäologische und historische Zeugnisse aus unterschiedlichen Epochen und Regionen auf ein und dieselbe Ebene projizieren und daraus eine fiktive Einheit konstruieren darf. Der Ausdruck «Religion der Germanen» verbürgt also keineswegs eine zeitliche und räumliche Konstanz oder weitgehende innere Konsistenz der damit bezeichneten Phänomene, sondern dient lediglich als konventionelle Sammelbezeichnung einer ausgeprägten Vielfalt von Kulten, Riten, Mythen und religiösen Vorstellungen, die im Zuge der oben skizzierten historischen Entwicklung als germanisch bezeichnet wurden bzw. werden. Ein Gebot der wissenschaftlichen Redlichkeit besteht nun allerdings darin, den historisch gewachsenen Sprachgebrauch nicht unreflektiert zu übernehmen, sondern ihn der oben skizzierten neueren Forschung anzupassen. Die vorliegende Darstellung bezieht die Bezeichnung «Germanen» daher in erster Linie auf die Sprecher einer germanischen Sprache, vermeidet aber seine Anwendung auf die schriftlose Vorzeit.[16]

Versteht man unter «Germanen» soviel wie «Sprecher germanischer Sprachen», so muß es den Ergebnissen der Vergleichenden Sprachwissenschaft zufolge schon lange vor dem Einsetzen der antiken Schriftquellen Germanen gegeben haben. Wenn die vorliegende Darstellung auf diese vorgeschichtlichen Germanen nicht näher eingeht, liegt dies zum einen an der Unsicherheit jeder ethnischen oder sprachlichen Zuordnung archäologischer Überreste, zum anderen daran, daß die religionswissenschaftliche Deutung von Bodenfunden aus schriftlosen Epochen nur allzuoft auf farblose allgemeine Feststellungen hinausläuft, die für das Verständnis der späteren religionsgeschichtlichen Entwicklung letztlich nur wenig beitragen.

Hat es eine Religion der Germanen als einheitliche Größe nie gegeben, ist selbstverständlich auch nicht damit zu rechnen, daß die unter diesem Begriff zusammengefaßten Phänomene sich in jedem Fall aufeinander beziehen und wechselseitig erhellen. Vielmehr ist stets aufs neue kritisch zu fragen, ob und inwiefern die vielfach isoliert dastehenden Zeugnisse verallgemeinert oder miteinander verknüpft werden können. Stark erschwert wird diese Aufgabe durch den fragmentarischen Charakter der Quellen, die aus ganz unterschiedlichen Epochen und Regionen stammen und darüber hinaus von höchst unterschiedlicher Aussagekraft sind. Dieser Umstand ist von so entscheidender Bedeutung, daß an dieser Stelle ein Blick auf den Gesamtbestand unserer Quellen angebracht erscheint.

Unter den möglichen Einteilungen der Quellen zur Religion der Germanen besitzt die grundlegende Unterscheidung von sprachlichen und außersprachlichen Zeugnissen die vielleicht größte praktische Bedeutung. Dabei beruht der besondere Wert der außersprachlichen Quellen, darunter Opfer- und Weihegaben, Kultstätten, Götterbilder, Amulette und Grabbeigaben, vor allem darauf, daß es sich bei ihnen um unmittelbare Überreste vorchristlicher Riten und Kulte handelt.[17] Dies gilt auch für die im 5./6. Jahrhundert nach dem Vorbild der römischen Kaisermedaillons geprägten runden Goldbleche, die sogenannten Goldbrakteaten, und für die aus dem 6. bis 8. Jahrhundert stammenden sogenannten Goldblechfigürchen (dänisch *guldgubber* «Goldmännchen»), die vor allem im südlichen Skandinavien zutage kamen und gerade in neuerer Zeit Gegenstand intensiver Forschungen geworden sind.[18] Eine gewisse Sonderstellung besitzen in diesem Zusammenhang die lateinisch geschriebenen Weihinschriften für germanische Gottheiten aus der römischen Kaiserzeit sowie die religiös motivierten Runeninschriften aus den Jahrhunderten vor der Christianisierung. Sie sind zwar auch unmittelbare Überreste heidnischer Riten und Kulte, geben jedoch im Unterschied zu den zuvor genannten Zeugnissen durch ihre sprachliche Ausformung wertvolle Hinweise auf die mit diesen Riten verbundene religiöse Begrifflichkeit (Abb. 2).[19]

Anders als die außersprachlichen Zeugnisse stellen die meisten sprachlichen Quellen keine unmittelbaren Überreste der germanischen Religion dar, sondern bieten lediglich die Außenperspektive der benachbarten griechisch-römischen oder mittelalterlich-christlichen Kultur.[20] Zu erwähnen sind hier insbesondere Notizen bei griechisch-römischen Ethnographen und Historikern, Hinweise auf die vorchristliche Religion germanischer Stämme bei Geschichtsschreibern des frühen und hohen Mittelalters, Bemerkungen in den Lebensbeschreibungen von Germanenmissionaren, Bestimmungen in kirchlichen Verordnungen,[21] Anordnungen in weltlichen Gesetz- und Rechtsbüchern[22] sowie schließlich die reiche altnordische Überlieferung.[23] Von zentraler Bedeutung sind hier die von mythologischen Bildern geprägte Preisdichtung der frühen Hofdichter (Skalden),[24] die Götterdichtung der sogenannten Älteren oder Lieder-Edda[25] und die von dem isländischen Politiker und Gelehrten Snorri Sturluson (1178–1241) als mythologisches Handbuch für Skalden

Abb. 2: Eine lateinische Weihinschrift für die Göttin Nehalennia

konzipierte Jüngere oder Prosa-Edda.[26] Vereinzelte Hinweise auf die Religion der vorchristlichen Zeit enthalten ferner die in der heidnischen Zeit spielenden, doch erst lange danach von Christen aufgezeichneten Isländersagas, deren religionsgeschichtlicher Quellenwert aber lange Zeit weit überschätzt wurde.[27] Besondere Beachtung verdient in diesem Zusammenhang schließlich noch der Wort- und Namenschatz der germanischen Sprachen, aus denen die vergleichende und historische Sprachforschung Aufschluß über die religiöse Begriffsbildung und die Verwendung religiöser Begriffe und Götterbezeichnungen in Flur-, Orts-und Personennamen gewinnen kann.[28]

Wie leicht einzusehen ist, wird die religionsgeschichtliche Auswertung dieser Quellen bereits durch ihren indirekten Zeugniswert und ihre bruchstückhafte Überlieferung erheblich erschwert. Hinzu kommt, daß Forscher auf diesem Gebiet seit der Romantik vom Gedanken der Kontinuität und Homogenität dieser Zeugnisse durchdrungen waren und darüber hinaus bereits lange zuvor damit begonnen hatten, die Germanen als Projektionsfläche jeweils wechselnder Feind- und Wunschbilder zu mißbrauchen. Um hier zu einer möglichst objektiven Einschätzung des Gegenstands zu gelangen, ist das vorliegende Buch mit Bedacht vom Standpunkt der Vergleichenden Religionswissenschaft aus geschrieben und gewinnt daraus den Bezugsrahmen für seine Darstellung. Negativ gewendet, handelt es sich dabei um die Anerkennung der historisch und kulturell bedingten Distanz, die unsere Welt von jener der Germanen trennt. Hier ging es vor allem darum, den Germanen nichts von alledem unterzuschieben, was landläufig mit dem Begriff «Religion» verbunden wird, tatsächlich aber nur für Schriftreligionen wie das Christentum, mitunter auch nur für das Christentum bzw. die säkularisierte Gesellschaft der Neuzeit charakteristisch ist. Positiv gewendet, sollte die vergleichende Perspektive andererseits die zahlreichen Übereinstimmungen zwischen der Religion der Germanen und den benachbarten Religionen Alteuropas deutlich machen. Bei diesen Übereinstimmungen handelt es sich teils um das Ergebnis historischer Berührungen etwa zwischen Germanen und Kelten oder zwischen Germanen und Römern, teils um typologische Parallelen, die letztlich aus grundlegenden Gemeinsamkeiten in der Gesellschaftsordnung und Wirtschaftsweise dieser Kulturen zu verstehen sind.

In dieser Perspektive erweist sich die Religion der Germanen als eine typische Religion von Bauern und Viehzüchtern, was sie von verschiedenen außerhalb Europas gut bezeugten Religionsformen etwa von Hirten- oder Wildbeuterkulturen wesentlich unterscheidet.

Wie aus diesen Bemerkungen deutlich geworden sein dürfte, besteht ein wesentliches Anliegen der vorliegenden Darstellung also im Aufzeigen grundlegender Strukturen und historischer Perspektiven, die eine erste Annäherung an den Gegenstand im Rahmen größerer Zusammenhänge ermöglicht. Dagegen erschien es wenig sinnvoll, die ohnehin schon beträchtliche Zahl der geistreichen, aber letztlich unbeweisbaren Kombinationen und Spekulationen auf diesem Gebiet noch weiter zu erhöhen oder die mangelnde Aussagekraft der Zeugnisse durch eine möglichst große Fülle von Belegen und Zitaten wettmachen zu wollen. Eine Annäherung an die Religion der Germanen birgt immer wieder die Erfahrung von Nähe und Distanz, Fremdem und Vertrautem, leicht Faßlichem und schwer Durchschaubarem. Nicht zuletzt deshalb ist sie denn auch nicht ein für alle Mal, sondern immer wieder neu zu vollziehen.

I.

GÖTTER UND GÖTTINNEN

Es gehört zu den Eigentümlichkeiten unseres modernen Religionsbegriffs, daß er weder klar bestimmt ist noch in anderen Kulturen eindeutige Entsprechungen findet. Sieht man jedoch ausgehend vom landläufigen Sprachgebrauch ein Charakteristikum der Religion von Juden, Christen und Muslimen in den jeweiligen Vorstellungen vom Wirken Gottes, so dürfen wohl Anschauungen vom Wirken einer Vielzahl von Göttern als wesentliches Charakteristikum dessen gelten, was man üblicherweise Religion der Germanen nennt und unter diesem oder einem ähnlichen Titel in der wissenschaftlichen Literatur besprochen findet.[29]

Germanische Gottesbezeichnungen

Als Zweig der einst von Island bis Zentralasien verbreiteten indogermanischen oder indoeuropäischen Sprachfamilie besaß das Germanische zur Bezeichnung eines Gottes das Wort **teiwaz*, das unter anderem auch im Altindischen (*devaḥ*), im Irischen (*día*) und im Lateinischen (*deus*) begegnet. Sprachgeschichtlich verbindet man es mit der Bezeichnung des Tages (lateinisch *dies*) und mit dem in mehreren Sprachen erhaltenen Namen des indogermanischen Himmelsgottes (altindisch Dyauḥ pitā, lateinisch Iuppiter, griechisch Zeus).[30] Die altnordische Entsprechung dieses Wortes ist *týr*, das in der Regel wie ein Eigenname zur Bezeichnung eines Gottes namens Týr verwendet wird, jedoch im Plural *tívar* «Götter» sowie in einigen zusammengesetzten Ausdrücken wie *sigtýr* «Kampfgott» und *valtýr* «Gott der Gefallenen» als Bezeichnungen des Gottes Odin noch den älteren appellativischen Gebrauch erkennen läßt.[31]

Neben dem Plural *tívar*, mit denen der Skalde Þjóðólfr ór Hvíni die drei Götter Odin, Hœnir und Loki bezeichnet, kennt das Altnordische noch die Ausdrücke *bǫnd* «Bande» und *hǫpt* «Fesseln», die sich nicht auf individuelle Götter, sondern vielmehr kollektiv auf die Götter im allgemeinen beziehen.[32] Dabei gebrauchen die heidnischen Skalden den Ausdruck *bǫnd* zur Bezeichnung der Götter vor allem in kultischen oder rituellen Zusammenhängen, während *hǫpt* vor allem auf der Ebene des Mythos Verwendung findet. So etwa preist ein Skalde einen heidnischen Fürsten dafür, daß er nach einem Versuch der Christianisierung die Heiligtümer der *bǫnd* wieder errichtet habe, während andere Dichter den Gott Odin als obersten der *hǫpt* bezeichnen.

Als eine weitere kollektive Götterbezeichnung begegnet in der altnordischen Überlieferung *regin*, was man im Hinblick auf gotisch *ragin* «Rat, Beschluß» als «Ratende» oder «Lenkende» deuten kann. «Zum Richtstuhl gingen die Rater alle», übersetzte dementsprechend Felix Genzmer (1878–1959) in seiner klassischen Übersetzung der Lieder-Edda den Satz *þá gengo regin ǫll á rǫcstóla*, mit dem in spätheidnischer oder vielleicht schon christlicher Zeit der unbekannte Autor des Gedichts *Vǫluspá* die «beratende» Funktion der Götter kennzeichnete.[33] Frühe Belege für die Bezeichnung *regin* bieten die Inschriften der schwedischen Runensteine von Noleby (um 600) und Sparlösa (um 800) in Västergötland. Dort werden die Runen – wie übrigens auch sehr viel später in Strophe 80 des eddischen Gedichts *Hávamál* – als «götterentstammt» oder «von göttlicher Natur» (altnordisch *reginkuðr*) bezeichnet.[34]

Weit verbreitet war insbesondere im Norden die Bezeichnung der Götter als *æsir* (Singular *áss*), wofür sich im Deutschen die Form *asen* (Singular *ase*) eingebürgert hat.[35] Einen alten Beleg für dieses Wort bietet Kapitel 13 der *Gotengeschichte* des Jordanes, wo es heißt, die Goten hätten ihre Vorfahren *non puros homines, sed semideos, id est ansis* genannt. Daß das Wort schon damals soviel wie «Götter» bezeichnete, zeigt die Abgrenzung von den «gewöhnlichen Menschen» (*puri homines*). Die Übersetzung mit dem Ausdruck «Halbgötter» (*semidei*) ist demgegenüber nicht wörtlich zu nehmen, sondern beruht lediglich auf dem christlichen Standpunkt des Verfassers, der das Wort *deus* dem christlichen Gott vorbehält. Im Deutschen lebt germanisch **ansuz* fort in Namen wie Ansgar und Anselm, ist als Appellativum aber nicht erhalten geblieben.

Als eine Kollektivbezeichnung begegnet im Norden des germanischen Sprachraums schließlich auch das Wort *goð*, das im Altnordischen ursprünglich – ebenso wie gotisch *guþ* als Bezeichnung des christlichen Gottes – grammatisch als Neutrum konstruiert und in den ältesten Texten überwiegend im Plural mit der Bedeutung «(die) Götter» verwendet wurde. Beachtung verdient dabei, daß einige sprachlich konservative Texte das Wort auch im Plural zur Bezeichnung des einen christlichen Gottes verwenden, wie ja auch die hebräische Bibel mit der Pluralform *'ælōhīm* sowohl die vielen heidnischen Götter als auch den einen Gott Israels bezeichnen kann.[36]

Mit diesen Bemerkungen ist jedoch noch kaum etwas darüber gesagt, welche Vorstellungen die Germanen mit den oben genannten Bezeichnungen verbanden. Zu vernachlässigen ist hier die Etymologie der oben genannten Wörter, da sie bestenfalls über den Ursprung und die frühe Geschichte einer Bezeichnung, nicht aber über deren späteren Inhalt Auskunft geben können. Dies zeigt nicht nur eine Bezeichnung wie *bǫnd*, deren sprachlicher Zusammenhang mit dem Wort *binden* in den uns erhaltenen Texten keine Rolle mehr spielt, sondern auch das Wort «Gott», dessen etymologische Verbindung mit dem Wort *gießen* (gotisch *giutan*) zwar vielleicht auf seine vorchristliche Verwendung zur Bezeichnung des Trankopfers hinweist, für den spätheidnischen Sprachgebrauch aber ohne Belang ist.[37] Einen genaueren Einblick in die germanischen Vorstellungen von den Wirkungsweisen und Eigenschaften der Götter ermöglichen daher weder die Bezeichnungen selbst noch deren außergermanische Entsprechungen, sondern erst die literarischen Quellen und der archäologische Befund als Spiegel der gelebten Religion.

Wirkungsweisen und Eigenschaften der Götter

Zu den Göttern zählen sie nur die, die sie mit eigenen Augen sehen können und deren Wirken ihnen offenkundig Hilfe bringt: die Sonne, das Feuer und den Mond. Die übrigen kennen sie nicht einmal vom Hörensagen.

So schilderte um die Mitte des 1. Jahrhunderts v. Chr. Caesar die Götterwelt der Germanen (*Der Gallische Krieg* 6,21,2). Tatsächlich handelt es sich dabei jedoch nur um ein Klischee der antiken Ethnographie, die im Fehlen der Vorstellung unsichtbar wirkender Götter ein Kennzeichen zivilisationsferner Naturvölker sah. Offensichtlich wollte Caesar mit dieser Bemerkung – im Einklang mit der propagandistischen Absicht seiner Feldzugsberichte – vor allem den

Gegensatz zu den Galliern hervorheben, deren Anschauungen von den Göttern seiner Darstellung zufolge weitgehend mit denen anderer Völker übereinstimmten (*Der Gallische Krieg* 6,17,2).[38] Daß die Germanen sehr wohl an Götter glaubten, die den römischen vergleichbar waren, schreibt rund 150 Jahre später Tacitus, der in diesem Zusammenhang die wichtigsten Götter der Germanen mit den römischen Göttern Mercurius, Hercules und Mars gleichsetzt (*Germania* 9,1). Dieses Zeugnis erscheint um so bedeutungsvoller, als der Autor mit den einleitenden Worten seines Werks bewußt auf seinen Vorgänger Caesar Bezug nimmt und ihn nicht ohne triftige Gründe stillschweigend korrigiert haben wird.[39]

Aus der römischen Kaiserzeit kennt man zahlreiche lateinisch geschriebene Weihinschriften von Germanen in römischen Diensten, die den nach Tacitus (*Germania* 43,3) sogenannten Vorgang der *interpretatio Romana*, also der Gleichsetzung einer germanischen Gottheit mit einer römischen, immer wieder belegen.[40] So etwa weihten friesische Hilfstruppen, die im 3. Jahrhundert am Hadrianswall in Nordengland stationiert waren, einen Altar für einen Gott Mars Thingsus.[41] Durch Weihinschriften aus der Nähe von Würzburg, Heidelberg und Mainz kennen wir einen Gott Mercurius Cimbrianus, den man mit dem Stammesnamen der Kimbern in Verbindung bringt.[42] Mehrfach begegnen in solchen Inschriften auch Göttinnen, so etwa auf einem Altar aus der Nähe von Durham in Nordengland die Göttin Garmangabis, deren Name vielleicht mit dem der Germanen zu verbinden ist.[43]

Was aber erwarteten die Germanen von ihren Göttern, und worin zeigte sich ihrer Auffassung nach deren Wirken? An erster Stelle ist hier wohl die Fruchtbarkeit der Felder und Tiere zu nennen, die den Germanen als seßhaften Ackerbauern und Viehzüchtern besonders wichtig sein mußte.[44] Zu den ältesten Zeugnissen dafür, daß man das Gedeihen der Saat und des Viehs vom Wirken der Götter abhängig glaubte, zählen Überreste von Opfern, bei denen man nicht nur Haustiere schlachtete und so den Göttern darbrachte, sondern auch landwirtschaftliches Gerät an geweihter Stätte niederlegte und so auf Dauer der profanen Nutzung entzog. Wie oft gerade in diesem Zusammenhang Feldfrüchte, Obst und Erzeugnisse wie Brot, Milch und Käse als Opfergaben gedient haben mögen, ist kaum abzuschätzen, da entsprechende Überreste archäologisch nur in den seltensten Fällen nachweisbar sind. Beachtung verdient immerhin die Beschreibung einer bäuerlichen Opferzeremonie im merowingischen Gallien durch Gregor von Tours, demzufolge die Kultgemeinschaft in regelmäßigen Abständen unter anderem Tücher, Wollstoffe, Käse, Brote und Wachsgebilde als Gaben für die Götter in einem Bergsee zu versenken pflegte (*In gloriam confessorum* 2).[45]

Welche Götter man für die Fruchtbarkeit bzw. deren Ausbleiben verantwortlich machte, ist uns für die vorgeschichtliche Zeit ganz unbekannt. Erst Tacitus erwähnt den Namen einer Göttin, Nerthus, die sich dem heutigen Leser durch die Gleichsetzung mit der römischen «Mutter Erde» (*Terra mater*) bzw. der ihr angeglichenen altkleinasiatischen «Großen Göttermutter» (*Mater Magna deum*) als Fruchtbarkeitsgottheit zu erkennen gibt (*Germania* 40,2–4).[46] Dabei findet die germanische Bezeichnung Nerthus eine genaue Entsprechung in dem Namen des skandinavischen Gottes Njörd (altnordisch *Njǫrðr* aus einer älteren Form **Nerþuz*), der uns aus einigen Hinweisen in der skaldischen Dichtung, in der Älteren und Jüngeren Edda sowie durch zahlreiche Ortsnamen vor allem in Mittelschweden und Westnorwegen bekannt ist. Die Skalden und die Edda betrachten Njörd als Gatten der Skaði, einer Tochter des Riesen Þjazi, und Vater des göttlichen Geschwisterpaares Frey und Freyja. Als sein Wohnort gilt Nóatún («Schiffsplatz»), was auf einen engen Bezug zur Seefahrt hinweist.[47]

Eine wichtige Rolle spielte im Zusammenhang mit dem Gelingen der Ernte und damit der Versorgung von Menschen und Tieren das Wetter, das etwa bei Hagelschlag oder durch das Ausbleiben von Niederschlägen für die kleinräumig organisierten bäuerlichen Gesellschaften eine existentielle Bedrohung darstellen konnte. Nicht von ungefähr kann daher in der germanischen Runenschrift das Zeichen für den Laut *h* (als erster Buchstabe des Wortes **haglaz* oder **haglan* «Hagel») nicht nur den Niederschlag als solchen, sondern auch im übertragenen Sinn das jäh hereinbrechende Verderben bezeichnen.[48] Umgekehrt gebrauchte man das Zeichen für den Laut *j* (als ersten Buchstaben des Wortes **jēran* «Jahr») zugleich als Abkürzung für den Begriff des guten oder fruchtbaren Jahres. Einen frühen Beleg dafür vermutet man in der Inschrift des Runensteins von Stentoften aus der Zeit um 650, wo die Zeichenfolge *hAþuwolAfrgAfj* nach mehrheitlicher Forschermeinung als «Haduwolf gab [ein gutes, d. h.

fruchtbares] Jahr» zu lesen ist.[49] Gemeint war damit vermutlich, daß Haduwolf als Repräsentant oder Vorsteher des Kults durch eine angemessene Verehrung der Götter das Gelingen der Ernte und damit das Wohlergehen der Kultgemeinschaft sicherstellte.

Im Zusammenhang mit diesen Vorstellungen steht wohl auch die germanische Verwendung der Bezeichung des Donners als Name eines Gottes, der im südgermanischen Bereich als Donar und im skandinavischen Norden als Thor (altnordisch *Þórr*) bekannt ist und bereits in den ersten nachchristlichen Jahrhunderten von den germanischen Stämmen des mitteleuropäischen Festlands mit dem blitzeschleudernden römischen Himmelsgott Iuppiter gleichgesetzt wurde.[50] Daß Thor Donner und Blitz, Wind und Regen lenke und man ihm daher in Schweden opfere, wenn Seuchen und Hungersnot drohten, berichtet noch im 11. Jahrhundert Adam von Bremen (*Bischofsgeschichte der Hamburgischen Kirche* 4,26). Sohn des Gottes Odin und der Riesin Jǫrð («Erde»), erscheint Thor in den literarischen Quellen als Inbegriff der Stärke. Zu seinen Attributen zählen ein von zwei Böcken gezogener Wagen und als wichtigste Waffe der Hammer Mjǫllnir, den man in den Auseinandersetzungen während der Christianisierung als Sinnbild des Heidentums dem Kreuzsymbol der Christen entgegensetzte. Die Beliebtheit des Gottes gerade im 9. und 10. Jahrhundert bezeugt nicht zuletzt die häufige Verwendung seines Namens als Vorderglied zusammengesetzter Personennamen.

Mit der Fruchtbarkeit eng verbunden war ferner der ausschließlich aus skandinavischen Quellen bekannte Gott Frey (altnordisch *Freyr*), den die Prosa-Edda als Sohn des bereits erwähnten Gottes Njörd bezeichnet: «Er herrscht über Regen und Sonnenschein und damit über die Fruchtbarkeit der Erde, und es ist gut, ihn um eine gute Ernte und Frieden anzurufen.»[51] Freys Attribute sind ein Eber, der in der Prosa-Edda den Namen Gullinborsti «mit den goldenen Borsten» trägt, und das wunderbare Schiff Skíðblaðnir, das an die Verbindung seines Vaters Njörd zur Seefahrt erinnert.[52] Der Name Freyr (aus **fraujaz*) bedeutet eigentlich «Herr» und entspricht damit dem althochdeutschen Appellativum *frō*, das in Bezeichnungen wie Frondienst «Herrendienst» sowie im Namen des Kirchenfests Fronleichnam weiterlebt. Der weiblichen Bildung Freyja entspricht unser Wort *Frau*, dessen Bedeutung «Herrin» seit dem 17. Jahrhundert zumindest teilweise auf das romanische Lehnwort *Dame* (aus lateinisch *domina*) übergegangen ist.

Neben dem Ausfall der Ernte und dem Ausbruch von Seuchen boten immer wieder kriegerische Handlungen einen Anlaß für die Anrufung der Götter. Zu den frühesten Belegen dafür zählen rituelle Deponierungen erbeuteter Waffen im Rahmen eines Sachopfers, wie sie in Mittel- und Nordeuropa bereits lange vor dem Einsetzen der schriftlichen Überlieferung und auch aus benachbarten Kulturräumen wie etwa dem vorrömischen Gallien bezeugt sind.[53] So etwa fand man im Moor von Hjortspring auf der Insel Alsen vor der Südostküste Jütlands ein 15 Meter langes und 2 Meter breites Boot aus Lindenholz, das man um die Mitte des 4. Jahrhunderts v. Chr. zusammen mit zahlreichen zum Teil gewaltsam zerstörten Schilden, Speeren, Schwertern, Ringkettenpanzern und anderen Ausrüstungsgegenständen der feindlichen Mannschaft wohl als Dankopfer nach dem Sieg den Göttern dargebracht hatte.[54] Damit vergleichbar sind die Funde aus dem Moor von Ejsbøl nordwestlich der Stadt Haderslev in Südjütland.[55] Dort kamen während der archäologischen Untersuchungen von 1955 bis 1964 zwei Fundansammlungen von Waffen und Ausrüstungsgegenständen zutage, die man nach Ausweis ihrer Zusammensetzung ebenfalls als Überreste zweier Dankopfer aus der Zeit um 300 bzw. 400 n. Chr. interpretieren kann. Die wohl eindrucksvollste literarische Schilderung eines germanischen Siegesopfers, wie man es aus den genannten Funden erschließen kann, bietet im 5. Jahrhundert n. Chr. der Historiker Orosius in seiner Darstellung der Geschehnisse nach dem Sieg der Kimbern über die Römer in der Schlacht bei Arausio 105 v. Chr. (*Historia adversus paganos* 5,16,4–6):

> Die Feinde, die sich beider Lager und gewaltiger Beute bemächtigt hatten, vernichteten einem neuartigen und bis dahin unbekannten Schwur entsprechend alles, was ihnen in die Hände gefallen war. Gewänder wurden zerrissen und weggeworfen, Gold und Silber in den Fluß geschleudert, die Panzer der Männer zerhauen, der Brustschmuck der Pferde zerhackt, die Pferde selbst in Strudeln ertränkt, die Menschen mit Stricken um den Hals an Bäumen aufgehängt, so daß dem Sieger keine Beute, dem Besiegten keine Gnade zuteil wurde.

Sehr wahrscheinlich geht diese Schilderung direkt oder indirekt auf das verlorene Geschichtswerk des stoischen Philosophen und Universalgelehrten Poseidonios zurück, der wenige Jahre nach der militärischen Katastrophe Roms den Kriegsschauplatz besuchen konnte. Vergleichbare Szenen mögen sich 9 n. Chr. im Anschluß an die Niederlage des Varus gegen die von Arminius angeführten Germanen im Teutoburger Wald abgespielt haben, wie dies der Bericht des Tacitus über die Besichtigung des Schlachtfelds – vermutlich in der Kalkrieser-Niewedder Senke bei Osnabrück – durch den römischen Feldherrn Germanicus kaum sechs Jahre nach dem Untergang der Legionen vermuten läßt (*Annalen* 1,61,2–4):[56]

Mitten auf dem Feld lagen bleichende Knochen, zerstreut oder haufenweise, je nachdem man das Weite gesucht oder Widerstand geleistet hatte. In unmittelbarer Nähe fanden sich zerbrochene Waffen, Skelette von Pferden und an Baumstämme geheftete Schädel. In nahegelegenen Hainen standen barbarische Altäre, an denen man die Tribunen und ranghöchsten Zenturionen geschlachtet hatte.

Zusätzlich bestätigt werden diese Schilderungen durch eine Bemerkung des Tacitus (*Annalen* 13,57,2), demzufolge die miteinander verfeindeten Stämme der Hermunduren und Chatten im Sommer des Jahres 58 n. Chr. vor einer entscheidenden Schlacht für den Fall des Sieges das gegnerische Heer «dem Mars und dem Mercurius» weihten: «Durch dieses Gelübde werden Pferde, Männer und überhaupt alles, was besiegt ist, der Vernichtung anheimgegeben.» Wie die germanischen Namen der betreffenden Gottheiten lauteten, ist antiken Quellen nicht zu entnehmen, doch ist dabei mit einiger Sicherheit an jene Götter zu denken, die in der späteren skandinavischen Überlieferung Týr und Odin (altnordisch *Óðinn*, altfränkisch *Wodan* und altenglisch *Woden*) genannt werden. Berichtet Adam von Bremen, die Schweden brächten im Kriegsfall dem Gott Odin Opfer dar (*Hamburgische Kirchengeschichte* 4,26), so heißt es in der Prosa-Edda, Týr entscheide in hohem Maße über den Sieg bei Kämpfen, und daher sei es für tapfere Männer gut, ihn anzurufen.[57] Eine augenfällige religionsgeschichtliche Parallele zu den germanischen Siegesopfern bietet die alttestamentliche Einrichtung des Banns, also der restlosen Vernichtung des Gegners und seiner Habe, die man zuvor Gott geweiht hatte. So heißt es etwa von der Eroberung Jerichos, man habe damals bei der Vollstreckung des Banns «Mann und Weib, jung und alt, Rind, Schaf und Esel» getötet (*Josua* 6,21; vgl. 10,28–40).

Vergleichsweise wenig wissen wir über den Gott Týr, nach dem in der Runenschrift das Zeichen für den Laut *t* benannt ist.[58] Die ältere Forschung betrachtete ihn als Nachfolger des indogermanischen Himmelsgottes, doch ist sein Name nur verwandt und nicht identisch mit griechisch Zeus und altindisch Dyaus. Ursprünglich bedeutete er, wie zu Beginn des Kapitels bemerkt, einfach «(der) Gott». Anschaulich schildern die literarischen Quellen demgegenüber Odin, der in der eddischen Mythologie den Rang des obersten Gottes einnimmt, obschon er gerade auf Island in Orts- und Personennamen vergleichsweise selten vorkommt.[59] Zu seinen charakteristischen Attributen zählen der goldene Armring Draupnir, das Götterpferd Sleipnir und der Speer Gungnir, weshalb die heidnischen Skalden ihn auch als «Herrn des Speeres» bezeichnen können. Von seiner Rolle als Gott der Dichter und der gefallenen Krieger wird in den folgenden Kapiteln noch die Rede sein.

Wie bereits diese wenigen Beispiele zeigen, war die Funktion der vielen Götter in der Religion der Germanen von der Funktion des einen Gottes im Christentum wesentlich verschieden. Dies betrifft zunächst den jeweiligen Wirkungsbereich, der im Christentum das Leben des Menschen nach dem Tode und das Schicksal der Welt am Ende der Zeiten umgreift, sich in der Religion der Germanen aber weitgehend auf die sichtbare Welt und die Gegenwart beschränkt. Dementsprechend erscheinen die Götter der Germanen denn auch nicht als Helfer auf dem Weg zur Überwindung bestehender Ordnungen, sondern vielmehr als deren Garanten und Schützer. Dabei handelt es sich teils um Aspekte der kosmischen Ordnung, wie sie die Anschauungen vom Wirken der Götter als Förderer des Wachstums und der Fruchtbarkeit belegen, teils um solche des sozialen Gefüges, wie sie in der Vorstellung von den Göttern als Helfer im Kampf zum Ausdruck kommen. Nutznießer des göttlichen Wirkens ist in jedem Fall nicht so sehr der einzelne als vielmehr die Kultgemeinschaft als Ganzes, wie denn auch die archäologischen Funde und Nachrichten antiker Autoren immer wieder auf kollektiv vollzogene Riten und religiöse Handlungen schließen lassen. Dabei wirft der augenfällige Unterschied zu weiten Bereichen des neuzeitlichen Christentums mit seiner Wertschätzung einer persönlichen, innerlichen Gottesbeziehung, aber auch zur modernen säkularisierten Gesellschaft mit ihren Möglichkeiten der freien Auswahl aus einer Vielzahl religiöser Traditionen die Frage auf, wie man sich überhaupt im

Hinblick auf die Religion der Germanen die Beziehung zwischen Menschen und Göttern vorstellen soll.

Zum Verhältnis von Gott und Mensch

Es scheint mir geraten, daß ... wir alle ein Recht (*lǫg*) und eine Sitte (*siðr*) haben, denn das wird sich bewahrheiten: Zerreißen wir das Recht, zerreißen wir auch den Frieden.

Mit diesen Worten warb nach der Darstellung des isländischen Historikers Ari Þorgilsson (1068–1148) der Gesetzsprecher Þorgeirr am Ausgang des 1. Jahrtausends erfolgreich für die allgemeine Annahme des Christentums auf Island. Bemerkenswert ist der hier zitierte Satz zunächst einmal deswegen, weil er einmal mehr das bei den Germanen auch sonst bezeugte Fehlen eines eigenen Wortes für «Religion» sowie die Unterordnung der damit bezeichneten Phänomene unter die Begriffe «Recht» und «Sitte» erkennen läßt. Wie im antiken Rom erscheint «Religion» also auch bei den Germanen weniger als eine Sache der individuellen und privaten Überzeugung als vielmehr des gemeinschaftlich und öffentlich vollzogenen Kults, dessen Wirksamkeit man von der inneren Einstellung der Beteiligten unabhängig glaubte. Beachtung verdient der zitierte Satz aber auch deswegen, weil er die Forderung nach einer allgemeinverbindlichen Einheit von Recht, Religion und Politik zum Ausdruck bringt: Da der Kult gemeinschaftlich und öffentlich vollzogen wird, betrachtet man Abweichungen von der überlieferten Religion zugleich als Gefährdungen der staatlichen und politischen Ordnung.[60] Eine naheliegende Parallele dazu bildet die antike Auffassung des Kaiserkults als einer staatsbürgerlichen Pflicht, der auch Christen zwar nicht mit innerer Überzeugung, wohl aber durch ihre äußerliche Teilnahme zu genügen hätten. Bezeichnenderweise einigte man sich Aris Darstellung zufolge nach der Christianisierung Islands darauf, daß heimliche Opfer für die alten Götter nach wie vor erlaubt sein sollten, das Opfern vor Zeugen aber mit einer dreijährigen Verbannung zu bestrafen sei. Wie eng die vorchristliche Religion mit dem öffentlichen Kult verbunden war, zeigt Aris Bemerkung, daß heidnische Opferbräuche schon wenige Jahre nach der Annahme des Christentums verschwunden seien.

War die Religion der Germanen ein Teil der vorgegebenen politischen, rechtlichen und gesellschaftlichen Ordnung, so brauchte die individuelle und persönliche Beziehung zu einem bestimmten Gott oder zu den Göttern im allgemeinen selbstverständlich nicht die Rolle zu spielen, die ihr in jenen religiösen (Wahl-)Gemeinschaften zukommt, die sich durch eben diese individuelle und persönliche Bindung überhaupt erst konstituieren. Ob und inwiefern es bei den Germanen etwas Vergleichbares gab, gehört zu den unlösbaren Fragen in der Geschichte dieser Religion, da die Quellen darüber weitgehend schweigen. In welchem Umfang man sich in persönlichen Nöten an die Götter wandte und aufgrund eigener Erfahrungen ein persönliches Verhältnis zu ihnen gewann, verraten uns weder die archäologischen Funde noch die Nachrichten antiker Autoren oder die Notizen mittelalterlicher Chronisten (Abb. 3).

Ein anschauliches Bild der gelebten Religiosität vor der Christianisierung zeichnen erst im 13./14. Jahrhundert die unbekannten Verfasser der isländischen Familiensagas, die von Personen und Ereignissen aus der «Sagazeit» zwischen dem Beginn der Besiedelung Islands und den ersten Jahren nach der Annahme des Christentums, also zwischen dem frühen 10. und dem frühen 11. Jahrhundert, erzählen. Doch kann man ihren Angaben trauen, wenn die heidnischen Bräuche wirklich schon wenige Jahre nach der Annahme des Christentums verschwunden waren? Betrachten wir ein konkretes Beispiel.

Nachdem Hrafnkel in Adalbol Land genommen hatte, richtete er ein großes Opfer aus und ließ einen großen Tempel bauen. Hrafnkel liebte keinen Gott mehr als Frey, und ihm gab er die Hälfte von all seiner wertvollen Habe. Er nahm das ganze Tal in Besitz und wies den Leuten Land zu. Gleichwohl wollte er ihr Herr sein und nahm die Priesterwürde über sie in Anspruch. Aus diesem Grund erhielt sein Name einen Zusatz, und man nannte ihn Freyspriester. … Nun besaß Hrafnkel etwas, das er höher schätzte als alles andere. Das war ein graubrauner Hengst mit einem dunklen Streifen auf dem Rücken, den er seinen Freyfaxi nannte. Auch diesen Hengst gab er zur Hälfte Frey, seinem Freund. Er hegte zu dem Hengst eine so große Liebe, daß er denjenigen zu töten gelobte, der ihn ohne seine Erlaubnis reiten würde.

So beginnt die dramatische Handlung der *Erzählung von Hrafnkel, dem Freyspriester* (*Hrafnkels Saga Freysgoða*), die zu den meistgeschätzten und am häufigsten herausgegebenen und übersetzten Isländersagas zählt.[61] Mit ihrer novellenhaften Kürze, überschau-

Abb. 3: Römische Darstellung eines betenden Germanen

baren Anzahl handelnder Personen, geschliffenen Dialogen und bemerkenswerten erzählerischen Geschlossenheit erschien sie in idealer Weise vereinbar mit der von Andreas Heusler (1865–1940) und anderen vertretenen sogenannten Freiprosatheorie, die in den Isländersagas in erster Linie das Produkt mündlicher Überlieferung und in den darin erzählten Ereignissen ein weitgehend zuverlässiges Abbild der geschichtlichen Wirklichkeit sah. In scharfer Abgrenzung dazu suchten Anhänger der sogenannten Buchprosatheorie wie Sigurður Nordal (1886–1974) und Walter Baetke (1884–1978) den Nachweis zu führen, daß die Isländersagas in erster Linie als literarische Kunstwerke gelten müßten, mündliche Vorstufen nicht nachweisbar seien und man die Historizität des Erzählten oft nicht überprüfen könne.[62] In der neueren Forschung neigt man in diesen Fragen zu einer vermittelnden Position, die zwar einerseits den literarischen Charakter der Texte hervorhebt, andererseits aber auch den Einfluß mündlichen Erzählguts gelten läßt und im übrigen von der Existenz mündlicher Überlieferungen nicht mehr auf die Historizität der beteffenden Ereignisse schließt. Im allgemeinen geht man heute davon aus, daß die Verfasser der uns erhaltenen Texte die religiösen Verhältnisse der vorchristlichen Periode nicht so schilderten, wie sie die Zeitgenossen wahrnehmen konnten, sondern wie sie in der Erinnerung des 13. und 14. Jahrhunderts weiterlebten. Infolgedessen ist stets damit zu rechnen, daß man die nur bruchstückhaft überlieferten Elemente der vorchristlichen Religion im christlichen Sinn umdeutete oder auch Aspekte der mittelalterlich-christlichen Religiosität in die heidnische Vergangenheit zurückspiegelte.

Betrachtet man unter diesen Voraussetzungen den oben zitierten Abschnitt aus der Saga von Hrafnkel, so erscheint die darin ausgesprochene kultische Bedeutung des Pferdes in der vorchristlichen Religion durchaus glaubhaft, berichtet doch schon Tacitus von schneeweißen und von keiner Arbeit für Menschen berührten Pferden, die auf Kosten der Gemeinschaft in heiligen Hainen und Wäldern gehegt wurden und aus deren Wiehern und Schnauben man den Willen der Götter erkennen zu können glaubte (*Germania* 10,2). Von geweihtem Vieh, das auf dem Gelände eines Heiligtums weidete und von niemandem berührt werden durfte, erzählt darüber hinaus auch Alcuin in seiner Beschreibung eines Kults der heidnischen Friesen (*Vita Willibrordi* 10). Selbst eine besondere Beziehung des Pferdes zum Gott Frey erscheint im Hinblick auf die Hinweise in einigen wenn auch jungen Quellen zumindest möglich. Dies alles bedeutet jedoch keineswegs, daß die in dem obigen Zitat berichteten Ereignisse sich tatsächlich so abspielten oder zumindest abgespielt haben könnten. Denkbar ist vielmehr auch, daß der unbekannte Verfasser des uns vorliegenden Textes Versatzstücke aus der

Überlieferung in erster Linie um der realistischen Wirkung willen in seine Darstellung einbaute und die – in dieser Form sonst nirgendwo bezeugte – Episode von der Übereignung persönlicher Habe an eine Gottheit nach dem Vorbild der mittelalterlich-christlichen Schenkungen an die Kirche gestaltete.

Verdächtig erscheint denn auch die Bemerkung der Saga, Hrafnkel habe Frey als seinen Freund (*vinr*) betrachtet. Sie findet zwar eine bemerkenswerte Parallele im vierten Kapitel der *Saga von den Leuten auf Eyr* (*Eyrbyggjasaga*), derzufolge der norwegische Thorspriester Thorolf in einer Auseinandersetzung mit König Harald Schönhaar seinen teuren Freund (*ástvinr*) Thor um Rat fragte, doch fehlt die Bezeichnung eines Gottes als Freund eines Menschen gerade dort, wo man sie im Falle ihrer Geschichtlichkeit am ehesten erwarten würde, nämlich in den heidnischen Skaldengedichten. Eine entsprechende Ausdrucksweise findet man erst in der ersten Hälfte des 12. Jahrhunderts bei dem christlichen Skalden Einarr Skúlason, der damit in einer Preisdichtung auf König Olaf Haraldsson (um 995–1030) das Verhältnis des Heiligen zu Gott kennzeichnet.[63]

Sehr wahrscheinlich geht dieser Sprachgebrauch letztlich auf biblische Wendungen zurück (vgl. etwa *Exodus* 33,11, *Johannes* 11,11 und *Jakobusbrief* 2,23), wobei seine Einführung in die Skaldik im Zusammenhang mit der mittelalterlich-christlichen Sicht der Heiligen als Freunde und Vertraute Gottes zu sehen ist. In diesem Umfeld liegt denn wohl auch der Ursprung der Auffassung, die heidnischen Germanen hätten ihre Götter als Freunde betrachtet und so bezeichnet. Sie beruht nicht auf ungetrübter Erinnerung an die Frömmigkeit der vorchristlichen Vergangenheit, sondern beweist nur, daß die christlichen Verfasser unserer Texte die heidnischen Götter bewußt oder unbewußt nach dem Vorbild der christlichen Heiligen als Patrone und Fürsprecher ihrer Verehrer auch in irdischen Belangen charakterisierten. Dafür spricht nicht zuletzt der Gebrauch des altnordischen Ausdrucks *fulltrúi*, «enger Vertrauter, Freund», der in den Isländersagas heidnische Götter, in der geistlichen Literatur aber die Gottesmutter und verschiedene Heilige bezeichnet. Da der Begriff in der Dichtung vor 1100 überhaupt nicht vorkommt und auch später nur in Prosatexten eine religiöse Färbung aufweist, spiegelt sich in seiner Anwendung auf Götter wie Frey und Thor ebenso wie im entsprechenden Gebrauch des Wortes *vinr* zweifellos nicht ein genuin vorchristlicher Sprachgebrauch, sondern vielmehr der Einfluß der christlichen Hagiographie auf das weltliche Schrifttum.[64]

Beachtung verdient in diesem Zusammenhang das zwischen 960 und 970 entstandene Gedicht *Sonatorrek* («Verlust der Söhne») des isländischen Skalden Egill Skallagrímsson, in dessen letzten Strophen mit der Klage um den im Kampf gefallenen Sohn und der Dankbarkeit für die Gabe der Dichtkunst so etwas wie ein persönliches und gleichsam gebrochenes Verhältnis des Dichters zu Odin als dem Gott der Dichter, Krieger und Gefallenen anzuklingen scheint.[65] Hier stellt sich jedoch nicht nur die Frage, ob dieses Zeugnis aus dem Bereich der Dichtung auf den der gelebten Religiosität übertragen werden kann. Vielmehr ist auch zu bedenken, ob sich in derartigen Anschauungen nicht doch bereits der Einfluß des christlichen Gottesbildes auf die alte Religion bemerkbar macht. Jeder Versuch, aus einer Zusammenschau solcher bereits in sich unsicheren Belege die vorchristliche Frömmigkeit der Germanen zu rekonstruieren, scheitert letztlich an der Mehrdeutigkeit und geringen Anzahl unserer Zeugnisse, die immer nur «wie kleine Riffe aus dem Meer der Jahrhunderte ragen.»[66]

Die Problematik jeder Übertragung neuzeitlicher Begriffe und Denkmuster auf die Kultur der Germanen veranschaulicht auch die gängige Verwendung des Begriffs «Glaube» anstelle von «Religion».[67] Dieser seit der Romantik übliche Sprachgebrauch knüpft nämlich ungeachtet seiner Bevorzugung des germanischen Erbworts vor dem lateinischen Lehnwort an ein spezifisch christliches Religionsverständnis an, das für die vorchristliche Zeit nicht ohne weiteres vorauszusetzen ist. Eine wichtige Rolle spielte diese Problematik im Streit um die «Germanisierung des Christentums», also in der Auseinandersetzung zwischen der völkischen Bewegung und den christlichen Kirchen in der ersten Hälfte des 20. Jahrhunderts, als der Vorwurf einer Überfremdung germanischen Wesens durch das Christentum zwangsläufig die Frage nach sich zog, mit welchem Inhalt ein so zentraler christlicher Begriff wie «Glaube» vor der Übernahme des Christentums gefüllt gewesen war.[68] Im Gefolge der damit verbundenen Diskussionen wurden wesentliche Aspekte des Problems anhand sprach- und religionsgeschichtlicher Untersuchungen aufgehellt.

Wie die Etymologie zeigt, geht neuhochdeutsch *glauben* (*an*) zurück auf althochdeutsch *gilouben* (*in*), das lateinisch *credere* (*in*) wiedergibt. Das dazugehörige Substantiv lautet *giloubo*, «Glaube», und entspricht in seiner Bedeutung lateinisch *fides*. Diesen Bildungen entspricht im Ostgermanischen gotisch *galaubjan* (mit dem Dativ oder – seltener – mit den Präpoitionen *du* oder *in*) als Wiedergabe von griechisch *pisteúein* (*eis*) mit dem dazugehörigen Substantiv *galaubeins* als Entsprechung von griechisch *pístis*, «Glaube». Im Nordgermanischen steht für lateinisch *credere* (*in*) altnordisch *trúa* (mit dem Dativ oder – jünger – mit *á*), das in altsächsisch *trūōn* (*an*) eine genaue Entsprechung besitzt. In ähnlicher Weise entsprechen die altnordischen Substantive *trú* und *trúa* als Wiedergabe von lateinisch *fides* dem althochdeutschen Sustantiv *triuwa*, auf das neuhochdeutsch *Treue* zurückgeht.

Ein geeigneter Ausgangspunkt zur Klärung zunächst des christlichen Glaubensbegriffs bietet das fränkische Taufgelöbnis aus dem 9. Jahrhundert, eine Art Frage-Antwort-Formular für Priester und Täufling. Da *gilauben* hier im Gegensatz zu *forsahhan*, »sich (von den heidnischen Göttern und ihren Opfern) abwenden», steht, liegt ein wesentlicher Aspekt der Bedeutung offensichtlich im Vertrauen und Sichanvertrauen. In der Frage *Gilaubistu in got?* bezeichnet *gilauben* also keineswegs die Überzeugung, daß es (den christlichen) Gott gibt, wie man dies ausgehend vom heutigen Sprachgebrauch vermuten könnte. Die Existenz Gottes wird vielmehr – ebenso wie die der als Teufel oder Dämonen gedeuteten heidnischen Götter – von vorneherein als selbstverständlich vorausgesetzt, und der Akzent liegt ganz auf der dadurch geforderten vertrauensvollen Hinwendung zu Gott. Gleichwohl erscheint es fraglich, daß *glauben* schon in vorchristlicher Zeit mit der Vorstellung des (religiösen) Vertrauens verbunden war, da das Vertrauen auf Gott oder Christus im Althochdeutschen, Altsächsischen und Angelsächsischen häufig gerade nicht mit dem Wort *Glauben*, sondern mit *Trauen* ausgedrückt wird. Darüber hinaus spricht das Fehlen klarer Belege für eine Verwendung von althochdeutsch *gilouben* im Sinne des nichtreligiösen, zwischenmenschlichen Vertrauens dafür, daß sich diese Bedeutung des Wortes erst im Mittelhochdeutschen unter dem Einfluß von lateinisch *credere* entwickelt hat und folglich für den vorchristlichen Sprachgebrauch noch nicht vorauszusetzen ist.

Bezeichnet *gilauben* im Hinblick auf *got* in erster Linie das Vertrauen und Sichanvertrauen, so steht demgegenüber in der Verbindung des Begriffs mit kirchlichen Lehren wie der Vergebung der Sünden oder des ewigen Lebens der Aspekt des Fürwahrhaltens und der Überzeugung vom Wirklichkeitscharakter einer Aussage im Vordergrund. Dieser Aspekt des christlichen Glaubensbegriffs begegnet ansatzweise bereits im Neuen Testament und erhielt mit der Entfaltung des kirchlichen Dogmas unter dem Einfluß der antiken Philosophie zunehmende Bedeutung auch im germanischen Sprachraum. Durch die Übertragung auf nichtreligiöse Aussagen entwickelte sich aus diesem Gebrauch von *glauben* im Mittelhochdeutschen die heute geläufige Bedeutung «meinen», wofür das Althochdeutsche noch ausschließlich *wānen*, «wähnen», verwendet.

Ein dritter Aspekt des frühmittelalterlichen Glaubensbegriffs ergibt sich schließlich aus dem katechetischen Gebrauch des Taufgelöbnisses, da das formelhafte Bekenntnis der Glaubensinhalte seit der Ausformulierung des christlichen Dogmas als eine wesentliche Voraussetzung für die Zugehörigkeit zur christlichen Kirche galt. «Glauben» in diesem Sinn ist daher eng mit dem öffentlichen Bekenntnis unter Verwendung einer sprachlich vorgegebenen Formel verbunden.

Betrachtet man im Hinblick auf dieses mittelalterlich-christliche Verständnis von *Glaube* die vorchristliche Religion der Germanen, so ist zunächst festzustellen, daß die Zugehörigkeit zu einer Religionsgemeinschaft auf der Zugehörigkeit zu einem bestimmten sozialen und politischen Verband beruhte und daher nicht die formale Zustimmung zu irgendwelchen Glaubensinhalten voraussetzte. Überdies ist nicht anzunehmen, daß lehrhafte Ausformulierungen von Glaubensinhalten in der Religion der Germanen eine nennenswerte Rolle spielten, da ihr – im Gegensatz zum Christentum – die spezifischen Voraussetzungen für eine solche Entwicklung fehlten. Da wir nichts davon wissen, daß die Germanen der Bekehrungszeit jemals die Existenz des christlichen Gottes bestritten hätten, ist ferner davon auszugehen, daß sie erst recht die Existenz der eigenen Götter als selbstverständlich voraussetzten. «Glauben» bezog sich also in vorchristlicher Zeit vermutlich nur auf das Vertrauen und Sichanvertrauen. Daß man zur Bezeichnung dieses Aspekts der Religion unser Wort *glauben* gebrauchte, erscheint jedoch zweifelhaft.

Wahrscheinlicher ist eine entsprechende religiöse Verwendung von *trauen*, das jedoch nach Ausweis der ältesten Sprachzeugnisse kein ausschließlich oder überwiegend religiöser Begriff war. Dies gilt im übrigen auch für lateinisch *credere*, das seinen spezifisch religiösen Sinn erst durch die christliche Verwendung zur Wiedergabe von griechisch *pisteúein* erhielt, und es gilt letztlich auch für *pisteúein* selbst, dessen spezifisch religiöser Gebrauch sich erst durch die Verwendung in der religiösen Propaganda der missionierenden hellenistischen Kulte entwickelte und durch die Ausbreitung des Christentums wesentlich gefördert wurde.

Zweifellos lag im Vertrauen auf das Wirken der Götter eine wesentliche Voraussetzung für ihren Kult, und umgekehrt bildete das Bezweifeln ihrer Macht den ersten Schritt auf dem Weg zur Auflösung der alten Religion. Dennoch stand bei den Germanen nicht das individuelle Gottvertrauen, sondern der gemeinschaftliche Kult im Mittelpunkt der Religion. Die große Bedeutung, die einige altnordische Literaturwerke dem heidnischen «Glauben» zusprechen, beruht daher zu einem guten Teil auf der Rückspiegelung christlichen Gedankenguts in die vorchristliche Vergangenheit.

2.
MYTHOLOGIE

Deutsche Mythologie nannte Jacob Grimm (1785–1863) das Werk, in dem er 1836 nach langjährigen Vorarbeiten alles zusammenstellte, was ihm «geschriebene denkmäler» und «der nie stillstehende fluss lebendiger sitte und sage» von der vorchristlichen Religion der Germanen bewahrt zu haben schienen.[69] Dabei zeigt sich die patriotische Absicht des Verfassers nicht nur im Gebrauch des Wortes «deutsch» im Sinne von «germanisch», sondern auch in der Wahl des Wortes «Mythologie», mit dem er diese trümmerhaften Überlieferungen den so viel besser erhaltenen und bekannten Erzählungen von den Göttern und Heroen der Griechen und Römer als gleichberechtigt zur Seite stellen wollte. Wenn dieses Unterfangen aus heutiger Sicht fragwürdig erscheint, so liegt dies zum einen an dem deutlich gesunkenen Stellenwert, der dem vorchristlichen germanischen Altertum im heutigen Bewußtsein für das Verständnis der Gegenwart zukommt, zum anderen an einer deutlich gestiegenen Skepsis gegenüber der Aussagekraft unserer Quellen. Dies gilt in besonders hohem Maße gerade für jene Texte, die lange Zeit bevorzugt für die Rekonstruktion der germanischen Mythologie im Sinne der Erzählungen von Göttern und Göttinnen, Weltentstehung und Weltvergehen in Anspruch genommen wurden: dem Handbuch der skaldischen Mythologie von Snorri Sturluson und jener ursprünglich namenlosen Sammlung von Götter- und Heldenliedern, die als vermeintliches Vorbild dieses schon vom Verfasser *Edda* genannten Buches heute als Ältere oder Lieder-Edda bekannt ist.

Zur Problematik der Quellen

Für den Religionswissenschaftler besteht eine Hauptschwierigkeit bei der Deutung der Jüngeren, Prosa- oder Snorra Edda darin, daß der mittelalterlich-christliche Standpunkt des Verfassers inzwischen zwar außer Frage steht, die Meinungen über seine Traditionsgebundenheit und damit Glaubwürdigkeit jedoch weit auseinandergehen. Neigte der Skandinavist Eugen Mogk (1848–1939) zu einer radikalen Skepsis gegenüber dem religionsgeschichtlichen Quellenwert der Prosa-Edda, so glaubte der Sprachwissenschaftler Georges Dumézil (1898–1986) mit Hilfe von Parallelen aus anderen indogermanischen Literaturen die Zuverlässigkeit der Darstellung Snorris erweisen zu können.[70] Nun herrscht heute zwar weitgehend Einigkeit darüber, daß Mogk mit seiner Annahme einer schöpferischen Umarbeitung traditioneller Mythen zu rein literarischen «Götternovellen» über das Ziel hinausschoß, doch ist die neuere Forschung auch gegenüber den Theorien Dumézils bzw. der Aussagekraft außergermanischer Parallelen skeptisch geworden. Dabei ergibt sich eine zusätzliche Schwierigkeit für die Deutung der Prosa-Edda daraus, daß der Zusammenhang zwischen dem Hauptteil des Werkes und einem dazu überlieferten Prolog bis heute unterschiedlich beurteilt wird, so daß ganz unterschiedliche Deutungen der literarischen Absicht des Verfassers möglich sind.[71]

Vergleicht man die Angaben Snorris mit der anonym überlieferten und nicht präzise datierbaren Götterdichtung der Älteren Edda, so sind zunächst die formalen Unterschiede in der Darbietung des Stoffs in Rechnung zu stellen. Bei den weitaus meisten Götterliedern handelt es sich um strophisch gegliederte erzählende Texte: sogenannte doppelseitige Ereignislieder, bei denen erzählende Strophen und solche in Dialog- oder Monologform einander abwechseln, sowie einseitige Ereignislieder, in denen die fortlaufende Handlung ausschließlich in Dialog- und Monologstrophen zum Ausdruck kommt. Dabei fällt auf, daß strophisch gegliederte und erzählende Götterlieder in den germanischen Literaturen ansonsten unbekannt sind und daher vermutlich auf einer vergleichsweise jungen skandinavischen Sonderentwicklung beruhen. Entgegen allen Spekulationen der älteren Forschung ist es denn auch nicht gelungen, die kultische oder rituelle Funktion irgendeines altnordischen Götterliedes in der uns vorliegenden Gestalt plausibel zu machen. Gleichwohl erscheint es durchaus möglich, daß einzelne Lieder oder Strophen auf vorchristliche Kulte und Riten Bezug nehmen. Dabei stellt sich jedoch stets die Frage, ob solche Anspielungen noch in der Tradition der vorchristlichen Religion stehen oder bereits freie Umgestaltungen und Umdeutungen heidnischer Stoffe und Motive von seiten christlicher Autoren darstellen.

Von besonderer Bedeutung sind angesichts dieser verwickelten Deutungsprobleme die Preisgedichte der frühen Skalden, deren zweigliedrige Metaphern (*kenningar*, Singular *kenning*) häufig Anspielungen auf mythologische Themen enthalten.[72] Als Verfasser von Preislieder zum Ruhm eines regierenden Fürsten sind viele Dichter und ihre Auftraggeber namentlich bekannt, so daß man die einzelnen Werke vergleichsweise genau datieren kann. Auch hält sich die Möglichkeit nachträglicher Veränderungen eines Textes im Laufe der Überlieferung in engen Grenzen, da die skaldische Dichtung mit silbenzählenden Versmaßen und strengen Regeln für Stab- und Binnenreim arbeitet. Dennoch darf man an die Aussagekraft dieser Zeugnisse keine allzu hohen Erwartungen stellen, da die Zuweisung und Datierung vieler Verse nicht über jeden Zweifel erhaben sind. Dies gilt insbesondere für einige der ältesten Gedichte, deren Verfasser und Adressaten man historisch nicht sicher nachweisen kann, sowie für die sogenannten losen Strophen (*lausavísur*, Singular *lausavísa*), die in den Sagas historisch nachweisbaren Skalden in den Mund gelegt werden, jedoch auch in späterer Zeit und vielleicht sogar erst vom Verfasser der jeweiligen Prosaerzählung selbst gedichtet worden sein können. Daß viele Preisgedichte ohnehin nur Anspielungen auf die Mythologie enthalten und in dieser Hinsicht weder systematisch noch ausführlich sind, liegt in der Natur der Skaldik. Darüber hinaus ist jedoch auch eine gewisse Einseitigkeit der Überlieferung in Rechnung zu stellen, insofern als zahlreiche erhaltene Werke aus dem Umkreis der Jarle von Lade (Hlaðir) bei Drontheim in Mittelnorwegen stammen, die sich in der zweiten Hälfte des 10. Jahrhunderts darum bemühten, dem aus dem Süden vordringenden Christentum etwas Gleichwertiges entgegenzusetzen. Infolge dieser besonderen historischen Situation ist stets damit zu rechnen, daß die offiziellen Dichter dieser letzten heidnischen Herrscher bei der Auswahl und Gestaltung mythologischer Stoffe und Motive entscheidende Impulse von ihrer Front- und Abwehrstellung gegen die neue Religion erhielten und sich dadurch von ihren Vorgängern in einem schwer abschätzbaren Maß unterschieden.

Wie aus dem bisher Gesagten deutlich geworden sein dürfte, bieten also die Ältere und Jüngere Edda sowie die Skaldendichtung jeweils nur Teilausschnitte aus einem uns verlorenen größeren Ganzen. Wo ihre Aussagen zur Mythologie sich decken und womöglich durch ältere bildliche oder runische Zeugnisse bestätigt werden, stehen wir auf vergleichsweise festem Boden. Unsicher wird es jedoch bereits überall dort, wo man eindeutig heidnische Zeugnisse mit Hilfe solcher Quellen deutet, die erst nach der Christianisierung entstanden oder zur Aufzeichnung gelangten. Höchst fragwürdig sind dementsprechend all jene Aussagen über die germanische Mythologie, die überhaupt nur in dieser jüngsten Quellenschicht belegt sind.

Ein charakteristisches Beispiel für einen wohl nur vermeintlich heidnischen Mythos bietet die Erzählung vom Verlust und der Wiedererlangung des Hammers Mjǫllnir durch den Gott Thor, wie sie im *Thrym-Lied* (*Þrymskviða*) der Älteren Edda überliefert ist.[73] Sie beginnt damit, daß der Gott Thor beim Erwachen seine nur ihm eigene Waffe, den Hammer Mjǫllnir, vermißt. Mit Hilfe eines Federhemds, das er sich von der Göttin Freyja ausgeliehen hat, begibt sich der Gott Loki daraufhin ins Land der Riesen, dessen Herrscher Thrym den Diebstahl des Hammers gesteht, ihn aber nur dann zurückgeben will, wenn ihm Freyja als Braut zugeführt werde. Nachdem Freyja dies abgelehnt hat, rät der Gott Heimdall dem bestohlenen Thor, als Braut verkleidet mit seinem Wagen ins Land der Riesen zu fahren. Auf dem sogleich anberaumten Hochzeitsfest weckt der verkleidete Gott durch seinen gewaltigen Appetit und zornfunkelnden Blick Thryms Argwohn, den der als Dienerin verkleidete Loki nur mit Mühe zerstreuen kann. Als Thrym seiner vermeintlichen Braut den Hammer in den Schoß legt, um sie damit zu weihen, nutzt Thor die Gelegenheit, ihn mitsamt seiner Familie zu erschlagen.

Viele heutige Leser dieses Textes dürften bereits die schwankhafte Darstellung der Götterwelt als Indiz für eine späte Entstehung in christlicher Zeit werten. Methodisch erscheint dies jedoch kaum gerechtfertigt, da andere polytheistische Religionen wie etwa die griechische eine derart burleske Darstellung sehr wohl mit dem Kult der dadurch ironisierten Götter vereinbaren konnten und wir von der germanischen Mythologie insgesamt zu wenig wissen, um Vergleichbares auszuschließen.[74] Sehr viel schwerer wiegt demgegenüber die Verwendung des Wortes «Federhemd» (*fiaðrhamr*), das ansonsten nur in der Prosa und dort erst seit dem 13. Jahrhundert belegt ist. Hinzu kommt, daß das *Thrym-Lied* mehrere andere Edda-Lieder zu zitieren scheint, im genau gleichgewichteten Wechsel zwischen Götter- und Riesenwelt eine sonst seltene exakte Symmetrie aufweist und stilistisch mit seinen zahlreichen Wiederholungen an die spätmittelalterlichen Balladen erinnert. Ein hohes Alter würde man daher keinesfalls dem Text als solchem, sondern höchstens dem Motiv des Hammerdiebstahls zugestehen. Gerade dieses Motiv begegnet jedoch weder in der Prosa-Edda noch in der Skaldendichtung, so daß auch hier ein Bezug zur vorchristlichen Mythologie fraglich erscheint.

Einen vergleichbaren Fall stellt das eddische *Skírnir-Lied* (*Skírnismál*) dar.[75] Es erzählt davon, wie der liebeskranke Gott Frey seinen Diener Skírnir aussendet, um in seinem Auftrag um das Riesenmädchen Gerðr zu werben. Ausgerüstet mit Freys Pferd und Schwert gelangt Skírnir ins Land der Riesen und bringt dort seine Werbung vor. Als Skírnir Gerðr weder mit Geschenken noch mit Drohungen gefügig machen kann, greift er zuletzt zu den Mitteln der Verfluchung und des Runenzaubers. Da willigt Gerðr schließlich ein, sich nach neun Nächten im Hain Barri mit Frey zu treffen. Mit Freys sehnsuchtsvoller Klage über die lange Wartezeit endet das Lied.

Ähnlich wie die das Lied von Thrym enthält auch das von Skírnir eine Reihe von Wörtern, darunter «Flammenwall» (*vafrlogi*), die ansonsten nur in eindeutig jungen Texten aus christlicher Zeit belegt sind. Dazu passen die Bezeichnung des Dieners Skírnir als «Schuhbursche», die Charakterisierung der Stimmung des verliebten Frey durch das Wort «Sinnesverwirrung» und die Verabredung des Paares zum Stelldichein in einem Hain, da alle diese Motive Entsprechungen in der höfischen oder höfisch beeinflußten Literatur finden. Hinzu kommt ein spielerisch wirkender Umgang mit Versatzstükken, da Liebesbeziehungen zu Riesinnen und die Ausübung von Runenzauber in der Edda ansonsten nicht Frey, sondern vielmehr Odin zugeschrieben werden. Berücksichtigt man ferner die stilistische Nähe des Textes zu den spätmittelalterlichen Balladen, so wird man also auch in diesem Fall nicht das uns erhaltene Lied, sondern allenfalls dessen Fabel der heidnischen Zeit zuweisen. Selbst dies erscheint jedoch zweifelhaft, da der skaldischen Dichtung sowohl die Verbindung der Namen Frey und Gerðr als auch der Name Skírnir völlig unbekannt sind. So spricht letztlich nichts gegen die Annahme, das *Skírnir-Lied* sei erst lange nach der Christianisierung mit einigen Anleihen aus der heidnischen Mythologie im Geiste der höfischen Literatur gedichtet worden.

Im Gegensatz zu dieser negativen Bilanz steht das Fazit zahlreicher vor allem älterer Deutungen, die im *Thrym-Lied* eine mythologische Ausdeutung von Naturvorgängen und im *Skírnir-Lied* eine Kultdichtung mit Bezug zum Fruchtbarkeitsritual der Heiligen Hochzeit sehen. Findet man die naturmythologische Deutung des *Thrym-Lieds* bereits bei dem Dichter Ludwig Uhland (1787–1882), so fußt die rituelle Interpretation des *Skírnir-Lieds* auf einer Arbeit des norwegischen Ortsnamenforschers Magnus Olsen (1878–1963), der zu Beginn des 20. Jahrhunderts als einer der ersten auf die Bedeutung theophorer, das heißt mit Götternamen gebildeter, Orts- und Flurnamen für die Erforschung der Religion der Germanen aufmerksam machte. Beide Anschauungen spiegeln in charakteristischer Weise das Religionsverständnis ihrer Entstehungszeit wider. Im Falle Uhlands finden wir die romantische Sicht der Mythologie als einer Allegorie beeindruckender Naturerscheinungen, deren Schlüssel nicht zuletzt in den Namen der handelnden Gestalten zu finden sei. Dementsprechend sah Uhland im Namen Thrym (altnordisch *þrymr* «Lärm») einen Hinweis auf den Ursprung dieser Gestalt als Personifikation der tosenden Winterstürme, obwohl die Riesen in der skandinavischen Überlieferung ganz allgemein als Lärmer gelten und auch häufig entsprechende Namen tragen. Im Falle Olsens erscheint die naturmythologische Ausdeutung darüber hinaus verbunden mit der Überzeugung von einem engen Bezug des Mythos zum Ritus, wie sie um die Jahrhundertwende vor allem von der ethnologisch orientierten britischen Religionswissenschaft propagiert wurde und insbesondere in Skandinavien großen Anklang fand. Bezeichnenderweise glaubte auch Olsen, über die Eigennamen zu einer älteren, vorliterarischen Stufe der Überlieferung vordringen zu können und sah daher in dem Namen Barri (wohl zu altnordisch *barr* «Nadel, Blattknospe» als Bezeichnung eines Laub- oder Nadelwalds) die mißverstandene Form eines Wortes für «Korn(-feld)», obwohl der uns vorliegende Text doch eindeutig von einem Hain spricht und diese Deutung durch die Parallelen in der höfischen

Literatur und der Balladendichtung zusätzlich an Wahrscheinlichkeit gewinnt.

Wenn die Deutungen Uhlands, Olsens und ihrer Nachfolger heute antiquiert erscheinen, liegt dies jedoch nur zum Teil daran, daß sie aus der Distanz betrachtet ihre Zeitbedingtheit nicht verleugnen können und erst neuere Forschungen den engen Bezug unserer Texte zur Kultur des hohen und späten Mittelalters geklärt haben. Vielmehr sind in der modernen Religionswissenschaft gerade auf diesem Gebiet die Ansprüche an die Stringenz der Beweisführung deutlich gestiegen, was viele ältere Theorien als haltlose Spekulationen erscheinen läßt. Daß man auch heute noch Aussagen über die Mythologie der Germanen treffen kann, mögen die folgenden Beispiele zeigen.

Mythen und ihre Gestaltungen

Bereits im vorigen Kapitel war von der Rolle des Gottes Wodan/Odin als Herr des Krieges die Rede.[76] Aufschlußreich ist in diesem Zusammenhang sein Name, der usprünglich **Wōðanaz* lautete und eine Ableitung von der germanischen Entsprechung des deutschen Wortes «Wut» darstellt. Vergleicht man in diesem Zusammenhang die Namen der römischen Kriegsgöttin Bellōna (zu *bellum* «Krieg») sowie der Glücks- und Schicksalsgöttin Fortūna (zu **fortus* «Zufall»), so gibt sich der germanische Gott durch seinen Namen als Herr der Wut im Sinne von Raserei, Besessenheit oder Ekstase zu erkennen, wie ja auch das verwandte gotische Adjektiv *wōþs* in Wulfilas Bibelübersetzung (*Markus* 5,18) griechisch *daimonistheis*, «besessen», wiedergibt. Dabei handelt es sich jedoch nicht nur um das Phänomen der Kampfeswut, wie es vielleicht am deutlichsten die altnordischen Erzählungen von Berserkern als rasenden und schmerzunempfindlichen Kriegern schildern, sondern auch um jenen außergewöhnlichen Zustand, der den inspirierten Dichter kennzeichnet. Dies zeigt nicht zuletzt der sprachliche Zusammenhang des Namens Wodan/Odin mit lateinisch *vates*, «Seher» und «Dichter», sowie mit altirisch *fáith* als Bezeichnung der heidnischen Wahrsager und der biblischen Propheten.[77]

Die Verbindung Odins zur Dichtung wird in der Prosa-Edda folgendermaßen erklärt:[78] Einst schufen die Götter aus ihrem Speichel einen Weisen namens Kvasir, der von zwei Zwergen ermordet wurde. Aus der Vermischung seines Blutes mit Honig bereiteten die Zwerge einen Met, dessen besondere Eigenschaft darin bestand, daß jeder durch seinen Genuß zum Dichter wurde. Als Sühne für die Ermordung des Riesen Gillingr und seiner Frau übergaben die Zwerge den Met an dessen Sohn Suttungr, der ihn durch seine Tochter bewachen ließ. Um einen Schluck des Mets zu erlangen, verdingte sich Odin unter falschem Namen als Arbeiter bei Suttungrs Bruder Baugi. Als Suttungr ihm jedoch trotz Baugis Vermittlung den Met verweigerte, schlich Odin in der Gestalt einer Schlange heimlich zu dessen Tochter und teilte drei Nächte lang mit ihr das Lager. Dann leerte er in drei Zügen die drei mit Met gefüllten Gefäße und floh in der Gestalt eines Adlers zurück zu den Göttern, die so die Gabe der Dichtkunst erlangten und von da an immer wieder einzelnen Menschen verliehen.

Findet diese Erzählung in der Lieder-Edda nur eine ungefähre Entsprechung in den Strophen 104–110 der Spruchdichtung *Hávamál*, so dürfte sie angesichts mehrerer Anspielungen in der heidnischen Skaldendichtung doch zumindest in ihren Grundzügen auf die Zeit vor der Christianisierung zurückgehen. Eine Anspielung darauf vermutet man in der Darstellung auf einem gotländische Bildstein aus Lärbro aus der Zeit um 700, wo eine weibliche Gestalt einem Menschen in der Gestalt eines Adlers aus einem Gefäß zu trinken gibt (Abb. 4).[79]

Aus der Zeit vor der Christianisierung stammt zweifellos auch die Erzählung vom Kampf des Gottes Thor mit einem Meerungeheuer. Sie ist durch die Prosa- und Lieder-Edda, fünf Skaldengedichte und vier bildliche Darstellungen bezeugt, wobei wiederum die Prosa-Edda die ausführlichste Fassung bietet.[80] Ihr zufolge begab sich Thor einst in der Gestalt eines jungen Burschen zum Riesen Hymir und begleitete ihn beim Fischfang. Trotz der Furcht des Riesen vor einer im Ozean verborgenen «Weltschlange» (Miðgarðsormr) ruderte der Gott weit aufs Meer hinaus und warf dort seinen Köder, einen Ochsenkopf, über Bord. Als das Ungeheuer nach dem Köder schnappte, stemmte sich Thor mit der Angel in der Hand so fest gegen den Schiffsboden, daß er mit beiden Beinen durch die Planken brach. Als die Schlange jedoch Gift schnaubend

Abb. 4: Mutmaßliche Darstellung Odins in der Gestalt eines Adlers

am Schiffsrand auftauchte, durchtrennte Hymir aus Furcht rasch die Angelschnur, so daß Thor ihr nur noch seinen Hammer hinterherschleudern konnte.

Wie ein Vergleich der uns erhaltenen literarischen und bildlichen Darstellungen zeigt, hat Snorri hier unterschiedliche Quellen benutzt und miteinander zu harmonisieren gesucht. So findet man den Namen des Riesen auch in dem als *Hymiskviða* bekannten Gedicht der Lieder-Edda, während das Durchtrennen der Angelschnur lediglich in der *Ragnarsdrápa* des Skalden Bragi Boddason zur Sprache kommt und Thors Durchstoßen des Schiffsbodens uns nur aus Darstellungen auf Bildsteinen wie etwa Altuna in Uppland bekannt ist.[81] Wenn Snorris Darstellung abschließend offenläßt, ob Thor mit seinem Hammerwurf die Schlange wirklich tötete, so spiegeln sich wohl auch darin unterschiedliche Auffassungen seiner Quellen: Während der Skalde Úlfr Uggason in seiner *Húsdrápa* ausdrücklich den Tod des Ungeheuers erwähnt, weiß die von Snorri oft zitierte *Vǫluspá* von einem zukünftigen Kampf zwischen Thor und der Weltschlange am Ende der Zeiten zu berichten.[82] Wie gerade dieses Beispiel zeigt, waren also durchaus unterschiedliche Fassungen von Mythen im Umlauf, die sich wechselseitig beeinflußten und bei Bedarf verändert werden konnten. Einen wichtigen Anreiz dazu bildete vermutlich die Auseinandersetzung mit dem Christentum, in deren Gefolge ein ursprünglich heidnisches Meerungeheuer an den Leviathan der Bibel (vgl. *Isaia* 27,1 und *Psalm* 73,13 f.) angeglichen wurde. Dies bezeugt nicht zuletzt die nur in der Prosa-Edda bezeugte Vorstellung, daß sich die Schlange in den eigenen Schwanz beiße, was an das antike Symbol des Uroboros erinnert und vielleicht erst von Snorri aus der christlichen Literatur übernommen wurde.

Schwer zu deuten ist die in der Forschung vieldiskutierte Überlieferung um den Gott Balder (altnordisch *Baldr*), über dessen Kult nichts Näheres bekannt ist.[83] Der Prosa-Edda zufolge war Balder ein Sohn Odins und seiner Gattin Frigg, Gatte der Göttin Nanna und Vater des Gottes Forseti. Von unheilverkündenden Träumen Balders beunruhigt, nahm seine Mutter allen Dingen und Wesen in der Natur das Versprechen ab, ihrem Sohn nicht zu schaden. Dabei überging sie nur die Mistel, mit deren Hilfe Balders blinder Bruder Hǫðr durch eine List des ränkevollen Gottes Loki ungewollt zum Mörder seines Bruders wurde. Auf Friggs Bitte hin ritt Balders Bruder Hermóðr zur Totengöttin Hel, um den Verstorbenen auszulösen. Diese willigte zwar ein, stellte dem Abgesandten jedoch die Bedingung, daß alle Lebenden und Toten Balder beweinen müßten. Daraufhin wurde Balder auf der ganzen Welt von allen Wesen beweint. Allein eine Riesin namens Þǫkk, hinter der sich Snorris Auffassung zufolge der Gott Loki verbarg, weigerte sich, und so durfte Balder die Unterwelt nicht wieder verlassen. Ausführlich schildert Snorri die Bestattung Balders, wobei er ebenso wie bei seiner Erzählung vom Kampf Thors mit der Weltschlange auf das Skaldengedicht *Húsdrápa* zurückgreifen konnte.

In der neuzeitlichen Rezeption der altnordischen Mythologie spielte die Erzählung um Balders Tod und Bestattung von Anfang an eine wichtige Rolle.[84] Dramatische Dichtungen darüber verfaßten unter anderem der dänische Dichter Adam Oehlenschläger (1779–1850) sowie in Deutschland Friedrich de la Motte Fouqué (1777–1843). Im Hinblick auf die Deutung des Mythos vertrat der norwegische Altertumsforscher Sophus Bugge (1833–1907) die Auffassung, der Mythos vom Tod des obersten Gottes sei erst im wikingerzeitlichen Britannien oder Irland unter christlichem Einfluß entstanden.[85] Dies erscheint jedoch ausgeschlossen, da der Name Balder auch in der althochdeutschen Überlieferung bezeugt ist und bildliche Darstellungen des Gottes mit dem todbringenden Zweig auf mehreren völkerwanderungszeitlichen Goldbrakteaten zu sehen sind. Erscheint der heidnische Ursprung des Mythos damit gesichert, bleibt seine Deutung gleichwohl fraglich. Weitreichenden Einfluß gewann in diesem Zusammenhang eine Theorie des Schotten James George Frazer (1854–1941), der in seinem monumentalen Werk *Der Goldene Zweig* (*The Golden Bough*, 1911–1915) aus der Kombination antiker literarischer Quellen sowie volkskundlicher und ethnographischer Aufzeichnungen der Neuzeit ein Bild der frühen Religionsgeschichte entwarf, in dem Fruchtbarkeitsriten und der Mythos einer sterbenden und auferstehenden Vegetationsgottheit eine wichtige Rolle spielten.[86] Ob man die spärlichen germanischen Quellen in einen solchen Zusammenhang stellen darf, muß letztlich jedoch offen bleiben.

Zu fragen ist immerhin nach den Funktionen und – mit einem Ausdruck der Wissenschaft vom Alten Testament zu sprechen – dem «Sitz im Leben» der heidnischen Mythen. Gerade hier sind wir jedoch weitgehend auf Vermutungen angewiesen, da die ursprünglich ausschließlich mündlich überlieferte religiöse Dichtung der Germanen durchweg nur in späten literarischen Gestaltungen auf uns gekommen ist und wir auch keine ausführlichen Berichte darüber haben, bei welchen Gelegenheiten und in welcher Form man sie in heidnischer Zeit zu Gehör brachte. Die wenigen Hinweise antiker und mittelalterlicher Autoren sowie ethnologische Parallelen lassen vermuten, daß die Mythen der Germanen ganz allgemein dazu dienten, die Vorstellungen von den außermenschlichen Grundlagen der natürlichen Umwelt sowie der Gesellschaft und Kultur in erzählerischer Form zu veranschaulichen, zu vergegenwärtigen und dadurch im kollektiven Gedächtnis zu verankern. Ihre Funktion bestand daher weniger in einer möglichst ökonomischen und widerspruchsfreien Erklärung der bestehenden Verhältnisse als vielmehr in deren religiöser Ausdeutung und Bestätigung. Um diesen Anforderungen zu genügen, waren die Mythen keineswegs über Zeit und Raum hinweg stabil und unveränderlich, sondern ganz im Gegenteil flexibel und elastisch. Auch dürften sie vor dem Einsetzen der Schriftlichkeit wohl niemals ein geschlossenes System gebildet haben, wie ja auch die griechisch-römische Mythologie in der uns bekannten Form ein Ergebnis später literarischer Systematisierung darstellt.

Ob die Mythologie der Germanen in gleicher Weise alle Lebensbereiche erfaßte, entzieht sich unserer Kenntnis. Eindeutig ist jedoch die Vorliebe der späten literarischen Überlieferung des Nordens für solche Mythen, die in der Auseinandersetzung mit dem vordringenden Christentum eine Rolle spielen konnten und darüber hinaus die Belange jener Gesellschaftsschichten berührten, in deren Händen die literarische Überlieferung lag. Nicht von ungefähr stehen daher von den Göttern immer wieder Odin als Patron der Dichter und Thor als Vorbild der Krieger im Mittelpunkt der uns erhaltenen Texte, während wir über die religiösen Erzählungen der bäuerlichen Bevölkerung mit ihrer Sorge um das Gelingen von Aussaat und Ernte, die Sicherung der Fruchtbarkeit und dem Schutz vor Unwetter und Krankheiten sehr viel weniger wissen. Daß dieses Mißverhältnis nicht die reale Bedeutung der unterschiedlichen Lebensbereiche widerspiegelt, sondern letztlich auf der Einseitigkeit unserer literarischen Quellen beruht, zeigt das Zeugnis der mit Götternamen gebildeten Ortsnamen. Hier spielt Odin auf Island gar keine und selbst in Norwegen nur eine bescheidene Rolle, während umgekehrt der Gott Ullr wegen der Häufigkeit seines Namens in ostnorwegischen und schwedischen Ortsbezeichnungen eine sehr viele größere Rolle gespielt haben muß, als es die wenigen literarischen Erwähnungen bei Snorri Sturluson und Saxo Grammaticus vermuten lassen würden.[87]

«Hohe» und «niedere» Mythologie

Aufbauend auf den Ergebnissen der Vergleichenden Sprachwissenschaft war Jacob Grimm davon ausgegangen, daß die Götter der altnordischen Literatur genaue Entsprechungen in den Mythen der Griechen, Römer und anderer Völker indogermanischer Sprache fänden, letztlich also indogermanische Götter seien. In deutlicher Abgrenzung dazu bekannte sich nur wenig später Wilhelm Schwartz (1821–1899) zu der Auffassung, die unterschiedlichen Formen des Götterglaubens hätten sich bei den einzelnen indogermanischen Völkern zwar parallel, aber doch unabhängig voneinander entwikkelt. Hatte Jacob Grimm die Gestalten des neuzeitlichen Volks- und Aberglaubens auf die alten vorchristlichen Götter zurückgeführt, so sah Schwartz im neuzeitlichen Volksglauben, der «niederen Mythologie», nur die letztlich zeitlose Grundlage oder den Unterbau, auf der in einzelsprachlicher Zeit die «hohe Mythologie» der großen Götter entstanden sei. Zu einem Pionier der Erforschung dieses Volksglaubens wurde Wilhelm Mannhardt (1831–1880), der Volksbräuche ländlicher Gegenden als unmittelbare Fortsetzungen heidnischer Riten betrachtete und aus den Erzählungen seiner Gewährsleute über Riesen, Zwerge, Elfen und Trolle Rückschlüsse auf das Weltbild der Germanen vor der Christianisierung zog.[88]

Die Ursache für den nachhaltigen Erfolg und weitreichenden Einfluß dieses Ansatzes bis weit ins 20. Jahrhundert hinein ist zunächst wohl in der Attraktivität des Evolutionismus zu suchen, der eine unilineare religionsgeschichtliche Entwicklung von einfachen zu immer komplexeren Formen annahm. Eine wichtige Rolle spielte ferner die nostalgische Verklärung agrarischer Lebens- und Wirtschaftsformen im Zeitalter einer rapide fortschreitenden Industrialisierung und Verstädterung. Tatsächlich ist eine Kontinuität neuzeitlicher Bräuche mit der vorchristlichen Vergangenheit jedoch kaum jemals schlüssig zu beweisen, und in einigen Fällen konnte die neuere Forschung Bräuche vermeintlich heidnischen Ursprungs aus der spielerischen Abwandlung oder Umkehr christlicher Riten deuten, wovon im Zusammenhang mit den jahreszeitlich gebundenen Festen der Germanen noch die Rede sein wird. Gleichwohl ist Schwartz und Mannhardt das Verdienst nicht abzusprechen, die einseitig sprachwissenschaftlich-philologische Forschung ihrer Zeit um neuartige Fragestellungen aus dem Bereich gelebter Religiosität erweitert zu haben. Wie eine vergleichende Betrachtung der ältesten Schriftquellen zeigt, kannten die vorchristlichen Germanen in der Tat neben Göttern und Menschen noch eine Vielzahl anderer Wesen, mit denen sie die Welt bevölkert glaubten.

An erster Stelle stehen hier die Riesen, deren Kennzeichen ihre übermenschliche Größe ist.[89] Ihre am weitesten verbreitete Bezeichnung lautete germanisch **þuris*, was im Altnordischen *þurs*, im Angelsächsischen *þyrs* und im Althochdeutschen *duris* ergab. Eine weitere Benennung war **etanaz*, woraus altnordisch *jǫtunn* und angelsächsisch *eoton* hervorging. Letztere Bezeichnung stellt man im allgemeinen zu deutsch *essen*, was die Riesen als «Fresser» oder gefräßig kennzeichnen würde, wohingegen die Bedeutung der Bezeichnung **þuris* umstritten ist. Weniger weit verbreitet sind die Bezeichnungen *Riese* und *Hüne*, deren vorchristlicher Ursprung damit fraglich erscheint. Aus psychologischer Sicht erscheinen die Riesen als Verkörperungen lebensfeindlicher übermenschlicher Kräfte, wie etwa des Sturmes oder der stürmischen See. Nicht von ungefähr bezeichnete die Rune *þ* daher neben dem Lautwert *th* (wie in englisch *thick*) zugleich den Begriff der unheimlichen, schadenbringenden Macht. Begegnen die Riesen in der westgermanischen Überlieferung vor allem als Einzelgänger, allenfalls noch mit Geschwistern oder einer Mutter, so kennt der skandinavische Norden im Unterschied dazu die Vorstellung eines Riesengeschlechts, das in einer eigenen Riesenwelt (altnordisch *jǫtunheimr*) östlich der von Menschen bewohnten Regionen haust. Charakteristisch für die eddische Mythologie ist ein ausgeprägter Gegensatz zwischen den Geschlechtern der Götter und der Riesen, die doch gleichzeitig durch gemeinsame Vorfahren und Heiraten miteinander verbunden sind. Eine wichtige Rolle im Weltschöpfungsmythos spielt der Urriese Ymir, von dem im folgenden Kapitel noch die Rede sein wird.

Im Gegensatz zu den ungeschlachten Riesen stehen die weisen und kunstfertigen Zwerge, die in den mittelalterlichen Texten durch ihre geringe Größe und das Leben im unterirdischen Dunkel gekennzeichnet sind.[90] Wie bei den germanischen Bezeichnungen der Riesen erweist auch hier die sprachliche Übereinstimmung von deutsch *Zwerg*, angelsächsisch *dweorg* und altnordisch *dvergr* das hohe Alter des Begriffs, obschon sich die damit bezeichnete Vorstellung im Laufe der Zeit verändert haben mag und schriftliche Quellen aus vorchristlicher Zeit fehlen.[91] Der eddischen Mythologie zufolge verfertigten Zwerge wichtige Gegenstände aus dem Besitz der Götter wie etwa Thors Hammer Mjǫllnir, Freyjas Halsband Brísingamen und Freys wunderbares Schiff Skíðblaðnir.

Neben Riesen und Zwergen findet man in den ältesten germanischen Texten eine Vielzahl weiterer Bezeichnungen außermenschlicher Wesen, die man unter Beachtung des ursprünglich neutralen Wortsinns als Dämonen bezeichnen könnte.[92] Auf eine alte Benennung solcher Dämonen geht das deutsche Wort *Wicht* zurück, das als mutmaßliche Ableitung von *wegan*, «bewegen», ursprünglich wohl ganz allgemein ein sich bewegendes Ding oder Wesen bezeichnete.[93] Diese allgemeine Bedeutung lebt fort in unserem Wort *nicht(s)*, das als Zusammenziehung aus *ni eo wiht*, «nie etwas», entstanden ist. Die altnordische Entsprechung *vættr* bezeichnet sowohl ein «Ding» als auch ein «Wesen», wobei die *landvættir* in der *Landnámabók* über die Besiedlung Islands als eine Art von Natur- oder Schutzgeistern des Landes geschildert werden. Mit ihnen zu vergleichen sind die *landdísir*, deren Wohnungen man in den nach ihnen als *landdísasteinar* bezeichneten Felsen vermutete.[94] Eine andere alte Bezeichnung dämonischer Wesen begegnet im Mittelhochdeutschen als *alp* oder *alb*, im Angelsächsischen als *ælf* und im Altnordischen als *álfr*.[95] Dabei dürfte es sich ähnlich wie bei den Zwergen um potentiell hilfreiche Geister gehandelt haben, wie dies noch aus Namen wie Alfred (der den Rat eines Alps besitzt) und Alwin (Freund des Alps) hervorgeht. Daß man die so bezeichneten Wesen andererseits auch als Verursacher von Krankheiten ansah, zeigt der angelsächsische Ausdruck *ylfa gescot*, «Hexenschuß». Zahlreiche zusammengesetzte Bezeichnungen wie *feldælfen*, *sæ-ælfen* und *wæter-ælfen* könnten vermuten lassen, daß gerade das angelsächsische Heidentum zwischen den verschiedenen Arten dämonischer Wesen begrifflich stark differenzierte, doch sind viele dieser Bezeichnungen wohl erst unter antikem Einfluß zur Übersetzung lateinischer Begriffe gebildet worden. Das Grundwort *ælf* lebt fort in neuenglisch *elf* und wurde in dieser Form vor allem durch seine Verwendung in der Übersetzung von Shakespeares *Mittsommernachtstraum* durch Christoph Martin Wieland (1733–1813) im deutschen Sprachraum heimisch.[96] Erwähnt sei schließlich noch der Kobold, der sich durch seinen Namen (zu altnordisch *cofi* und angelsächsisch *cofa*, «Gemach») als Hausgenosse des Menschen zu erkennen gibt.[97] Bereits im Mittelalter bezeichnete Kobold jedoch auch jene Berggeister, von denen man glaubte, daß sie den Bergleuten das Silber raubten und dafür ein vermeintlich wertloses und daher nach ihnen Kobalt genanntes Metall unterschoben.[98]

Wie das zuletzt genannte Beispiel zeigt, konnten sich mit den ursprünglich vorchristlichen Bezeichnungen dämonischer Wesen also bis weit in die Neuzeit immer wieder neue Vorstellungen verbinden. Welche Bestandteile der mittelalterlichen und neuzeitlichen

Überlieferung tatsächlich bis in die vorchristliche Zeit zurückreichen, ist daher häufig kaum auszumachen. Mit Sicherheit jedoch haben die christliche Dämonenlehre und das Bildungsgut der klassischen Antike die germanischen Vorstellungen schon vor dem Einsetzen der ältesten Schriftqellen stark beeinflußt. Charakteristisch dafür ist etwa die Trennung zwischen «Lichtalben» (*ljósálfar*) und «Dunkelalben» (*dǫkkálfar*) in der Prosa-Edda, die letztlich auf die christliche Unterscheidung zwischen Engeln und Teufeln zurückgehen dürfte.[99]

3.
WELTBILD

Wie die im vorigen Kapitel besprochenen Erzählungen von Göttern, Riesen, Zwergen und dämonischen Wesen sind uns auch ausführliche Nachrichten über das Weltbild der vorchristlichen Zeit fast nur in Skandinavien erhalten geblieben, wobei jedoch manche Einzelheiten der altnordischen Überlieferung durch angelsächsische und kontinentalgermanische Zeugnisse bestätigt werden. Unterschiedliche Auffassungen vom Anfang und vom Ende der uns bekannten Welt, von der Herkunft und Bestimmung des Menschen sowie von der Stellung des Menschen in Raum und Zeit lassen sich so zumindest ansatzweise näher bestimmen.

Weltentstehung und Weltvergehen

Wie das im ersten Kapitel erörterte Wort «Glaube» gehört auch «Welt» zu den Begriffen, deren heutige Bedeutung nicht ohne weiteres auch für die vorchristliche Zeit vorausgesetzt werden darf. Dies zeigt bereits der Umstand, daß die angelsächsische Entsprechung *weorold* und das daraus entlehnte altnordische Wort *verǫld* zwar ebenfalls die «Welt» bezeichnen, die althochdeutsche Form *weralt* aber außerdem «Zeitalter» bedeutet. Dies steht im Einklang mit der Etymologie des Wortes, dessen erster Bestandteil dem der Wörter *Werwolf*, «Mann-Wolf», und *Wergeld*, «Buße bei der Tötung eines Mannes», entspricht und in seinem zweiten Bestandteil mit den Begriffen *alt* und *Alter* zu verbinden ist.[100] Dabei beruht der zeitliche und räumliche Doppelsinn des Begriffs auf seiner christlichen Herkunft, da es sich letztlich um eine Lehnübersetzung des kirchenlateinischen Wortes *saeculum* handelt. Dessen Doppelsinn «Zeitalter» und «Welt» beruht im wesentlichen auf der Austauschbarkeit der neutestamentlichen Begriffe *aiōn* und *kosmos*, die zum einen als Zeitbegriffe die Jetztzeit im Unterschied zur Endzeit, zum anderen aber als Raumbegriffe diese Welt im Unterschied zum kommenden Gottesreich bezeichnen. Im Hintergrund steht letztlich der Doppelsinn des hebräischen Begriffs *'ōlām*, der ursprünglich eine zeitliche, im hellenistischen Judentum aber auch bereits eine räumliche Bedeutung besaß.[101]

Die «Welt» im allgemeinen bezeichneten die Germanen also wohl nicht mit dem heute üblichen Wort, das seinen Sinn erst im Gefolge der Christianisierung erhielt und vor dieser Zeit vielleicht überhaupt nicht gebräuchlich war. Vielmehr verwendete man wohl ähnlich wie im Schöpfungsbericht der hebräischen Bibel die Umschreibung «Erde und Auf-Himmel», wobei sich der Gebrauch der in der Alltagssprache unüblichen Zusammensetzung «Auf-Himmel» aus der beabsichtigten Alliteration mit «Erde» erklären dürfte.[102] Für das hohe Alter dieser stabreimenden Formel spricht ihre weite Verbreitung in den germanischen Einzelsprachen, die einen gemeingermanischen Ursprung nahelegt. *iarþsalrifnaukubhimin*, «die Erde wird zerreißen und der Himmel darüber», heißt es auf dem in dänischen Runen geschriebenen Stein von Skarpåker in Södermanland, was wohl auf eine endzeitliche Katastrophe anspielt und vielleicht ein Zitat aus einem heute verlorenen Gedicht darstellt. Mit ganz ähnlichen Worten beschreibt das als *Wessobrunner Gebet* bekannte althochdeutsche Gedicht über die Schöpfung jenen uranfänglichen Zustand, «da es die Erde nicht gab und nicht den Himmel darüber» (*dat ero ni uuas noh ufhimil*), und die altsächsische Evangeliendichtung *Heliand* gebraucht die Wendung in der Form *erda endi uphimil. Eordan ic bidde and upheofon*, «die Erde bitte ich und den Himmel darüber», heißt es in einer angelsächsischen Beschwörung aus dem 8. Jahrhundert, und noch im 13. Jahrhundert liest man als Zauberformel gegen Krankheit auf einem Runenstäbchen aus Ribe in Jütland: «Die Erde bitte ich um Schutz und den Himmel, die Sonne und die heilige Maria und den Herrgott selbst.» Als einen Zustand, «da es weder Erde unten noch oben Himmel gab» (*iǫrð fannz æva né upphiminn*), charakterisiert nicht zuletzt die dritte Strophe des Edda-Gedichts *Vǫluspá* jene Urzeit, da nur ein als Ginnungagap bezeichneter Abgrund oder leerer Raum existierte.

Snorris Darstellung zufolge trennte der Abgrund Ginnungagap das dunkle und eisige Niflheim im Norden vom hellen und feurigen Muspell im Süden.[103] Aus dem Zusammentreffen von Reif und heißer Glut entstand ein Urwesen namens Ymir. Während Ymir schlief und dabei schwitzte, wuchsen ihm unter dem linken Arm ein Mann und eine Frau, und einer seiner Füße zeugte mit dem anderen einen Sohn. So wurde er zum Stammvater der Riesen. Ernährt wurde Ymir durch vier Milchströme aus dem Euter der Kuh Auð(h)um(b)la, die ähnlich wie er aus tauendem Reif entstanden war. Indem sie an salzigem Eis leckte, befreite sie daraus ein Wesen namens Buri, das – mit wem, wird nicht gesagt – einen Sohn namens Borr zeugte. Borr nahm die Riesin Bestla zur Frau und zeugte mit ihr die drei Brüder Odin, Vili und Vé. Diese erschlugen den Riesen Ymir und erschufen aus seinem Leichnam die Welt. Aus Ymirs Blut entstanden so das Meer und die Gewässer, aus seinem Fleisch und seinen Knochen das Festland, aus seinen Haaren die Bäume und aus seiner Hirnschale das Himmelsgewölbe. Danach erschufen Bors Söhne aus zwei Hölzern die Menschen, wovon im nächsten Abschnitt dieses Kapitels noch die Rede sein wird.

Fragt man nach den Quellen der Darstellung Snorris, so wird man die Systematisierung und gewiß auch manche Einzelheiten der Schilderung auf den Verfasser selbst oder gelehrte Spekulationen seiner Zeit zurückführen dürfen. So etwa kennt die ältere skandinavische Überlieferung keinen kosmischen Gegensatz zwischen uranfänglichem Feuer und Eis, wie auch die Bezeichnung Niflheim in den Gedichten der Lieder-Edda nirgendwo belegt ist. In der Auswahl und Abfolge der Ereignisse vermutet man den Einfluß der christlichen Schöpfungsgeschichte, wobei man die vier Milchströme aus dem Euter der Kuh Auðhumla mit den vier Strömen des biblischen Paradieses (*Genesis* 2,10–14) in Verbindung gebracht hat. Die Kuh Auðhumla selbst könnte demgegenüber sehr wohl der vorchristlichen Überlieferung entstammen, sind doch auch andere alteuropäische und altorientalische Göttinnen wie etwa die ägyptische Hathor oder die griechische Hera eng mit der Kuh verbunden, was letztlich auf ein gemeinsames Erbe aus der neolithischen Vergangenheit zurückgehen könnte. Daß auch die Namen der drei Brüder Odin, Vili und Vé nicht erst von Snorri oder einem Zeitgenossen zusammengestellt wurden, zeigt der offensichtlich intendierte Stabreim, der für den ersten Namen noch das im Altnordischen geschwundene anlautende *W*- (wie in altfränkisch *Wodan* und altenglisch *Woden*) voraussetzt.

Einen vorchristlichen Ursprung vermutet man ferner für den Urriesen Ymir, dessen Name man als «Zwilling» oder «Zwitter» gedeutet und mit iranisch Yima und altindisch Yama als Namen zweier weiterer Urwesen aus der indo-iranischen Mythologie verglichen hat.[104] Gilt Yama in den ältesten indischen Texten als Urmensch und Herrscher der Toten, so erscheint «der strahlende Yima» in der vorislamischen iranischen Religion als idealer Herrscher einer paradiesischen Urzeit. Möglicherweise beruht die altnordische Überlieferung um Ymir also auf gemeinindogermanischen Vorstellungen von einem doppelgeschlechtigen Urwesen, wie sie in späterer Zeit auch aus anderen schriftlosen Kulturen bezeugt sind. Dies bedeutet selbstverständlich nicht, daß man die eddische Erzählung von Ymir insgesamt schon für die germanische oder gar indogermanische Vergangenheit voraussetzen dürfte.

Aus der vorchristlichen Überlieferung stammt wohl auch der Name Muspell, der bei Snorri den feurigen Gegenpol zum eisigen Niflheim bezeichnet.[105] Ihm entspricht in einem althochdeutschen Gedicht über das Weltende die Form *muspille* (Dativ Singular), während der altsächsische *Heliand* die Formen *mutspelli* (Nominativ Singular) und *mutspelles* (Genitiv Singular) kennt. Obschon die Grundbedeutung des Wortes bis heute unklar ist, handelt es sich im Althochdeutschen und Altsächsischen vermutlich um eine Bezeichnung des Weltendes durch Feuer, woraus man auch die Verwendungsweise des Wortes in der Prosa-Edda ableiten könnte. Beachtung verdient in diesem Zusammenhang eine Bemerkung des stoischen Philosophen Poseidonios (zitiert bei dem Geographen Strabon), der im Zusammenhang mit seiner Schilderung der keltischen Druiden auch den Kelten im vorrömischen Gallien die Anschauung zuschreibt, die Seelen und die Welt seien unzerstörbar, obwohl dereinst Feuer und Wasser die Oberhand behalten würden (*Erdkunde* 4,4,4).[106] Genauere Auskunft über mögliche Vorstellungen der Germanen von einem endzeitlichen Weltuntergang geben jedoch wiederum nur altnordische Texte.

Als *ragnarǫkr*, also «Dunkelheit» oder «Abenddämmerung» (*rǫkr*) «der Götter» (*regin*), bezeichnen die eddische *Lokasenna* sowie die Prosa-Edda das Weltende. Die deutsche Übersetzung «Götterdämmerung» erscheint erstmals in den 1772 veröffentlichten *Liedern Sineds des Barden*, die der österreichische Dichter Michael Denis (1729–1800) in Anlehnung an die Dichtung Klopstocks und die *Werke Ossians* des Schotten James Macpherson (1736–1796) verfaßte. Im deutschen Sprachraum heimisch wurde der Ausdruck durch die 1851 erschienene Übersetzung der Lieder-Edda des Bonner Germanisten Karl Simrock (1802–1876) und durch die Verwendung in dem Bühnenfestspiel *Der Ring des Nibelungen* von Richard Wagner (1813–1883). Tatsächlich handelt es sich bei *ragnarǫkr* jedoch nur um die Umdeutung einer älteren Bezeichnung *ragnarǫk*, «Götterschicksal», die in den übrigen Liedern der Edda bezeugt ist.[107] Die Hauptquelle unserer Kenntnis der altnordischen Vorstellungen vom Weltende bilden die *Vǫluspá* und deren Ausdeutung in der Prosa-Edda.[108] Einige ältere Texte enthalten zwar Anspielungen auf das Weltende, ermöglichen für sich genommen jedoch keine Rekonstruktion einer zusammenhängenden Erzählung, wie sie vor der Christianisierung überliefert worden sein könnte.

In der Erzählung Snorris sind mehrjährige schwere Kämpfe auch zwischen Verwandten und damit die Auflösung der gesellschaftlichen Ordnung ein erstes Anzeichen des nahenden Weltendes. Darauf folgt ein drei Jahre währender gewaltiger Winter (*fimbulvetr*) mit Schneetreiben aus allen Himmelsrichtungen, Frost und Stürmen. Dann werden die Sonne und der Mond von Wölfen verschlungen, und die Sterne verschwinden vom Himmel. Die Erde bebt, so daß Bäume entwurzelt werden und Felsen mit lautem Getöse zusammenstürzen. Der Wolf Fenrir (altnordisch *Fenrisúlfr*) zerreißt die Fesseln, mit denen ihn die Götter gebunden haben, und der Miðgarðsormr, die Weltschlange, peitscht das Meer so auf, daß es die Erde überflutet.[109] Mit dem Schiff Naglfar, das aus den ungeschnittenen Nägeln der Toten gebaut wurde, treten die widergöttlichen Mächte gegen die Götter an. Deren Wächter Heimdall (altnordisch *Heimdallr*) stößt beim Herannahen der Feinde in sein Horn, worauf die Götter unter Odins Führung auf das Schlachtfeld vorrücken. In dem darauffolgenden Kampf verschlingt der Wolf Fenrir Odin, kommt dabei aber selbst ums Leben. Thor tötet die Weltschlange und findet dabei zugleich selbst den Tod, wie auch Loki und Heimdall sich gegenseitig ums Leben bringen. Frey fällt im Kampf gegen den Riesen Surtr, der daraufhin die ganze Erde mit Feuer verbrennt. Schließlich steigt eine neue Erde aus dem Meer empor, die von einer neuen Menschheit bevölkert werden wird.

Beachtung verdient in diesem Zusammenhang der Umstand, daß

die Hinweise auf ein endzeitliches Bersten des Himmels und Versinken der Erde im Meer genaue Entsprechungen in den mittelalterlichen inselkeltischen Literaturen sowie in einigen Bemerkungen antiker Autoren findet. Als früheste Quelle ist hier Strabon zu nennen, der unter Berufung auf den hellenistischen Historiker Ptolemaios Lagu berichtet, keltische Gesandte hätten gegenüber Alexander dem Großen geprahlt, sie fürchteten nichts, außer daß der Himmel über ihnen einstürzen könnte (*Erdkunde* 7,3,8). In ähnlicher Weise erklären in der mittelirischen *Geschichte des Rinderraubs von Cuailnge* (*Táin Bó Cuailnge*) die Krieger aus der Provinz Ulster: «Wir werden den Platz, auf dem wir stehen, halten, und wenn nicht die Erde unter uns oder der Himmel über uns birst, werden wir von hier nicht weichen.»[110] Daß Snorris Schilderung als Ganzes jedoch viele Einzelheiten christlichem Einfluß verdankt, steht außer Frage. Davon abgesehen gab vielleicht überhaupt erst die Auseinandersetzung der Nordgermanen mit dem Christentum und seiner ausgeprägten Endzeithoffnung den Anstoß zur Ausgestaltung und Systematisierung von Mythen, die zuvor eine eher untergeordnete Rolle gespielt haben mögen.

Daß die Götter in der Mythologie der Edda selbst dem Schicksal unterworfen sind, wurde in der Vergangenheit häufig als Beleg für einen germanischen Schicksalsglauben gewertet. Nähere Auskunft über die damit verbundenen Anschauungen geben jedoch nur vergleichsweise späte altenglische und altnordische Quellen, bei denen der Einfluß des Christentums und der klassischen Antike beständig in Rechnung zu stellen ist. Schon im 18. Jahrhundert in Deutschland bekannt wurde die Vorstellung von den Schicksalsfrauen, für die sich im Anklang an die skandinavische Überlieferung die Bezeichnung *Nornen* (altnordisch *nornir*, Singular *norn*) eingebürgert hat. Hier erwähnt die Prosa-Edda einerseits eine unbestimmte Vielzahl guter und böser Nornen, die jedem Kind bei der Geburt sein Schicksal zuteilen, andererseits drei Nornen namens Urðr, Verðandi und Skuld, die am Schicksalsbrunnen (*urðar brunnr*) wohnen.[111] Da Verðandi («werdend») im Unterschied zu den beiden anderen Namen eine sprachlich junge Bildung darstellt, ist die eddische Vorstellung von drei Nornen als Personifikationen der Vergangenheit, Gegenwart und Zukunft vermutlich erst spät und unter dem Einfluß der antiken Vorstellung von den drei *moirai* bzw. *parcae* aufgekommen. Der Name Urðr findet demgegenüber eine genaue Entsprechung in dem angelsächsischen Begriff *wyrd*, der als Bezeichnung eines unpersönlichen Schicksals jedoch den Einfluß der antiken *fortuna*-Vorstellung erkennen läßt und daher keine sicheren Rückschlüsse auf altgermanische Anschauungen zuläßt.[112]

Die Herkunft des Menschen

In alten Liedern, was bei ihnen die einzige Art geschichtlicher Überlieferung darstellt, feiern sie einen aus der Erde hervorgegangenen Gott Tuisto. Ihm schreiben sie einen Sohn Mannus als Ahnherrn und Gründer ihres Volkes zu, dem Mannus wiederum drei Söhne, nach deren Namen man die dem äußeren Weltmeer zunächst wohnenden Stämme Ingaevonen, die in der Mitte Erminonen und die übrigen Istaevonen nennt.

So beschreibt Tacitus im zweiten Kapitel seiner *Germania* die Auffassung der Germanen von ihrer eigenen Herkunft. Daß wesentliche Elemente seiner Darstellung auf authentischer Überlieferung beruhen, darf angesichts sprachlicher Indizien sowie verschiedener germanischer und außergermanischer Parallelen als wahrscheinlich gelten. So etwa gibt sich Tuisto schon durch seinen Namen als ein Urwesen zu erkennen, das man sich wohl ähnlich wie den oben erwähnten Ymir als doppelgeschlechtiges Urwesen vorstellen muß (vgl. lateinisch *bis* und griechisch *dís*, «zweimal», sowie deutsch *Zwist*, «Entzweiung, Streit», *Twist*, «Doppelfaden» und *Zwitter*, «Hermaphrodit»).[113] Der Name Mannus entspricht etymologisch unserem *Mann*, bedeutete ursprünglich aber wohl allgemein «Mensch» (vgl. noch heute englisch *woman* sowie deutsch *man*, *niemand* und *jemand*).[114] Mit ihm zu vergleichen ist der altindische Name Manu, der schon in den ältesten religiösen Texten der vedischen Zeit den ersten Menschen bezeichnet.[115] Vermerkt sei schließlich noch die strukturelle Übereinstimmung der taciteischen Angaben mit jenen der eddischen Kosmogonie, insofern als beide Genealogien im dritten Glied eine Dreizahl von Brüdern aufweisen. Dies bedeutet jedoch nicht, daß die von Tacitus erwähnten germanischen Stämme tatsächlich nach ihrem jeweiligen Ahnherrn benannt worden wären, da der Zusammenhang zwischen dem Namen der Ingaevonen und dem der aus späterer Zeit bekannten Sagenhelden

Ing (im Altenglischen) und Yngvi (im Altnordischen) auch auf andere Weise erklärt werden kann und die beiden anderen Stammesnamen keine derartigen Bezüge aufweisen. Im übrigen sind drei Brüder als Stammväter einer Gruppe von Völkern auch außerhalb des Germanischen gut bezeugt, so etwa die drei Söhne Noahs Sem, Ham und Japhet (*Genesis* 10,1) und die von Herakles gezeugten Söhne Agathyrsos, Gelonos und Skythes (Herodot, *Historien* 4,10).

Eine ganz andere Erzählung von der Entstehung des Menschen bietet demgegenüber die Prosa-Edda.[116] Ihr zufolge fanden Bors Söhne, während sie am Meeresstrand entlang gingen, zwei Hölzer. Sie hoben sie auf und schufen daraus Menschen, wobei jeder der drei Götter das Paar mit besonderen Gaben ausstattete: Der erste gab ihnen Atem und Leben, der zweite Verstand und Bewegungsvermögen, der dritte die äußere Erscheinung, Sprache, Gehör und Sehkraft. Alle gemeinsam gaben sie den beiden ersten Menschen Kleidung und einen Namen. Snorri nennt den Mann Askr und die Frau Embla. Mit ihnen habe die ganze Menschheit ihren Anfang genommen.

Läßt sich der Name Askr ohne weiteres als «Esche» deuten, so ist die Bezeichnung Embla ohne gesicherte Etymologie. Denkbar erscheint ein Zusammenhang mit dem griechischen Wort *ámpelos* als Bezeichnung verschiedener Schlingpflanzen, was für ein hohes Alter des Namenspaares sprechen könnte.[117] Eine ungefähre Entsprechung findet Snorris Darstellung in zwei Strophen der *Vǫluspá*, welche die Erschaffung des Menschen jedoch nicht Odin, Vili und Vé, sondern vielmehr den drei Göttern Odin, Hœnir und Loðurr zuschreibt. In welchem Umfang beide Berichte eine vorchristliche Tradition widerspiegeln, muß angesichts des Fehlens unmittelbar vergleichbarer Zeugnisse letztlich offenbleiben, doch findet der Name Askr in einer frühgriechischen Tradition über die Erschaffung von Menschen aus Eschenholz eine bemerkenswerte Parallele (vgl. Hesiod, *Werke und Tage* 143–145).

Orientierung in Raum und Zeit

Unmittelbar nach seinem Bericht von der Erschaffung des Menschen erzählt Snorri, wie Odin und seine Frau Frigg zu den Stammeltern des Geschlechts der Asen wurden und man Odin daher als

Vater aller Götter und Menschen ansah. Darauf folgt in der Prosa-Edda die Geschichte des Riesen Nörfi oder Narfi, dessen Tochter Nótt («Nacht») in dritter Ehe mit dem Asen Dellingr (dem «Hellen») verheiratet war und mit ihm zusammen einen strahlend schönen Sohn namens Dagr («Tag») hatte. Odin gab Dagr und seiner Mutter zwei Pferde und zwei Wagen und versetzte sie an den Himmel, damit sie jeden Tag um die Erde reiten sollten. Im Anschluß daran erzählt Snorri die Geschichte eines Mannes namens Mundilfœri, dessen Kinder Máni («Mond») und Sól («Sonne») von den Göttern ebenfalls an den Himmel versetzt wurden.[118]

Die Nähe der Darstellung zu Motiven aus der antiken Literatur und das Fehlen eindeutiger Parallelen außerhalb der beiden Eddas lassen vermuten, daß man Snorris Darstellung eher als Kunstdichtung denn als authentischen vorchristlichen Mythos ansehen muß. Gleichwohl gibt sie einen Einblick in das Zeitempfinden der vorchristlichen Epoche, für das die Nacht dem Tag vorausging und die Zeitrechnung auf dem Lauf des Mondes wie auch der Sonne beruhte. Nicht von ungefähr sind daher gotisch *aþn* (lateinisch *annus*) «Jahr» und vielleicht auch unser Wort *Jahr* von sprachlichen Wurzeln abgeleitet, die «laufen» oder «gehen» bedeuten.[119] Daß man nicht nach Tagen, sondern Nächten zählte (vgl. noch heute englisch *fortnight*, «vierzehn Tage»), beruht wohl auf der großen Bedeutung des Mondes als Zeitmesser. Dies lassen nicht zuletzt auch das Nebeneinander von «Mond» und «Monat» in mehreren indogermanischen Sprachen sowie die Ableitung der entsprechenden Bezeichnungen von einer Wurzel mit der Bedeutung «messen» vermuten.[120]

Mit der siebentägigen Woche wurden die Germanen erstmals in der römischen Kaiserzeit bekannt, wobei die sprachliche Verwandtschaft von *Woche*, *weichen* und *Wechsel* wohl einen Hinweis auf jene antike Vorstellung darstellt, derzufolge sich sieben Planetengötter in der Herrschaft über die nach ihnen benannten sieben Tage der Woche abwechselten.[121] Von den lateinischen Bezeichnungen der Wochentage haben die germanischen Sprachen die Namen der beiden ersten, der Sonne und dem Mond geweihten Tage mit Hilfe einheimischen Sprachguts nachgebildet. So gab man *dies Solis* mit *Sonntag* und *dies Lunae* mit *Montag* wieder, während man den Namen des Gottes Saturn in der Bezeichnung des letzten Wochentags beibehielt (vgl. mittelniederdeutsch *saterdach* sowie noch heute englisch *Saturday*). Die Namen jener römischen Götter, die man sich als Herrscher über die übrigen vier Wochentage vorstellte, ersetzten die Germanen durch entsprechende einheimische Bezeichnungen. Dabei traten der Gott Ziu/Týr an die Stelle des Gottes Mars in *dies Martis* (französisch *mardi*), Wodan/Odin an die Stelle Merkurs in *dies Mercurii* (französisch *mercredi*), Donar/Thor an die Stelle des Iovis/Iuppiter in *Iovis dies* (französisch *jeudi*) und Fria/Frigg an die Stelle der Göttin Venus in *Veneris dies* (französisch *vendredi*). Im Deutschen erinnern heute noch die Namen Donnerstag und Freitag an diese Bezeichnungen, wohingegen althochdeutsch *ziostag* zu *Dienstag* umgebildet wurde und der «Wodanstag» (englisch *Wednesday*) in Anlehnung an den kirchenlateinischen Ausdruck *media hebdomas* durch «Mittwoch» ersetzt wurde.

Sucht man das Zeitverständnis der Germanen insgesamt zu charakterisieren, so wird man es im Hinblick auf die zentrale Bedeutung der Landwirtschaft wohl am ehesten als zyklisch bezeichnen können. Das Bewußtsein eines steten Wechsels zwischen Werden und Vergehen und einer unvermeidlichen Wiederkehr des Gleichen dürfte weit verbreitet gewesen sein und prägte wohl auch den Charakter der jahreszeitlichen Feste, von denen im folgenden Kapitel noch die Rede sein soll.

Was die räumliche Orientierung betrifft, sind wir ebenso wie bei den Vorstellungen von der Weltentstehung weitgehend auf altnordische Quellen aus spätheidnischer und christlicher Zeit angewiesen, so daß die meisten Aussagen darüber weder verallgemeinert noch ohne weiteres in die davorliegenden Jahrhunderte zurückgespiegelt werden dürfen. Darüber hinaus lassen Inkonsequenzen und Unklarheiten in der Darstellung der Prosa-Edda darauf schließen, daß heidnische Begriffe nach der Christianisierung mit Hilfe kosmologischer Vorstellungen des christlichen Mittelalters umgedeutet und mit neuen Inhalten gefüllt wurden, weshalb jeder Versuch einer Harmonisierung sämtlicher Aussagen in den uns erhaltenen Texten von vorneherein zum Scheitern verurteilt ist.

Im Hinblick auf die vertikale Gliederung der Welt ist zu vermuten, daß der Himmel als Wohnort der Götter erst unter christlichem Einfluß eine wichtige Rolle zu spielen begann. Zuvor betrachtete man ihn vielleicht als eine Art Gewölbe, wie dies auch die Ableitung der germanischen Bezeichnung (gotisch *himins*, altnordisch *himinn*) von einer sprachlichen Wurzel mit der Bedeutung «bedecken, verhüllen» nahelegen könnte.[122] Verschiedene altnordische Texte sprechen im Zusammenhang mit den Himmelsrichtungen von den vier Zipfeln oder Ecken (*skaut*) des Himmels, was vielleicht den Einfluß der alttestamentlichen Vorstellung vom Himmel als einem ausgespannten Tuch oder Zeltdach widerspiegelt (vgl. *Jesaia* 40,22 und *Psalm* 104,2).[123] Dabei verwendet die Snorra Edda das Bild vom viereckigen Tuch sogar in Verbindung mit der oben erwähnten Darstellung von der Entstehung des Himmels aus der Hirnschale des UrriesenYmir.

Gut bezeugt ist schon für die vorchristliche Zeit die Vorstellung eines unterirdischen Totenreichs, das man sich jedoch nicht als Strafort, sondern ähnlich wie den griechischen Hades lediglich als Aufenthaltsort der Toten vorstellen muß. Auf die Lokalisierung unterhalb der Erde verweist bereits die sprachliche Bezeichnung (gotisch *halja*, altnordisch *hel*, neuhochdeutsch *Hölle*), die von einer Wurzel mit der Bedeutung «bedecken, verbergen» abgeleitet und mit den Wörtern *Helm*, *Hülle* und *Hülse* verwandt ist.[124] Sie begegnet in der Prosa-Edda auch als Name einer Herrin des Totenreichs, die jedoch eher als dichterische Personifikation denn als kultisch verehrte Göttin der vorchristlichen Zeit anzusehen ist.[125] Wie man sich die Existenz des Menschen nach dem Tode vorstellte, soll im übrigen ausführlich im sechsten Kapitel der vorliegenden Darstellung zur Sprache kommen.

Eine wichtigere Rolle spielte der altnordischen Überlieferung zufolge die horizontale Gliederung der Welt, wobei man sich den Lebensraum der Menschen und Götter im Zentrum und den der lebensfeindlichen Mächte in den Randbezirken vorstellte.[126] Zur näheren Kennzeichnung dieser unterschiedlichen Regionen findet man bereits in der skaldischen Dichtung das Wort *heimr* (deutsch *Heim*), dessen außernordische Entsprechungen schon früh neben dem einzelnen Wohnsitz auch eine kleine Siedlungseinheit (wie in den fränkischen Ortsnamen auf *-heim*) sowie das Siedlungsgebiet eines ganzen Stammes (wie in dem bei Tacitus bezeugten Landschaftsnamen *Boiohaemum* «Böhmen») bezeichnen konnte. Dementsprechend nennen die Skalden die Wohnsitze der Riesen und Menschen Iǫtunheimar bzw. Manheimar (Plural) und die Welt der Götter Goðheimr (Singular).

Ein anderes Wort, das in diesem Zusammenhang jedoch erst in der Lieder- und Prosa-Edda eine wichtige Rolle spielt, ist *garðr*, das sprachgeschichtlich lateinisch *hortus* und althochdeutsch *garto*, «Garten», entspricht. Es bezeichnete zunächst den Wall oder Zaun als Einfriedung und sodann den umfriedeten Raum selbst. In den Zusammensetzungen Midgard (*Miðgarðr*), Utgard (*Útgarðr*) und Asgard (*Ásgarðr*) bezieht es sich auf die Wohnorte der Menschen, der Götter und jener lebensfeindlichen Mächte, die sich außerhalb der von Göttern und Menschen bewohnten Welt aufhalten, wobei dieser Sprachgebrauch jedoch schon wegen des vergleichsweise geringen Alters der Belege nicht als Hinweis auf eine systematische Zwei- oder Dreiteilung der Welt in der vorchristlichen Kosmologie gewertet werden kann.

Daß man sich der Grundbedeutung des Wortes *garðr*, «Einfriedung», in der Entstehungszeit unserer Texte noch immer bewußt war, zeigt die Wendung *undir Miðgarði*, «auf der (ganzen) Erde», die letztlich als «im Schutz des Walls, der die bewohnte Welt umgibt» zu verstehen ist. Dichterischen Ausdruck findet diese Vorstellung in Snorris Erzählung von der Weltschöpfung, derzufolge die Götter gegen den Unfrieden der Riesen aus den Brauen Ymirs einen Wall rings um die bewohnte Welt errichteten. Durch einen Wall befestigt erscheint denn auch der Götterwohnsitz Asgard, den Snorri als Burg (*borg*) bezeichnet. Er beherbergt Snorris Darstellung zufolge die Halle Walhall (*Valhǫll*), in der Odin die im Kampf gefallenen Krieger um sich schart, was an ältere heidnische Vorstellungen anknüpft und im sechsten Kapitel noch zur Sprache kommen wird. Wenn Snorri jedoch im Unterschied zur skaldischen Dichtung den Wohnsitz der Götter in den Himmel verlegt, wie dies aus seiner Schilderung der als Regenbogen gedeuteten Brücke Bifrǫst als einem Verbindungsweg zwischen Midgard und Asgard hervorgeht, so spiegelt sich darin zweifellos der Einfluß seines eigenen christlichen Weltbilds.

Erwähnt seien in diesem Zusammenhang noch die germanischen Bezeichnungen der Himmelsrichtungen, die auf eine Ausrichtung nach Osten in Richtung des Sonnenaufgangs schließen lassen. So verbindet man die germanische Bezeichnung des Nordens etymologisch mit einem altitalischen Wort für «links» und mit griechisch *nérteros* «unterer, unterirdisch», da man annahm, die Sonne sei bei ihrem Höchststand im Mittag «oben», im Norden aber «unten».[127] Eine vergleichbare Orientierung zeigt das Keltische, so daß etwa im Altirischen die Wörter für «im Norden» und «links», «im Süden» und «rechts», «im Osten» und «vorne» sowie «im Westen» und «hinten» identisch sind und das Wort für «rechts» zugleich «gerecht», «angemessen» und «schicklich» bedeutet. Wie eine vergleichende Betrachtung zeigt, beschränken sich die Orientierung mit Blickrichtung nach Osten und die positive Bewertung der rechten Seite jedoch keineswegs auf Germanen und Kelten und sind auch nicht etwa spezifisch indogermanisch, sondern vielmehr universal verbreitet.[128]

Was man außerhalb der altnordischen Überlieferung an Hinweisen auf kosmologische Vorstellungen finden kann, ist spärlich und schwer zu deuten. Veranschaulicht sei dies am Beispiel der Irminsul, die möglicherweise im Zusammenhang mit Vorstellungen von einer sakralen Mitte steht. Erwähnt wird die Irminsul erstmals in fränkischen Annalen zum Jahr 772, als Karl der Große bei seinem Feldzug gegen die Sachsen eine bedeutende sächsische Festung eingenommen und daraufhin die in den Annalen als *fanum*, *lucum* oder *idolum* bezeichnete Irminsul zerstört haben soll.[129] Ausführlicher äußert sich dazu um die Mitte des 9. Jahrhunderts der Mönch und Geschichtsschreiber Rudolf von Fulda, dessen *Translatio sancti Alexandri* mit ihrer einleitenden Stammesgeschichte der Sachsen als ältestes niedersächsisches Geschichtsdenkmal gilt. Rudolf zufolge verehrten die Sachsen vor der Annahme des Christentums eine unter freiem Himmel aufgerichtete, große hölzerne Säule, welche sie in der Landessprache Irminsul nannten, was auf Latein die allgemeine oder alles tragende Säule bedeute (*quod latine dicitur universalis columna, quasi sustinens omnia*). Damit zu verbinden ist vielleicht eine Notiz im ersten Buch der um 970 verfaßten *Res gestae Saxonicae* des Hagiographen und Historikers Widukind von Corvey, derzufolge die Sachsen nach ihrem Sieg über die Thüringer im Jahr 530 eine Säule errichtet hätten, die dem Bilde nach den Hercules, dem Namen nach aber den Gott Mars dargestellt habe, «weil Mars Hirmin oder – im Griechischen – Hermes genannt wird» (*quia Hirmin vel Hermis Graece Mars dicitur*). Von diesen literarischen Erwähnungen abgesehen, begegnet die Bezeichnung Irminsul noch in mehreren althochdeutschen

Glossen, wo der Begriff die lateinischen Wörter *colossus*, *pyramis* und *altissima columna* übersetzt.

Die ältere Forschung deutete Irminsul gerne als «Säule des Irmin» und sah dabei in Irmin eine andere Bezeichnung jenes Gottes, der in der altnordischen Überlieferung unter dem Namen Týr erscheint. Diese Interpretation beruhte zum einen auf der oben zitierten Gleichsetzung von Mars und Hirmin bei Widukind von Corvey, zum anderen auf der Erwähnung des Völkernamens *Erminones* bei Tacitus (*Germania* 2,2), den man von einem – im Text zwar nicht namentlich genannten, aber von Tacitus postulierten – göttlichen Stammvater dieses Volkes namens **Erminaz* ableitete. Demgegenüber gilt es heute jedoch als sicher, daß die Bezeichnung Irminsul nicht den Namen eines Gottes enthält, sondern vielmehr soviel wie «gewaltige Säule» bedeutet. Dafür sprechen nicht zuletzt der altnordische Ausdruck *jǫrmungandr*, «gewaltiges Ungeheuer», als Bezeichnung der Midgardschlange, altnordisch *jǫrmungrundr* und altenglisch *eormengrund*, «gewaltiger Grund», als Bezeichnung der Erde sowie der im althochdeutschen *Hildebrandslied* belegte Ausdruck *irmingot*, «der höchste Gott». Einen Götternamen Irmin oder Hirmin dürfte daher erst Widukind von Corvey aus der Bezeichnung Irminsul herausgesponnen haben, wobei vielleicht der Anklang des Wortes an den griechischen Götternamen Hermes den Ausschlag gab. Mögliche kosmologische Bezüge der Irminsul ergeben sich in erster Linie aus der Vermutung, daß man sie analog zur Firstsäule in den Dachkonstruktionen der vorherrschenden Holzbauweise als Sinnbild einer zentralen Himmelsstütze verstanden haben könnte. Dies bleibt jedoch angesichts der Spärlichkeit unserer Quellen letztlich nur eine Spekulation.

4.
RITEN UND KULTE

Weitaus stärker als das neuzeitliche Christentum war die Religion der Germanen von rituellen Handlungen geprägt. Wenn moderne Darstellungen dabei leicht den Eindruck erwecken, als seien Mythos und Ritus zwei Seiten ein und derselben Münze, ist dies jedoch nur mit Einschränkungen richtig. So ist keineswegs davon auszugehen, daß alle Mythen ihren Niederschlag in rituellen Handlungen fanden, während umgekehrt nicht jedes Ritual zwangsläufig auf einen Mythos bezogen war. Davon abgesehen ist auch die Quellenlage zur Erforschung beider Aspekte der vorchristlichen Religion sehr verschieden. Findet man die Mythologie fast ausschließlich in den Texten mit wenigen unsicheren Anknüpfungspunkten in der bildenden Kunst, so handelt es sich bei den meisten Quellen zur Erforschung germanischer Riten und Kulte um Bodenfunde, die von den spärlichen Hinweisen der antiken und mittelalterlichen Autoren nur unzureichend erhellt werden. Dieser außersprachliche Charakter eines Großteils unserer Quellen macht es außerordentlich schwierig, sich vom Ablauf kultischer und ritueller Handlungen bei den Germanen ein einigermaßen zutreffendes Bild zu machen. Der Zeitpunkt und die Dauer, die Stimmung und Gefühle der Teilnehmer, gesprochene und gesungene Worte, charakteristische Gerüche, Geräusche und Bewegungen sind nur einige Aspekte, über die Bodenfunde in der Regel keine oder nur unzulängliche Auskunft geben. Die Versuchung liegt nahe, gerade hier den archäologischen Befund mit Hilfe antiker und mittelalterlicher Schilderungen zu ergänzen, doch halten die betreffenden Texte nur selten das, was sie vordergründig zu versprechen scheinen. Antike Ethnographen und Historiker zeichnen die Riten und Kulte der Germanen mit Hilfe vorgefaßter Meinungen über vermeintlich urtümliche Religionen, und die christlichen Schriftsteller des Mittelalters schildern sie nach dem Vorbild biblischer und patristischer Darstellungen des zeitgenössischen Heidentums oder einfach nur als negatives Spiegelbild der christlichen Liturgie. Wie wenig den Quellen selbst in Wahrheit zu entnehmen ist, zeigen viele moderne Darstellungen für ein breites Publikum, die oft weniger über die Religion der Germanen als vielmehr über die religiöse Sozialisation der betreffenden Autoren und den religionsgeschichtlichen Horizont ihrer Epoche aussagen.

Opfer und Opferriten

Als eine der wichtigsten religiösen Handlungen ist das Opfer anzusehen, das in allen alteuropäischen Religionen und damit auch bei den Germanen eine zentrale Form der Kommunikation zwischen Mensch und Gottheit darstellte.[130] Hier dürfte wie auch im zwischenmenschlichen Austausch von Gaben jener Grundsatz vorgeherrscht haben, der üblicherweise mit dem lateinischen Ausdruck *do ut des* («ich gebe, damit du gibst») umschrieben wird. Erscheint uns eine solche Einstellung im religiösen Bereich geschäftsmäßig, nüchtern und pragmatisch, so liegt dies wohl zu einem guten Teil an der unreflektierten Übernahme spezifisch christlicher Vorstellungen wie etwa der Ablehnung des Opferkults zugunsten einer rein innerlichen Frömmigkeit.

Im Mittelpunkt der Opferhandlung stand die Übergabe eines Gegenstands oder Lebewesens an die Gottheit, was in Bezeichnungen wie gotisch *(ga-)saljan* (eigentlich «übergeben, darbringen») und altnordisch *senda* (eigentlich «senden») zum Ausdruck kommt. Eine allgemeinere Bedeutung hatte demgegenüber gotisch *blotan*, «verehren», obschon dessen altnordische Entsprechung *blóta* nicht nur «durch Opfer verehren», sondern auch einfach «opfern» bedeuten kann. Einen christlichen Ursprung hat im übrigen unser Wort *opfern*, das über das althochdeutsche *opfarōn* aus dem kirchenlateinischen *operari*, «Almosen spenden», entlehnt wurde. Im Unterschied dazu geht altsächsisch *offrōn* ebenso wie englisch *offer* auf lateinisch *offerre*, «darbringen», zurück.[131]

Über den Personenkreis, der an einer Opferhandlung beteiligt war, geben die archäologischen Funde in der Regel nur indirekt und in einer sehr allgemeinen Weise Auskunft: Führt man die Opferung von Feldfrüchten, Haustieren und landwirtschaftlichen Geräten auf die bäuerliche Bevölkerung zurück, so denkt man bei der Opferung von Waffen an den wehrhaften männlichen und bei Schmuckgegenständen an den weiblichen Teil der Gesellschaft. Darüber hinaus gestatten mitunter die Anzahl der geopferten Gegenstände sowie deren Herstellungsort Rückschlüsse auf die Anzahl der beteiligten Personen und deren geographische Herkunft. Keine Auskunft geben die Bodenfunde jedoch darüber, ob das Opfer von der gesamten Kultgemeinschaft, durch ausgewählte Vertreter oder mit Hilfe eines oder mehrerer Kultoffizianten vollzogen wurde. Auch weitergehende soziale Differenzierungen etwa im Hinblick auf das Lebensalter der Opfernden oder ihre wechselseitigen verwandtschaftlichen und gesellschaftlichen Beziehungen sind wenn überhaupt nur ansatzweise möglich.

An welchen Orten man Opferhandlungen vollzog, geht bei den archäologischen Zeugnissen im allgemeinen unmittelbar aus dem Fundort hervor, wobei jedoch die Topographie, insbesondere die Anbindung der Opferstätten an Siedlungen, Grabanlagen und Verkehrswege seit der Antike mitunter erheblichen Veränderungen unterlag.[132] Charakteristisch für die vorgeschichtliche und römische Eisenzeit ist die Bevorzugung von Seen, Flüssen und Mooren zur Darbringung von Opfern, während man in der nachrömischen Eisenzeit die Opfer häufig auf dem festen Land sowie in architektonisch gestalteten Heiligtümern vollzog. Dabei dürfte die von antiken Autoren häufig erwähnte Bevorzugung heiliger Haine (vgl. Tacitus, *Germania* 9,2.39,1.40,3.43,3 sowie *Annalen* 2,12.4,73) zumindest teilweise ein antikes Klischee widerspiegeln, das sich zum einen aus der Ablehnung von Tempeln durch die stoische Philosophie, zum anderen aus antiken Vorstellungen vom Wald als Lebensraum zivilisationsferner Naturvölker erklärt.[133]

Im Hinblick auf den Anlaß einer Opferhandlung wird man zwischen einmaligen Darbringungen aufgrund besonderer Umstände und periodisch vollzogenen Opferungen im Zusammenhang mit jahreszeitlich bedingten Kultfesten unterscheiden dürfen. In welchem Verhältnis spontane Opferungen einzelner Personen oder kleinerer Gemeinschaften zu langfristig festgelegten und periodisch wiederkehrenden großen Kultfesten standen, ist unbekannt, doch dürfte letzteren aufgrund ihrer Gemeinschaft stiftenden Funktion eine besonders hohe Bedeutung zugekommen sein.

Von der Vielfalt dessen, was geopfert werden konnte, geben die Bodenfunde wegen der Vergänglichkeit organischer Substanzen nur einen schwachen Abglanz wieder. Dabei wird man zwischen Sach-, Tier- und Menschenopfern unterscheiden dürfen. Literarisch bezeugt und aus dem archäologischen Fundgut zu erschließen sind vor allem Opfer von Ziegen, Schafen, Rindern, Schweinen und Pferden. Eine alte Bezeichnung des Opfertieres liegt vor in gotisch **tibr* (so zu lesen für das handschriftlich überlieferte *aibr*), angelsächsisch *tifr* und althochdeutsch *zebar*. Es geht zurück auf germanisch **tibraz*, hängt sprachgeschichtlich zusammen mit lateinisch *daps*, «Opfermahl», und lebt fort in unserem Wort *Ungeziefer*, das im Mittelhochdeutschen wohl das nicht zur Opferung geeignete und daher unreine Tier bezeichnete.[134] Eine vergleichbare Bezeichnung war augenscheinlich althochdeutsch *frisking*, das lateinisch *victima* und *hostia*, «Opfertier», wiedergibt. So bezeichnete man ursprünglich wohl ganz allgemein das makellose, unberührte und daher zur Opferung geeignete Jungtier, wobei sich die Wortbedeutung später auf «junges Schwein» (Frischling) verengte.[135] Mehrfach bezeugt sind auch Menschenopfer, die in den Schriftquellen vor allem im Zusammenhang mit Kriegshandlungen Erwähnung finden.[136]

Ausgeprägte Übereinstimmungen zeigen Schriftquellen und Bodenfunde im Hinblick auf die rituelle Behandlung der geopferten Gegenstände und Lebewesen. So berichtet der byzantinische Historiker Agathias, daß die Alamannen den geopferten Tieren die Köpfe abschlugen (*Historien* 1,7), wie auch Tacitus in seiner bereits zitierten Schilderung der Opferungen nach der Schlacht im Teutoburger Wald die an Baumstämmen angehefteten Schädel erwähnt (*Annalen* 1,61). In einem vergleichbaren Zusammenhang stehen vermutlich auch Funde von isolierten Tierschädeln im Kultsee von Oberdorla in Thüringen. Einige davon steckten ursprünglich auf Stangen, während man andere auf den Boden gelegt oder im See versenkt hatte.[137]

Rituelle Bedeutung besaß allem Anschein nach auch die Art der Tötung, wobei neben dem Schlachten insbesondere das Erhängen eine wichtige Rolle spielte. Erinnert sei hier zunächst an die schon im ersten Kapitel zitierte Schilderung der Ereignisse nach dem Sieg der Kimbern über die Römer bei Arausio, als die Germanen in der Erfüllung eines Gelübdes Kriegsgefangene mit Stricken um den Hals an Bäumen erhängten. Im Einklang damit stehen literarische Überlieferungen wie etwa die von der Opferung des norwegischen Königs Víkarr als Opfer für Odin, wie sie neben der altnordischen

Gautreks saga auch die *Gesta Danorum* (6,184) des Saxo Grammaticus bezeugen. Als Odinsopfer deutet man dementsprechend auch jene Opferungen von Menschen, Pferden und Hunden, die Adam von Bremen zufolge alle neun Jahre in einem Hain unweit des großen Tempels von Uppsala vollzogen wurden (*Bischofsgeschichte der Hamburgischen Kirche* 4,27). Die große Bedeutung des Hängens im Kult des Gottes bezeugt nicht zuletzt die Bezeichnung Odins als «Hänge-Gott» (*hangatýr*), die vermutlich mit einer Erzählung der eddischen *Hávamál* (138–141) zusammenhängt: Dort wird erzählt, wie Odin vom Speer verwundet neun Nächte lang am Baum hing und so die Kenntnis der Runen erwarb.[138]

Leblose Gegenstände wurden nach Ausweis der archäologischen Funde teils unversehrt den Göttern geweiht, teils absichtlich unbrauchbar gemacht oder zerstört. Dabei finden Opferungen von Heeresausrüstungen und Waffen, wie sie im südskandinavischen Raum schon im 4. Jahrhundert bezeugt sind, eine augenfällige gleichzeitige Parallele im Bereich der keltischen Kultur, aus dem in den vergangenen Jahrzehnten insbesondere in Nordfrankreich eine große Zahl von Kultstätten mit Überresten von Tieropfern und rituellen Deponierungen von Waffen und Ausrüstunsgegenständen bekannt geworden sind. Auf diese Sitte bezieht sich wohl auch die Bemerkung Caesars, die Kelten gelobten nach dem Entschluß zum Kampf meistens dem Kriegsgott die Beute, wobei sie die erbeuteten Tiere nach dem Sieg opferten und das übrige an einem Ort zusammentrugen und aus dem Beutegut an geweihter Stätte Hügel aufschichteten (*Der Gallische Krieg* 6,17,3–5).[139]

Über die Vielfalt der Handlungen, die Opferungen begleitet haben mögen, lassen uns die Schriftquellen und Bodenfunde weitgehend im dunkeln. Bemerkenswert erscheint immerhin der sprachgeschichtliche Zusammenhang des mittelhochdeutschen Wortes *leich*, «Gesang, Melodie», mit gotisch *laiks*, «Tanz» und angelsächsisch *lác*, «Opfer», was auf rituelle Tanzbewegungen in Verbindung mit dem Opfer schließen lassen könnte.[140] Darauf bezieht sich auch eine Bemerkung Gregors des Großen, derzufolge die heidnischen Langobarden bei der Opferung einer Ziege im Kreis (*per circuitum*) um den Kopf des Tieres herumgelaufen seien und dabei ein verabscheuungswürdiges Lied (*carmen nefandum*) gesungen hätten (*Dialoge* 3,28). Eine ausgeprägte Vielfalt ritueller Lieder erwähnt auch Adam von Bremen in seiner oben erwähnten Schilderung des periodischen Opferfestes in Uppsala.

Eine wichtige Rolle bei Tieropfern spielte das gemeinsame Opfermahl, wie es schon für die Goten vor der Christianisierung durch den Bericht vom Martyrium des heiligen Sabas bezeugt ist.[141] Eine archäologische Bestätigung dieser Sitte lieferte etwa das Quellheiligtum von Röekillorna in Schonen, wo 1960–1962 in und neben der Quelle zahlreiche Knochen von Haustieren mit teilweise gespaltenen Knochen, Schlag- und Mahlsteine, verkohlte Holzstücke und Gefäße mit Spuren von fetthaltigen organischen Substanzen zutage kamen.[142] Große Mengen aufgeschlagener Tierknochen fand man auch im Heiligtum von Oberdorla. Dabei entsprach das Schlachtalter der Opfertiere im wesentlichen dem Alter jener Tiere, die ansonsten zu profanen Zwecken geschlachtet wurden.[143] Für eine enge Verbindung von Opfer und Opfermahlzeit spricht nicht zuletzt der sprachgeschichtliche Zusammenhang von gotisch *sauþs*, «Opfer», altnordisch *sauðr*, «Schaf», und deutsch *sieden*. Seit der Bekehrungszeit immer wieder verboten wurde insbesondere der Verzehr des Fleischs geopferter Pferde.

Bei den Empfängern der Opfergaben ist in erster Linie an die aus anderen Zusammenhängen bekannten Götter und Göttinnen zu denken. Ihre Namen sind jedoch wegen der Seltenheit des Schriftgebrauchs im archäologischen Fundgut kaum jemals erhalten geblieben und in den Schilderungen germanischer Opferriten bei antiken Autoren häufig nach dem Grundsatz der *interpretatio Romana* durch Namen aus der griechisch-römischen Mythologie ersetzt worden. In der archäologischen Überlieferung gestattet mitunter der Charakter der Opfergaben Rückschlüsse darauf, welche Gottheit als Empfänger gemeint gewesen sein könnte, doch bleiben solche Identifikationen letztlich spekulativ. Ob auch andere Wesen als die Götter Opfergaben empfingen, entzieht sich unserer Kenntnis, erscheint jedoch immerhin möglich. So schildert in der ersten Hälfte des 11. Jahrhunderts der isländische Skalde Sighvatr Þórðarson in einem Gedicht über seine Reise nach Schweden, wie er an mehreren Höfen mit der Begründung abgewiesen wurde, man feiere gerade das «Opfer an die Alben» (*álfablót*). Damit vergleichbar erscheint eine Stelle in der im 10. Jahrhundert spielenden Saga um den isländischen Skalden Kormákr, wo von einem Trank- und Speiseopfer für die Alben die Rede ist. Da diese Saga jedoch erst im 13. Jahrhundert aufgezeichnet wurde, muß es letztlich offen bleiben, ob der unbekannte Autor hier einen altertümlichen Zug vorchristlicher Religiosität getreu bewahrt hat, oder ob seine Schilderung lediglich die christliche Identifikation der alten Götter mit Dämonen widerspiegelt.[144]

Über die Funktion einer Opferhandlung geben die literarischen Quellen oft direkt, die Bodenfunde mitunter indirekt Auskunft. So sind die im ersten Kapitel erwähnten rituellen Deponierungen erbeuteter Waffen sowie die bei Orosius und Tacitus geschilderten Opferungen von erbeuteten Waffen und Kriegsgefangenen nach den siegreichen Schlachten bei Arausio und im Teutoburger Wald eindeutig als Dankopfer anzusprechen, wie sie aus der römischen Kaiser- und Völkerwanderungszeit auch sonst gut bezeugt sind. Charakteristische Beispiele dafür lieferte etwa das Thorsberger Moor am nördlichen Rand des Ortes Süderbrarup nordöstlich von Schleswig, wo in den ersten vier Jahrhunderten n. Chr. immer wieder größere Mengen römischer Waffen und Ausrüstungsgegenstände den Göttern dargebracht wurden.[145] Gut bezeugt sind auch Bittopfer, wie sie etwa als Bauopfer zur Sicherung der Festigkeit von Gebäuden eine Rolle spielten.[146] Darüber hinaus erwähnen die Schriftquellen immer wieder Opfer zum Zweck der Weissagung, die im folgenden im Zusammenhang mit weiteren rituellen Handlungen zur Erkundung des Willens der Götter besprochen werden sollen.

Vorzeichendeutung und Weissagung

Aus dem Bereich des vorchristlichen Kults stammt vermutlich unser Wort *Zeichen*, das gotisch *taikns*, angelsächsisch *tácn* und altnordisch *teicn* lautete und möglicherweise in seiner altgermanischen Form **taikna-* zu einem frühen Zeitpunkt mit der Bedeutung «Vorzeichen, Wahrsagung» ins Finnische entlehnt wurde.[147] Im archäologischen Fundgut kaum nachzuweisen, spielte die Erkundung des göttlichen Willens durch die Beachtung von Zeichen in der Religion der Germanen eine wichtige Rolle, wie dies neben sprachlichen Beobachtungen vor allem Schilderungen antiker Autoren zeigen.[148]

Als eine passive Art der Wahrsagung erscheint die Deutung von

Vorzeichen, die sich von selbst einstellten und nicht willentlich herbeigeführt wurden. So etwa berichtet Plutarch in seiner Darstellung der Feldzüge Caesars, daß germanische Seherinnen die Strudel der Flüsse beobachteten und aus den Wirbeln der Strömung und ihrem Tosen Rückschlüsse auf den geeigneten Zeitpunkt für eine Schlacht zogen (*Caesar* 19). In ähnlicher Weise überliefert der Historiker Prokop, daß der Wandalenkönig Geiserich einst über seinem Gefangenen Marcian einen Adler schweben sah, dies als Vorzeichen deutete und Marcian daher gegen das Versprechen, niemals gegen die Wandalen zu kämpfen, unversehrt aus der Gefangenschaft entließ (*De bello Vandalico* 1,4). Von dem bald nach 500 gestorbenen König Hermigisel berichtet Prokop, dieser habe auf einem Ausritt gehört, wie eine auf einem Baum sitzende Krähe durch ihr Krächzen den bevorstehenden Tod ansagte (*De bello Gotico* 4,20).

Wie die Beispiele zeigen, war diese Art der Zeichendeutung häufig mit der Beobachtung von Tieren verknüpft, wobei insbesondere Vögel eine wichtige Rolle gespielt zu haben scheinen. Eine vergleichsweise ausführliche Beschreibung der Erkundung des göttlichen Willens mit Hilfe von Tieren findet man bei Tacitus (*Germania* 10,2):

Vogelstimmen und Vogelflug zu befragen, ist auch hier bekannt. Eine Besonderheit des germanischen Volkes ist es aber, auch die Ahnungen und Warnungen von Pferden zu erkunden. Auf Kosten der Allgemeinheit werden sie in den bereits erwähnten heiligen Hainen und Wäldern gehegt, schneeweiß und durch keine Arbeitsleistung für einen Sterblichen befleckt. Nachdem man sie vor den heiligen Wagen gespannt hat, begleiten sie der Priester und der König oder Stammesfürst und achten auf ihr Wiehern und Schnauben. Kein Vorzeichen genießt größeres Vertrauen, und dies nicht nur bei der Menge, sondern auch bei der führenden Schicht und den Priestern. Diese halten nämlich sich selbst nur für die Diener der Götter, die Pferde aber für deren Vertraute.

Wie stets bei Tacitus sind jedoch auch hier die Auswahl der geschilderten Einzelheiten und die Wahl der Worte zu ihrer Beschreibung von Vorstellungen der klassischen Antike beeinflußt.[149] So etwa ist zu vermuten, daß der gebildete Römer bei den zukunftsdeutenden Pferden der Germanen an das Pferdeorakel der Perser oder an das sprechende Roß Xanthos des Achilles dachte (vgl. Herodot, *Historien* 3,84,3 sowie Homer, *Ilias* 19,404 ff.). Dagegen bezieht sich die von Tacitus vorausgesetzte Unterscheidung zwischen dem Glauben der Menge (*plebs*) auf der einen und dem der führenden Männer und Priester (*proceres* bzw. *sacerdotes*) auf der anderen Seite offensichtlich weniger auf die Germanen als vielmehr auf die Verhältnisse der späten römischen Republik und Kaiserzeit, als die philosophisch gebildete Oberschicht mitsamt dem Priesterkollegium der Vogelschauer die Vorzeichengläubigkeit der einfachen Leute mit dem sprichwörtlich gewordenen Augurenlächeln quittierten.

Eine wichtige Rolle spielte neben der Beobachtung von Vorzeichen das Los, wie es ebenfalls von Tacitus geschildert wird (*Germania* 10,1):

> Das herkömmliche Verfahren der Losbefragung ist einfach: Von einem fruchttragenden Baum schneiden sie einen Zweig ab, zerkleinern ihn in Stäbchen, die sie durch bestimmte Zeichen voneinander unterscheiden, und streuen diese dann, wie der Zufall es will, über ein weißes Tuch. Danach betet bei einer öffentlichen Befragung ein Stammespriester und bei einer Befragung für die Hausgenossenschaft der Hausvater selbst zu den Göttern, hebt mit zum Himmel gerichtetem Blick dreimal je ein Stäbchen auf und deutet sie dann entsprechend den vorher eingeritzten Zeichen. Bei einem abschlägigen Bescheid erfolgt an demselben Tag in der gleichen Angelegenheit keine weitere Befragung. Bei einem zustimmenden dagegen verlangt man außerdem noch eine Bestätigung durch andere Vorzeichen.

Wie die Wortwahl zeigt, hat Tacitus auch bei dieser Schilderung römische Verhältnisse vor Augen: Die einleitende Hervorhebung der Einfachheit und die abschließende Bemerkung über die Vertagung weiterer Befragungen bei einem ablehnenden Losentscheid betonen effektvoll den Gegensatz zur römischen Losbefragung, die teilweise umständlichen Formen folgte und bei Bedarf bis zum gewünschten Ausgang wiederholt werden konnte. Bei den «fruchttragenden» Bäumen handelt es sich natürlich nicht um Obstbäume, sondern vielmehr um Bäume mit wildwachsenden Früchten wie etwa Eichen oder Buchen. Aufschlußreich sind hier die aus dem Niederdeutschen entlehnten Bezeichnungen *Ecker* und *Buchecker*, die sprachgeschichtlich mit gotisch *akran*, «Frucht», verwandt sind. Das germanische Wort für das aus einem Zweig geschnittene Stäbchen (lateinisch *surculus*) war **tainaz*, wie dies aus zahlreichen Entsprechungen in den germanischen Einzelsprachen hervorgeht. So etwa erwähnt die lateinische *Lex Frisionum* (XIV,1) aus einem Zweig geschnittene Losstäbchen, die man *tenos* nenne, wie auch angelsächsisch *tán* und altnordisch *teinn* in der Bedeutung «Losstäbchen» gut bezeugt sind.[150] Ob es sich bei den eingeritzten Zeichen um Schriftzeichen (Runen) handelte, geht aus dem Text nicht hervor.

Zwei konkrete Beispiele für die Wirkungsweise des Losverfahrens findet man in Caesars Bericht über den Feldzug gegen Ariovist, demzufolge die Germanen die Entscheidungsschlacht zunächst deswegen hinausschoben, weil ihre Frauen (*matres familiae*) aufgrund von Losbefragungen und Weissagungen (*sortibus vaticinationibusque*) von einem Kampf vor dem nächsten Neumond abrieten. Als es Caesar nach der Niederlage der Germanen gelang, einen zuvor unter dem Vorwurf der Spionage gefangengenommenen gallischen Adligen zu befreien, berichtete dieser, man habe in seiner Gegenwart dreimal das Los befragt, ob man ihn sofort verbrennen oder für später aufheben solle (*Der Gallische Krieg* 1,50 und 53).

Einen frühen literarischen Beleg für Menschenopfer zum Zweck der Weissagung bietet Strabon, der im Anschluß an Poseidonios von den germanischen Kimbern aus der Zeit um 100 v. Chr. berichtet (*Erdkunde* 7,2,3):

> Unter ihren Frauen, die mit ihnen am Heereszug teilnahmen, waren auch grauhaarige weissagende Priesterinnen in weißen Gewändern und leinenen, von einem ehernen Gürtel und auf der Schulter mit Spangen zusammengehaltenen Umhängen, barfuß. Sie gingen im Heerlager den Gefangenen mit dem Schwert in der Hand entgegen, bekränzten sie und führten sie zu einem Bronzekessel, der ungefähr 20 Amphoren faßte. Sie hatten auch eine Art Leiter, die [eine der Priesterinnen] bestieg, um dann einem jeden, der emporgehoben wurde, über dem Rand des Gefäßes die Kehle durchzuschneiden. Aus dem Blut, das in den Kessel floß, weissagten sie, während andere den Leib aufschlitzten und nach der Erforschung der Eingeweide ihren Landsleuten laut den bevorstehenden Sieg verkündeten.

Eine bemerkenswerte Bestätigung der Authentizität solcher Berichte über Opfer zum Zweck der Weissagung bietet der sprachgeschichtliche Zusammenhang zwischen unserem *Los* und dem altnordischen *hlaut*, «Opferblut», dessen ursprüngliche Bedeutung sich nur noch in der Zusammensetung *hlautteinn*, «Losstäbchen», erhalten hat. Daß diese Bezeichnung bereits im 13./14. Jahrhundert nicht mehr durchsichtig war, zeigen zwei Schilderungen bei Snorri Sturluson und in der – vielleicht davon beeinflußten – *Eyrbyggja saga*, denen zufolge der heidnische Priester bei einer Opferfeier mit dem *hlaut-*

teinn das Blut des Opfertieres auf die Wände des Tempels und die Anwesenden spritzte. Tatsächlich handelt es sich dabei aber wohl nur um eine phantasievolle Rückspiegelung in Anlehnung an den christlichen Gebrauch von Sprengwedel und Weihwasser.[151]

Wie nicht zuletzt spielerische Formen moderner Wahrsagung wie etwa das Bleigießen zu Silvester zeigen, war das Bedürfnis nach einer Vergewisserung über die Zukunft zu tief verwurzelt, um nach der Christianisierung spurlos zu verschwinden. Dementsprechend rügen kirchliche Dokumente vom frühen Mittelalter bis in die Neuzeit immer wieder abergläubische Arten der Weissagung, die der christlichen Lehre zuwiderliefen. In der Nachfolge Jacob Grimms wertete man entsprechende Bemerkungen etwa des um 755 verstorbenen Abtes und Bischofs Pirmin von Reichenau, des Mainzer Erzbischofs Hrabanus Maurus (um 780–856) sowie der Kirchenrechtler Regino von Prüm (um 840–915) und Burchard von Worms (um 965–1025) als eindeutige Belege für das Weiterleben vorchristlicher Anschauungen und Riten, wie sie die antiken Autoren für die Germanen bezeugen. In den vergangenen Jahrzehnten ist diese Zuversicht jedoch einer zunehmenden Skepsis gewichen, da quellenkritische Untersuchungen weitgehende literarische Abhängigkeiten der genannten Autoren insbesondere von den Predigten des Bischofs Caesarius von Arles (um 470–542) nachweisen konnten.[152] Infolgedessen ist stets damit zu rechnen, daß kirchliche Nachrichten über abergläubische Praktiken in Mittelalter und früher Neuzeit sich nicht auf das kulturelle Umfeld der betreffenden Autoren, sondern auf das ihrer literarischen Vorbilder beziehen und folglich eher gallorömische oder allgemein mediterrane als germanische Anschauungen widerspiegeln. Darüber hinaus ist nicht auszuschließen, daß manche der beschriebenen Praktiken überhaupt erst infolge wiederholter kirchlicher Verbote in Mitteleuropa heimisch wurden, so daß auch unzweifelhafte Belege aus dem frühen oder hohen Mittelalter nicht ohne weiteres in die Zeit vor der Christianisierung zurückgespiegelt werden dürfen.

Jahreszeitliche Feste

Sehr wahrscheinlich wurden gemeinschaftliche Opfer und Maßnahmen zur Erkundung des göttlichen Willens etwa beim Ausbruch von Seuchen oder im Zuge kriegerischer Auseinandersetzungen immer wieder spontan und kurzfristig anberaumt. Daneben berichten die Zeugnisse jedoch auch von zeitlich festgelegten Kulthandlungen, denen nicht zuletzt die Funktion einer periodischen Erneuerung und Stärkung des Gemeinschaftsbewußtseins zukam. So etwa erwähnt Tacitus eine periodisch vollzogene Kultfeier des Stammesverbands der Semnonen, bei dem Abordnungen der einzelnen Teilstämme «zu festgesetzter Zeit» (*stato tempore*) in einem Wald zusammenkamen und im Namen des gesamten Verbandes ein Menschenopfer darbrachten (*Germania* 39).[153] Damit vergleichbar erscheinen Tacitus' Bemerkungen über ein Fest mit feierlichem Gelage und Spielen, das im Herbst des Jahres 14 n. Chr. beim Heiligtum der Göttin Tanfana im Gebiet zwischen oberer Lippe und Ruhr begangen worden sei (*Annalen* 1,50f.).[154] Beachtung verdient in diesem Zusammenhang auch seine Feststellung (*Germania* 9,1), die Germanen veranstalteten Menschenopfer für den als Mercurius gedeuteten obersten Gott «an bestimmten Tagen» (*certis diebus*), was in Verbindung mit dem Gebrauch des priesterrechtlichen Fachbegriffs *litare* wohl als Hinweis auf periodisch vollzogene Sühneopfer zu verstehen ist.[155] Als einen weiteren Beleg für jahreszeitlich gebundene Festlichkeiten deutet man die Schilderung des Kults der bereits erwähnten Göttin Nerthus durch den römischen Historiker (*Germania* 40):[156]

> Auf einer Insel des Ozeans befindet sich ein heiliger Hain, und in ihm ein geweihter, mit einem Tuch bedeckter Wagen, den nur der Priester berühren darf. Er merkt, wenn die Göttin im Allerheiligsten anwesend ist, und gibt ihr dann auf der Fahrt mit dem von Kühen gezogenen Wagen in tiefer Verehrung das Geleit. Fröhlich sind dann die Tage und festlich geschmückt die Orte, welche sie ihrer Einkehr und ihres Besuches für würdig befindet. Man beginnt keine Kriege, greift nicht zu den Waffen, alles Eisen bleibt weggeschlossen. Dann kennt, dann liebt man nur Ruhe und Frieden, bis derselbe Priester die Göttin, wenn sie vom Umgang mit den Menschen genug hat, ihrem Heiligtum zurückgibt.

Wie ein Blick auf den Aufbau der *Germania* vermuten läßt, ist die Erwähnung des Nerthuskults an dieser Stelle wohl in erster Linie kompositorisch bedingt: Erwähnt Tacitus im ersten, allgemeinen Teil seiner Darstellung (*Germania* 1–27) nur kurz die drei Hauptgötter Mercurius, Hercules und Mars (*Germania* 9,1), so schildert er im zweiten, den einzelnen germanischen Stämmen gewidmeten Teil (*Germania* 28–46) ausführlich den regional begrenzten Kult dreier weiterer Gottheiten (*Germania* 39,1–2, 40,2–4 und 43,3), wobei die heiteren Festlichkeiten für die gütige Muttergöttin Nerthus auf die düsteren Riten zu Ehren des strengen namenlosen Gottes der Semnonen folgen und ihrerseits zur Verehrung des göttlichen Brüderpaares bei den Nahanarvalern überleiten.

Daß die Feiern zu Ehren der Nerthus alljährlich im Frühling begangen wurden, läßt in erster Linie ihre Gleichsetzung mit der römischen «Mutter Erde» (*Terra mater*) vermuten. Letztere identifizierte man nämlich schon Generationen vor Tacitus mit der 205/204 v. Chr. aus Kleinasien nach Rom eingeführten «Großen Göttermutter vom Berg Ida» (*Mater Magna deum Idaea*), deren heiliger Stein alljährlich am 27. März unter priesterlicher Aufsicht auf einem von Kühen gezogenen Wagen vor die Tore Roms gefahren und dann im Fluß Almo rituell gebadet wurde. Ob die von Tacitus geschilderten Festlichkeiten im Kult der Nerthus und das Erwachen der Vegetation im Frühjahr in einem tieferen Zusammenhang standen oder lediglich zeitlich zusammenfielen, ist der Darstellung jedoch nicht zu entnehmen, wie auch manche Einzelheiten wie etwa der Sinn der Waschung bis heute umstritten sind.

Was die spätere Überlieferung über jahreszeitlich gebundene Feste der einzelnen germanischen Völker berichtet, ist bruchstückhaft und läßt sich schon wegen des großen zeitlichen und räumlichen Abstands der Quellen nicht ohne weiteres zu einem einheitlichen Bild zusammenfügen.[157] Eine «Nacht der Mütter» (*modraniht id est matrum noctem*) als winterliches Fest der heidnischen Angeln zu Jahresbeginn am 8. Januar erwähnt um 725 Beda Venerabilis im 13. Kapitel seines Werks *Über die Zeitrechnung* (*De temporum ratione*). Dabei fügt er im 15. Kapitel hinzu, die heidnischen Angeln hätten wegen entsprechender kultischer Begehungen den September als «heiligen Monat» (*halægmonath*) und den November als «Opfermonat» (*blōtmonath*) bezeichnet. Drei Feste, nämlich im Herbst zu Beginn des Winters, im Mittwinter und zu Beginn des Sommers, nennt demgegenüber Snorri Sturluson in seiner *Geschich-*

te der Könige Norwegens. Als Mittwinterfest betrachtet man gemeinhin das Julfest (altnordisch *jól*), dessen Name nach der Christianisierung auf das Weihnachtsfest übertragen wurde. Dabei hat man einen Bezug zur Fruchtbarkeit und auch zum Totenkult vor allem aus dem reich entwickelten skandinavischen Weihnachtsbrauchtum erschlossen, doch sind authentische heidnische Bräuche aus der Zeit vor der Christianisierung in diesem Zusammenhang nicht überliefert.[158]

Dies gilt im übrigen auch für das Osterfest, dessen reich entwikkeltes Brauchtum besonders in älteren und populärwissenschaftlichen Darstellungen immer wieder auf germanische Ursprünge zurückgeführt wurde. Tatsächlich sind Bezeichnungen wie «Osterei» und «Osterhase» jedoch erst im 16. bzw. 17. Jahrhundert bezeugt, und man kann die damit verbundenen Vorstellungen ohne weiteres aus christlichen Grundlagen ableiten. Daß der deutsche Name des Osterfestes auf die germanische Bezeichnung einer Frühlingsgöttin zurückgehe, vermutete Jacob Grimm im Anschluß an eine Bemerkung des Beda Venerabilis. Dieser hatte im 15. Kapitel seiner Abhandlung *De temporum ratione* erklärt, die heidnischen Angeln hätten den Monat April nach einer ihrer Göttinnen namens Eostra als *Eosturmonath* bezeichnet. Diesen Namen verband Jacob Grimm mit verschiedenenen indogermanischen Bezeichnungen der Morgenröte wie lateinisch *aurora*, griechisch *ēōs* und altindisch *uṣāḥ* und vermutetete, bei den Germanen sei die Göttin der aufgehenden Sonne zu einer Frühlingsgöttin geworden, deren Namen man nach der Christianisierung auf das Auferstehungsfest übertragen habe. Tatsächlich ist der Bedeutungsübergang von «Morgenröte» zu «Frühling» aber nicht nachzuweisen, und auch von Götternamen abgeleitetete Monatsnamen sind im germanischen Sprachraum ansonsten unbekannt. Wahrscheinlich hat daher erst Beda den Namen der Göttin aus dem des Monats herausgesponnen, so daß die Etymologie in einer anderen Richtung gesucht werden muß.[159]

Da namentlich ältere Darstellungen der germanischen Religionsgeschichte in großem Umfang auf neuzeitliches Brauchtum zurückgriffen, um Lücken in unserem Quellenbestand zu füllen, erscheinen an dieser Stelle einige Bemerkungen über den geistesgeschichtlichen Hintergrund und die methodischen Probleme dieser weitverbreiteten Vorgehensweise angebracht.[160] Von entscheidender Bedeutung erscheint hier der Umstand, daß viele Bräuche im Zusammenhang mit jahreszeitlich gebundenen Festen überhaupt nur deswegen ausführlich beschrieben wurden, weil man sich namentlich in der Nachfolge Jacob Grimms von ihnen Aufschluß über das Brauchtum des vorchristlichen Altertums erhoffte. Diese Absicht bestimmte vielfach die Auswahl, Gewichtung und Darbietung der Einzelheiten, insofern als tatsächlich oder vermeintlich Althergebrachtes dadurch stärker hervorgehoben wurde als es ansonsten der Fall gewesen wäre. Darüber hinaus beschränkte sich die romantische Begeisterung für die vorchristliche Vergangenheit ja keineswegs auf die Interpreten, sondern erfaßte vielerorts auch die Akteure, so daß seit dem 19. Jahrhundert verstärkt mit einer Rückwirkung gelehrter Spekulationen auf die Bräuche selbst zu rechnen ist. Dabei ist nicht auszuschließen, daß nur vermeintlich altertümliche Züge im Brauchtum mitunter als Bestätigung eben jener gelehrten Deutungen herangezogen wurden, die eigentlich erst den Anstoß zu ihrer Ausformung gaben.

Im Gefolge dieser Einsicht ist von seiten der Volkskunde oder europäischen Ethnologie gerade in den letzten Jahrzehnten verstärkt die Forderung nach einer strengeren Kritik der Quellen erhoben worden. Gefragt wird in diesem Zusammenhang vor allem nach der Sicherheit der zeitlichen und räumlichen Einordnung, dem gesellschaftlichen Ort eines Brauchs, den einzelnen Elementen des jeweils vorliegenden Handlungsablaufs, den Bezeichnungen und nicht zuletzt der Funktion der betreffenden Handlungen. Wo lediglich eine punktuelle Übereinstimmung zu verzeichnen ist, gilt die Vergleichbarkeit der Belege und damit auch ihre zeitliche und räumliche Kontinuität als unbewiesen.

Wie berechtigt Mahnungen zur Vorsicht in diesem Bereich sind, zeigt ein prominentes Beispiel wie das Sternsingen, das einem Autor der Dreißiger Jahre als Fortsetzung oder Umwandlung einer schon in der Bronzezeit bildlich dargestellten Kulthandlung galt, nach Ausweis einer neueren quellenkritischen Studie jedoch erst um die Mitte des 16. Jahrhunderts im oberdeutsch-bayerischen Raum entstand.[161] Wenn ein Kalenderbrauch wie etwa das Todaustragen gegen Ende des Winters von der Kirche mißbilligt wurde, ist dies im übrigen keineswegs schon für sich genommen als Hinweis auf dessen vorchristliche Herkunft zu werten, sondern läßt sich sehr wohl auch als Indiz für einen Ursprung in der spielerischen Umkehr oder parodistischen Abwandlung christlichen Brauchtums verstehen. Mithin handelt es sich gerade beim Todaustragen keineswegs, wie noch Jacob Grimm vermutete, um die christliche Umformung eines heidnischen Vegetationsritus, sondern vielmehr um eine Abwandlung kirchlicher Bußprozessionen zur Abwehr der Pest, die sich in der zweiten Hälfte des 14. Jahrhunderts herausgebildet hatte.[162] Im übrigen ist wie schon bei den Wahrsagebräuchen auch im Bereich des Kalenderbrauchtums «außerchristlich» nicht ohne weiteres mit «vorchristlich-germanisch» gleichzusetzen. Neben der Wiederbelebung literarisch vermittelter antiker Anschauungen und Praktiken ist stets auch die Möglichkeit einer Einflußnahme von seiten zeitgenössischer nichtchristlicher Traditionen wie etwa des Judentums in Rechnung zu stellen.

5.
KULTSTÄTTEN UND KULTPERSONAL

Daß kultische Handlungen nicht nur zu festgesetzten Zeiten, sondern auch an ganz bestimmten Orten und unter der Leitung oder Mitwirkung eines spezialisierten Personals vollzogen wurden, läßt bereits die Schilderung religiöser Riten in der *Germania* des Tacitus erkennen. Heute ermöglichen es die reiche archäologische Überlieferung und vereinzelte Hinweise späterer Autoren, hinter der stark stilisierten Darstellung des römischen Historikers die komplexe religionsgeschichtliche Wirklichkeit zumindest ansatzweise zu erschließen.

Opferstätten und Heiligtümer

In eben diesem Sommer lieferten sich Hermunduren und Chatten eine gewaltige Schlacht, als beide den für die Salzgewinnung ergiebigen Grenzfluß zwischen sich mit Gewalt in ihren Besitz zu bringen suchten, verleitet zum einen durch ihre Sucht, alles mit den Waffen zu entscheiden, zum anderen durch die ihnen eigene Religion, derzufolge jene Gegenden dem Himmel am nächsten sind, und die Gebete der Sterblichen von den Göttern nirgends aus größerer Nähe gehört werden.

So schreibt Tacitus über Ereignisse, die sich 58 n. Chr. im Inneren Germaniens, vermutlich im Quellgebiet der Werra oder der Saale, zutrugen (*Annalen* 13,57,1). Die Vermutung liegt nahe, daß einzelnen Gegenden und Landstrichen auch bei anderen germanischen Stämmen eine religiöse Bedeutung zukommen konnte, doch sind vergleichbare Hinweise darauf aus vorchristlicher Zeit nicht erhalten geblieben. In größerer Zahl bekannt sind jedoch Opferstätten, die an besonders markanten Plätzen ohne planvolle Gestaltung von seiten des Menschen über einen längeren Zeitraum hinweg in Gebrauch waren. So etwa kamen in Bad Pyrmont bei der Neufassung des Brodelbrunnens neben anderen Metallgegenständen etwa 300 Fibeln zutage, die man vom späten 1. Jahrhundert v. Chr. bis zum

4./5. Jahrhundert n. Chr. als Opfergaben im Quellenbereich niedergelegt hatte.[163] Mitunter findet man in diesem Zusammenhang auch einfache Abgrenzungen von Kultplätzen, die als erste Ansätze zur Errichtung dauerhafter Heiligtümer gedeutet werden können.[164] Beispiele dafür bietet etwa der als Opferstätte genutzte See von Oberdorla in Thüringen, wo Überreste von Stocksetzungen und Zäune aus Flechtwerk gefunden wurden.[165] Eingezäunt war auch der Opferplatz im heutigen Thorsberger Moor bei Süderbrarup nordöstlich von Schleswig, wo ein aus eingerammten Pfosten, quergelagerten Pfählen und Reisig errichteter Steg vom Südufer zum besonders fundreichen nördlichen Teil des Moores führte.[166] Eine Konstruktion aus Ästen, Buschwerk und Steinen umgab den zentralen Bereich des Kesselmoors von Käringsjön bei Halmstad im westschwedischen Halland, das 1941 archäologisch untersucht wurde.[167] Hier fanden die Ausgräber nur wenige Knochen und Metallgegenstände, aber zahlreiche Flachsbündel, Überreste landwirtschaftlicher Geräte sowie Nahrungs- und Trinkgefäße mit Spuren von tierischen Fetten, die man bis zur Aufgabe des Opferplatzes in der Zeit um 400 hier niedergelegt hatte.

Daß die spärlichen Hinweise antiker Autoren und vereinzelte archäologische Nachweise vom ursprünglichen Umfang der rituellen Nutzung landschaftlich markanter Plätze nur eine unzureichende Vorstellung vermitteln, schließt man aus der weiten Verbreitung sakraler Ortsnamen, die entweder mit den Namen von Göttern und Göttinnen oder mit Wörtern wie «Heiligtum», «Altar» oder «Opfer» gebildet sind. So etwa gehen Gudme auf Fünen, Gudum auf Seeland und Gudhjem auf Bornholm auf eine alte Bezeichnung «Götterheim» zurück, während Odense (Odensvi) sich durch seinen Namen als Heiligtum des Gottes Odin zu erkennen gibt. In ähnlicher Weise läßt sich Tissø nahe der Westküste Seelands als «See des Tyr» deuten, zumal archäologische Untersuchungen in der Zeit um 1900 neben einer Stierfigur aus Bronze zahlreiche Schwerter, Lanzen, Speere und Äxte aus der Zeit vom 7. bis zum 12. Jahrhundert zutage förderten. 1977 entdeckte man im Süden der eisenzeitlichen Siedlung unweit des Seeufers einen ursprünglich über zwei Kilo schweren geflochtenen Goldhalsring aus dem 10. Jahrhundert, dessen Wert Schätzungen zufolge dem einer Herde von 500 Rindern entsprochen haben dürfte.[168] Besonderes Interesse fanden gerade in den letzten Jahren Versuche, die sakralen Namen geographisch benachbarter Orte zueinander und zu den archäologischen Funden in Beziehung zu setzen, um auf diesem Weg eine Art «Sakrallandschaft» zu rekonstruieren.[169] Dabei besteht ein gravierendes methodisches Problem jedoch darin, daß das vorchristliche Alter vieler dieser Ortsnamen nicht über jeden Zweifel erhaben ist und einzelne Namensbestandteile auch der nicht-religiösen Sphäre zugeordnet werden können.

Eine genauere Betrachtung verdient in diesem Zusammenhang Tacitus' Hinweis auf das Fehlen von Tempeln bei den Germanen (*Germania* 9,2):

> Im übrigen glauben sie, daß es die Hoheit der Himmlischen nicht zuläßt, sie in Wände einzuschließen [...]. Sie weihen ihnen heilige Haine und Wälder und bezeichnen mit göttlichen Namen jenes geheimnisvolle Wesen, das sie nur in frommer Scheu schauen.

Daß Tacitus mit dieser Bemerkung eine Selbstaussage von Germanen umschreibt und damit einen Grundzug germanischer Frömmigkeit wiedergibt, gilt als ausgeschlossen. Vielmehr dürfte der römische Historiker den Germanen hier eine zu seiner Zeit weitverbreitete Anschauung philosophisch gebildeter Römer in den Mund gelegt haben. So hatte bereits um 300 v. Chr. der stoische Philosoph Zenon von Kition gefordert, den Göttern keine Tempel zu bauen, sondern das Göttliche im Herzen zu bewahren – eine Vorstellung, die man dann bei römischen Autoren wie Seneca, Plinius und Quintilian wiederfindet.[170] An diese stoische Anschauung konnten seit dem 2. Jahrhundert auch christliche Autoren anknüpfen, wenn sie die Errichtung von Tempeln für den transzendenten Schöpfergott ablehnten und statt dessen empfahlen, Gott im Geiste zu verehren und ihm im Herzen ein Heiligtum zu weihen (Minucius Felix, *Octavius* 32,1 f.). Wenn Tacitus solche Gedanken den Germanen zuschreibt, folgt er damit der antiken Anschauung, entfernte Völker bewahrten häufig eine besonders altertümliche Form der Religiosität. Ähnliches schreibt Tacitus von den Juden (*Historien* 2,78,3 und 5,5,4), und nach Cicero zerstörte Xerxes die Tempel der Griechen, «weil er es für Frevel hielt, die Götter, deren Haus die ganze Welt sei, in Wände einzuschließen» (*De re publica* 3,14).

Daß heilige Haine im Kult der Germanen aber tatsächlich eine wichtige Rolle spielten, zeigen Bezeichnungen wie althochdeutsch *lōh* und angelsächsisch *hearg*, die sich sowohl auf gewöhnliche Wälder als auch auf Heiligtümer beziehen können. In ähnlicher Weise bedeutet *paro* im Althochdeutschen «heiliger Hain», dagegen *bearu* im Angelsächsischen nur «Wald». Altnordisch *hǫrgr*, die lautliche Entsprechung von angelsächsisch *hearg* und althochdeutsch *harug*, bezeichnete augenscheinlich keinen Heiligen Hain, sondern einen Steinhaufen, der als Altar benutzt wurde. Daß das Wort in späterer Zeit auch ein Gebäude bezeichnen konnte, zeigt Snorris Beschreibung eines *hǫrgr* als «prächtiges Haus» (*allfagrt hús*). Die gängige Bezeichnung eines Heiligtums in den Isländersagas ist *hof* «Hof, Gehöft», das nach Ausweis der Ortsnamen in der letzten Phase des Heidentums ältere Bezeichnungen teilweise verdrängt zu haben scheint.[171]

Was die antike Überlieferung ansonsten über Heiligtümer und Kultstätten der Germanen zu sagen weiß, ist zumeist so allgemein gehalten, daß die Angaben keine Rückschlüsse auf das Aussehen der betreffenden Anlagen gestatten. So etwa berichtet Tacitus (*Annalen* 1,51) anläßlich seiner Schilderung des Feldzugs des Germanicus ins Lippegebiet von der Zerstörung eines hochberühmten Heiligtums (*celeberrimum templum*) der Göttin Tanfana, ohne daß man über die genaue Lage und bauliche Gestaltung Näheres wüßte. Ob es sich überhaupt um einen Tempel im Sinn der klassischen Antike gehandelt hat, ist ohnehin zu bezweifeln, da Tacitus bei seiner Schilderung des Nerthuskults (*Germania* 40,2–4) das Wort *templum* als Entsprechung von *nemus* «heiliger Hain» verwendet. Kaum besser steht es mit den Erwähnungen heidnischer Tempel in christlichen Schriften der Bekehrungszeit, zumal in vielen Fällen damit zu rechnen ist, daß die an der Bibel und den klassischen Quellen geschulten Autoren die germanischen Verhältnisse mit Hilfe literarischer Stereotypen schilderten. Dies gilt etwa für den von Beda Venerabilis zitierten Brief Papst Gregors des Großen an den Abt Mellitus anläßlich seiner Missionsreise zu den Angelsachsen im Jahr 601 (*Kirchengeschichte des englischen Volkes* 1,30). Wenn Gregor darin empfiehlt, nur die Götterbilder zu zerstören und die Tempel selbst mit Hilfe von Weihwasser und Reliquien zu reinigen, so dürften ihm wohl eher römische als germanische Kultbauten vor Augen gestanden haben. Mutmaßliche Spuren einer vorchristlichen

Kultstätte fand man bei der archäologischen Untersuchung eines angelsächsischen Königssitzes aus dem 6./7. Jahrhundert in der Nähe des heutigen Ortes Yeavering in Northumberland, doch ist über die bauliche Gestaltung nichts Näheres bekannt.[172]

Eine ausführliche Beschreibung des schwedischen Zentralheiligtums von Uppsala bei Sigtuna verdanken wir Adam von Bremen (*Bischofsgeschichte der Hamburgischen Kirche* 4,26). Seiner Darstellung zufolge war es ganz mit Gold bedeckt und beherbergte in seinem Innern Statuen der Götter Thor, Wodan und Fricco. Wie in einer ungefähr gleichzeitig entstandenen Anmerkung zum Text hinzugefügt wird, lag der Tempel in einer ringsum von Hügeln umgebenen Ebene und war von einer gleißenden goldenen Kette umspannt, die man über die Giebel des Gebäudes gehängt hatte. Was es damit auf sich hat, ist ungewiß, doch könnte der Wortlaut der Beschreibung von der biblischen Erwähnung von Ketten im Zusammenhang mit der Beschreibung des salomonischen Tempels in Jerusalem (2 *Chronik* 3,15 f.) beeinflußt sein. Obschon die Bedeutung Alt-Uppsalas in heidnischer Zeit durch einige monumentale Grabhügel, zahlreiche Gräberfelder und umfangreiche Siedlungsspuren klar bestätigt wird, sind Spuren dieses Tempels von archäologischer Seite bislang nicht gefunden worden.[173]

Kultbilder

Das Vorhandensein oder Fehlen von Kultbildern fand schon in den antiken Nachrichten über die Religionen fremder Völker besondere Beachtung, da die griechischen und römischen Autoren darin ein gewichtiges Indiz für die Kulturhöhe eines Volkes sahen.[174] Da Caesar den Germanen die Verehrung persönlicher Gottheiten abspricht (*Der Gallische Krieg* 6,21,1), findet man bei ihm erwartungsgemäß auch keine Hinweise auf Kultbilder. Tacitus zufolge kannten die Germanen zwar persönliche Götter, lehnten deren bildliche Darstellung jedoch ebenso wie Tempel aus religiösen Gründen ab (*Germania* 9,2 und 43,3). Zweifellos spiegelt sich jedoch auch in dieser Behauptung weniger die religionsgeschichtliche Wirklichkeit als vielmehr die antike Vorstellung von der Bildlosigkeit als Merkmal urtümlicher Religiosität, wie sie Herodot (*Historien* 4,59,2) den

Skythen, Diodor von Sizilien (*Bibliothek* 22,9,4) den Kelten und Varro (zitiert bei Augustinus, *Vom Gottesstaat* 4,31) auch der frühen römischen Kultur zuschrieb.[175]

Während und nach der Christianisierung fanden Kultbilder der Germanen schon deshalb häufig Erwähnung, weil sich die christlichen Autoren auf der Grundlage spätjüdischer Vorstellungen alle fremden Religionen nicht anders denn als Idolatrie (Bilderverehrung) oder eben «Götzendienst» vorstellen konnten. Unter den zahlreichen christlichen Hinweisen auf menschengestaltige Kultbilder der Germanen ist dabei wohl die bereits erwähnte Schilderung des Heiligtums von Uppsala mit ihrer Erwähnung von drei Statuen der Götter Thor, Wodan und Fricco am bekanntesten. Hinweise auf Kultbilder in Tempeln findet man auch in mehreren Isländersagas, so etwa in Kapitel 4 der *Eyrbyggja saga* und Kapitel 88 der *Njáls saga*. Zweifellos spiegeln jedoch zumindest einige dieser Beschreibungen nur zeitgenössische christliche Bräuche und Vorstellungen in die heidnische Vergangenheit zurück. Ein charakteristisches Beispiel dafür bietet etwa Kapitel 23 der *Fóstbrœðra saga*, deren unbekannter Autor in kaum glaubhafter Weise die kniefällige Anbetung eines reich geschmückten Kultbilds in einem mit Glasfenstern und vergoldetem Schnitzwerk versehenen Tempel schildert. Näheren Aufschluß über die Verwendung von Götterbildern durch die Germanen gibt jedoch die archäologische Überlieferung.

Stark stilisierte Darstellungen männlicher und weiblicher Figuren, die man als Kultbilder deuten kann, sind bereits in der jüngeren Bronzezeit, also lange vor der historischen Bezeugung germanischer Stämme, sowohl aus Norddeutschland als auch aus Skandinavien mehrfach bezeugt.[176] Dabei handelt es sich häufig um einfache Stökke oder Pfähle sowie Astgabeln, bei denen nur bestimmte Einzelheiten wie etwa Kopf, Gesicht, Arme und Geschlechtsmerkmale durch eine oberflächliche Bearbeitung angedeutet oder hervorgehoben sind. So entdeckte man bereits 1880 beim Torfstechen in einem Moor östlich des Broddenbjerg südöstlich von Viborg in Jütland neben Gefäßscherben und Bronzegegenständen eine 88 cm hohe männliche Eichenholzfigur mit ausgeprägtem Phallus in Form einer dreifachen Astgabel. Dabei zeigte der nahezu rechteckige Kopf tief eingeschnittene Augen sowie Nase und Mund. Zu den bekanntesten Kultbildern dieser Art zählen zwei überlebensgroße Holzfiguren eines Mannes und einer Frau aus dem Aukamper Moor bei Braak, die 1946 bei Torfarbeiten gefunden wurden. Dabei wurde die heute noch 275 cm große männliche Figur weitgehend im Fundzustand belassen, während man die ursprünglich 240 cm große weibliche Gestalt nach der Bergung in problematischer Weise ergänzte. Weitere menschengestaltige Holzfiguren sind in Fundkomplexen zutage gekommen, die man der römischen Kaiserzeit und Völkerwanderungszeit zuweisen kann.

Nur aus dem römischen Germanien kennt man steinerne Götterbilder auf Weihe- oder Votivaltären, die jedoch weitgehend von der klassischen Ikonographie abhängig sind. So etwa unterscheiden sich Darstellungen der mit Mercurius identifizierten germanischen Götter Friausius und Hranno überhaupt nicht von Bildern des römischen Gottes, während bei der Göttin Nehalennia einheimischer Einfluß nur in der Kleidung und in charakteristischen Attributen faßbar ist.[177] Beachtung verdienen in diesem Zusammenhang die im germanisch-keltischen Grenzgebiet beheimateten Matronen, deren Kult durch über 1100 Weihinschriften und steinerne Bildwerke aus der Zeit vom 1. bis zum 5. Jahrhundert n. Chr. bezeugt ist. Dabei handelt es sich um weibliche Gottheiten, die zumeist als eine sitzende Dreiergruppe reichgewandeter Frauen mit Blumen, Früchten, Ähren und dergleichen in den Händen dargestellt wurden (Abb. 5). In den Inschriften tragen sie häufig Beinamen, die man zumeist der keltischen oder germanischen Sprache zuordnen und häufig von Orts- oder Stammesnamen ableiten kann. Die meisten dieser Denkmäler sind keine Einzelfunde, sondern begegnen in größerer Zahl in der Nähe von Kultzentren wie etwa Bonn, Pesch oder Nettersheim in der Eifel.[178]

Aus der Völkerwanderungszeit stammen die bildlichen Darstellungen von Gottheiten auf den sogenannten (Gold-)Brakteaten (zu lateinisch *bractea* «dünnes Metallblech, Goldblättchen»).[179] Dabei handelt es sich um einseitig geprägte runde Goldbleche, die nach dem Vorbild der römischen Kaisermedaillons des 3. und 4. Jahrhunderts vor allem im 5. und 6. Jahrhundert geprägt wurden. Von den über 900 bekannten Brakteaten stammen die weitaus meisten aus Hortfunden aus dem südlichen Skandinavien und Norddeutschland. Auf dem europäischen Festland entlang des Rheins, der Donau und der Oder sowie in Ostengland begegnen Brakteaten dem-

Abb. 5: Matronen-Altar aus Rödingen bei Jülich

gegenüber vor allem als Grabbeigaben, wie dies auch aus Gotland und Westnorwegen bezeugt ist. Nach ihren zentralen Bildmotiven unterscheidet man schon seit dem 19. Jahrhundert Brakteaten mit einem Männerkopf im Profil (Typ A) von solchen mit menschlichen Vollfiguren (Typ B), mit einem Männerkopf im Profil über einem Vierbeiner (Typ C) und mit einzelnen Tieren oder Tierornamenten (Typ D). Neben diesen figürlichen Darstellungen findet man Ornamente und immer wieder auch Runen, die jedoch zumeist nur schwer zu deuten sind. Infolge der Forschungen Karl Haucks ist heute die Auffassung weit verbreitet, daß viele Brakteaten mit dem Kult des Gottes Odin im Zusammenhang stehen. Dabei deutete Hauck Typ C unter Rückgriff auf den *Zweiten Merseburger Zauberspruch* – von dem im übernächsten Kapitel noch die Rede sein wird – als bildliche Darstellung des Mythos von der Heilung eines göttlichen Pferdes durch Odin.[180] Weitere Versuche, die abgebildeten Figuren mit namentlich bekannten Gestalten der altnordischen Mythologie zu identifizieren, werden jedoch nach wie vor kontrovers beurteilt. Im Hinblick auf ihre Verwendung deutet man die Brakteaten nicht zuletzt wegen des Vorkommens von Wörtern wie *alu* «Schutz», *auja* «Glück» und *laukaR* «Lauch, Gedeihen» in der Regel als schadenabwehrende Amulette oder glückbringende Talismane, doch sind weitergehende Funktionen etwa als gesellschaftliche Rangabzeichen keineswegs auszuschließen.

Im Unterschied zu den Brakteaten sind die ebenfalls völkerwanderungszeitlichen *guldgubber* («Goldmännchen»), geprägte und ausgeschnittene Goldblechfigürchen, bislang ausschließlich in Skandinavien gefunden worden und auf dem europäischen Festland unbekannt.[181] Dabei gaben Funde größerer Mengen solch papierdünner Figürchen in Zentralsiedlungen mit politischer, gesellschaftlicher und wohl auch religiöser Bedeutung zu der Vermutung Anlaß, daß es sich dabei um eine Art Währung nicht für den gewöhnlichen Warenaustausch, sondern im Rahmen des Opferkults handeln könnte. Die Identifikation der abgebildeten Einzelfiguren und sich umarmenden Paare etwa mit dem Geschwisterpaar Frey und Freyja bleibt jedoch weitgehend spekulativ.

Eine Funktion der großen ortsfesten Bilder bestand zweifellos darin, die Präsenz der Götter und Göttinnen im Kult zu gewährleisten. Zu diesem Zweck versammelte sich die Kultgemeinschaft zu bestimmten Zeiten an den Plätzen, an denen die Bilder aufgestellt waren, oder man veranstaltete rituelle Umfahrten und Prozessionen.[182] Der wohl bekannteste literarische Beleg dafür ist die bereits zitierte Schilderung des Kults der germanischen Göttin Nerthus. Damit vergleichbar erscheint eine Bemerkung des Kirchenhistorikers Sozomenos, der westgotische König Athanarich habe im Jahr 348 ein Kultbild auf einem Wagen durch die Ansiedlung der christlichen Goten fahren lassen und verlangt, daß man diesem Verehrung bezeuge und opfere (*Historia ecclesiastica* 6,37). Einen literarischen Widerhall solcher kultischer Umfahrten sieht man in der altnordischen Erzählung von Gunnarr Helmingr, die vermutlich in der ersten Hälfte des 13. Jahrhunderts entstand. Darin wird geschildert, wie der unter Mordverdacht stehende Norweger Gunnarr ins heidnische Schweden flieht und dort in einem Tempel des Gottes Frey Zuflucht sucht. Bei einer rituellen Umfahrt des Götterbilds versteckt er sich auf dem Wagen und schwängert die Priesterin des Gottes, was die ahnungslosen Schweden zunächst als gutes Zeichen ansehen. Als der Betrug entdeckt wird, gelingt den beiden die Flucht.[183]

Priester und Priesterinnen

Mit ihren Angaben über die Betreuung des Kultbilds durch eine Priesterin steht die Erzählung von Gunnarr Helmingr in einer langen Tradition vergleichbarer Hinweise, die mit dem Werk des griechischen Geographen Strabon ihren Anfang nimmt. Dort findet sich nicht nur die bereits im Abschnitt über Vorzeichendeutung und Weissagung zitierte Schilderung wahrsagender Priesterinnen der Kimbern, sondern auch die Bemerkung, der römische Feldherr Germanicus habe bei seinem Triumphzug auch einen Priester des Stammes der Chatten namens Libes mitgeführt (*Erdkunde* 7,1,4). Weitere Angaben bietet sodann Tacitus, der in seiner Darstellung der germanischen Kampfesweise und in seiner Schilderung der Stammesversammlung das Recht der Priester (*sacerdotes*) erwähnt, gleichsam auf Weisung der Gottheit Körperstrafen und sogar die Todesstrafe zu verhängen (*Germania* 7,1 und 11,2). Der Vollzug des Losorakels lag Tacitus zufolge ebenfalls in den Händen eines

Priesters der Stammesgemeinschaft (*sacerdos civitatis*), sofern es sich nicht um eine private Befragung durch den Hausvater (*pater familiae*) handelte (*Germania* 10,1). Abgesehen von diesen allgemeinen Hinweisen erwähnt Tacitus noch den Priester der Nerthus (*Germania* 40,3) und den durch weibliche Tracht gekennzeichneten Priester der Nahanarvaler im Kult eines als Alken (*Alces*) bezeichneten göttlichen Brüderpaares (*Germania* 43,3). Eine gewisse Entsprechung finden Tacitus' Bemerkungen über germanische Stammespriester in einem Hinweis des griechischen Philosophen und Rhetors Eunapios, der in seinem nur in Auszügen erhaltenen Geschichtswerk berichtet, beim Übergang über die Donau 376 n. Chr. habe jede einzelne Abteilung (*phylē*) der Westgoten ihre heimatlichen Heiligtümer, Priester und Priesterinnen mit sich geführt. Daß es bei den einzelnen Stämmen eine regelrechte Hierarchie der Priester gegeben habe, erscheint aber eher fraglich. Wenn Ammianus Marcellinus mitteilt, der oberste Priester der Burgunder trage den Titel *Sinistus* (*Res gestae* 28,5,14), so ist dies nicht unbedingt in diesem Sinne zu interpretieren.[184]

Ob die als Priester bezeichneten Personen diese Funktion gleichsam hauptberuflich oder aber nur im Bedarfsfall ausübten, ist eine Frage, welche die antiken Quellen selbst nicht stellen und die man daher mit ihnen allein auch nicht beantworten kann. Einen Fingerzeig gibt hier aber vielleicht das Zeugnis der germanischen Sprachen, da die altnordischen sowie west- und ostgermanischen Wörter für «Priester» stark voneinander abweichen und sich nicht ohne weiteres aus einem gemeinsamen Ursprung ableiten lassen.[185] Die gotische Bibel übersetzt griechisch *hiereús* als Bezeichnung des jüdischen Priesters im allgemeinen mit dem Wort *gudja*, das wie *aurtja* «Gärtner», *skattja* «(Geld-)Wechsler» und *timrja* «Zimmermann» relativ spät und vielleicht überhaupt erst im Zuge der Bibelübersetzung gebildet wurde. Eindeutig späte Bildungen sind auch die althochdeutschen Bezeichnungen des Priesters *bluostrari*, *harugari* und *parauuari*, da es sich bei dem Bildungselement *-ari* um eine Entlehnung aus dem Lateinischen handelt. Um reine Lehnwörter handelt es sich bei angelsächsisch *sacerd* (aus lateinisch *sacerdos*) und *bisceop* (aus lateinisch *episcopus*), die beide ungeachtet ihrer kirchenlateinischen Herkunft auch den heidnischen Priester bezeichnen können. Althochdeutsch *ēwart* «Priester» verrät durch seine

Grundbedeutung «Gesetzeswart» noch seine Herkunft eher aus dem Bereich des Rechts als aus dem des Kults – falls dieser Bildung nicht die kirchenlateinische Umschreibung von *religio* durch *lex* zugrundeliegt. Altnordisch *goði* «Gode» wiederum erinnert zwar von der sprachlichen Bildung her an gotisch *gudja*, kann aber nur in sehr eingeschränktem Sinn mit «Priester» übersetzt werden, da die Goden auf Island vor allem als politische Führungsschicht in Erscheinung treten und Aussagen über ihre einstigen religiösen Funktionen zumindest teilweise auf der Rückspiegelung christlicher Verhältnisse in die heidnische Vorzeit beruhen.[186] All dies spricht letztlich dafür, daß es einen klar definierten Priesterstand in der gemeingermanischen Zeit noch nicht gegeben hat und die Bemerkungen unserer Schriftquellen über die Verhältnisse der spätheidnischen Zeit für frühere Jahrhunderte nicht vorausgesetzt werden dürfen.

Starke Beachtung fand neben den bisher zitierten Texten von jeher die folgende Bemerkung des Tacitus zur großen Bedeutung der Frauen in der Religion der Germanen (*Germania* 8,2):

> Sie [die Germanen] glauben, ihnen [den Frauen] wohne etwas Heiliges und Seherisches inne. Daher verschmähen sie ihre Ratschläge nicht und lassen ihre Aussprüche nicht außer acht. Wir haben es ja unter dem verewigten Vespasian erlebt, daß Veleda lange Zeit bei sehr vielen geradezu den Rang einer Göttin einnahm, doch auch früher schon haben sie Albrinia und mehrere andere Frauen verehrt - wenn auch nicht aus Schmeichelei oder um Göttinnen aus ihnen zu machen.

Wie vergleichbare Stellen bei Tacitus nahelegen, ist die Schlußbemerkung dieses Abschnitts in erster Linie als Kritik des römischen Historikers an der Ausdehnung des Kaiserkults auf die weiblichen Angehörigen der kaiserlichen Familie zu verstehen.[187] Dies läßt vermuten, daß seine Hinweise auf die religiöse Geltung der Frau bei den Germanen insgesamt in erster Linie den Gegensatz zu den Verhältnissen im zeitgenössischen Rom hervorheben sollten. Gleichwohl lassen entsprechende Bemerkungen bei anderen antiken Autoren darauf schließen, daß Seherinnen in der Tat bei den germanischen Stämmen mitunter hohes Ansehen genossen.

Vergleichsweise gut unterrichtet sind wir über die erste der beiden Seherinnen, die Tacitus als Beispiel anführt.[188] Wie aus dem Bericht des Tacitus (*Historien* 4,61–65 und 5,22–25) sowie einigen Versen des zeitgenössischen Dichters Papinius Statius (*Silvae* 1,4,90) hervorgeht, war Veleda eine Seherin aus dem zu ihrer Zeit an der Ems ansässigen Stamm der Brukterer. Ihr Name hängt sprachgeschichtlich zusammen mit irisch *file* «Dichter» und kymrisch *gwel(e)d* «sehen», bezeichnete ursprünglich also wohl eine inspirierte Seherin. Während des Aufstands des Stammes der Bataver unter ihrem Anführer Iulius Civilis 69 n. Chr. sagte Veleda die Niederlage der römischen Rheinarmee voraus, worauf ihr Civilis Munius Lupercus, den gefangengenommenen Kommandanten des Legionslagers Castra Vetera (Xanten) als Geschenk übersandte. In dem von Civilis ins Leben gerufenen gallisch-germanischen Fürstentum scheint sie die Rolle einer Schiedsrichterin gespielt zu haben. Der Darstellung des Tacitus zufolge wohnte sie in einem hohen Turm, und ein von ihr ausgewählter Verwandter übermittelte die zur Entscheidung anstehenden Fragen und ihre Antworten. 70 n. Chr. erbeuteten die Aufständischen bei einem nächtlichen Überfall das Flaggschiff der römischen Rheinflotte und schleppten es als Geschenk für Veleda die Lippe aufwärts. Als sich das Kriegsglück bald darauf wendete, suchte der römische Oberbefehlshaber Petilius Cerialis in Geheimverhandlungen Veleda zu einem Wechsel der Fronten zu bewegen. Ob diese Bemühungen erfolgreich waren, ist unbekannt, da die Darstellung des römischen Historikers an dieser Stelle abbricht. Aus den bereits erwähnten Versen des Papinius Statius und einem 1926 in der Stadt Ardea gefundenen Spottgedicht geht hervor, daß Veleda nach der Niederschlagung des Aufstands in Gefangenschaft geriet und nach Italien deportiert wurde.

Unbekannt ist demgegenüber die zweite von Tacitus in diesem Zusammenhang genannte Gestalt. Aus sprachgeschichtlichen Gründen vermutet man hinter den handschriftlich überlieferten Schreibungen Aurinia und Albrinia den Namen Albruna «die das geheime Wissen der Elben kennt», was aber nicht völlig gesichert ist. Wer sich dahinter verbirgt, muß letztlich offenbleiben, doch erwähnen antike Autoren noch mehrfach Seherinnen der Germanen. So etwa berichten Sueton in seiner Biographie des Kaisers Claudius (1,2) und Dion Cassius in seinem Geschichtswerk (55,1,3) von einer übermenschlich großen Barbarin (*barbara mulier, humana maior*), die den römischen Feldherrn Drusus vom Überschreiten der Elbe abschreckte. In seiner Biographie des Vitellius (14,5) erzählt Sueton von einer Seherin aus dem Stamm der Chatten, welcher der Kaiser wie einem Orakel vertraut habe, und Dion Cassius nennt an anderer Stelle (67,5,3) eine germanische Seherin namens Ganna, die zusammen mit dem König der Semnonen zur Zeit des Kaisers Domitian nach Rom gekommen sei. Von einer in griechischer Schrift beschriebenen Tonscherbe aus der ägyptischen Insel Elephantine kennt man eine als Seherin (*sibylla*) bezeichnete Germanin namens Waluburg.[189]

Religionsgeschichtlich bemerkenswert erscheinen die Namen der beiden Seherinnen Ganna und Waluburg, da man sie mit altnordisch *gandr* und *vǫlr*, zwei Wörtern für «(Zauber-)Stab» verbinden kann. Allem Anschein nach war ein solcher Stab ein typisches Requisit skandinavischer Seherinnen, da altnordisch *vǫlva* (eigentlich «Stabträgerin») in der Edda und in den Sagas in einem allgemeinen Sinn «Seherin» bedeutet. Ausdrücklich erwähnt wird ein solcher Stab in der Beschreibung einer Seherin im dritten Kapitel der *Saga von Eirik dem Roten* (*Eiríks saga rauða*), die von der Entdeckung Grönlands durch den Norweger Eirik und der Entdeckung Amerikas durch dessen Sohn Leif Eiriksson handelt. Ob der unbekannte Verfasser des 13. Jahrhunderts aber tatsächlich noch eine zuverlässige Kenntnis von dem Erscheinungsbild einer heidnischen Seherin aus dem ausgehenden 10. Jahrhundert besaß, darf bezweifelt werden.

Eine besondere Form der Weissagung aus dem Mund einer Seherin (*vǫlva*) schildert die vierte Strophe des Edda-Lieds *Baldrs draumar*. Hier wird erzählt, wie Odin beunruhigt durch Balders böse Träume in die Unterwelt reitet, dort eine tote Seherin erweckt und sie durch Totenzauber (*valgaldr*) dazu zwingt, ihm über das Schicksal Balders Auskunft zu geben. Die hier bezeugte Weissagung im Rahmen einer Totenbeschwörung findet sich in der altnordischen Literatur auch sonst, wobei insbesondere Odin als zauberkundiger Totenerwecker auftritt.[190] Um den Quellenwert der betreffenden Erzählungen als mögliche Zeugnisse spätheidnischer Religiosität im einzelnen abzuschätzen, gilt es jedoch zunächst die Jenseitsvorstellungen der Germanen im allgemeinen ins Auge zu fassen.

6.
TOTENBRAUCHTUM UND JENSEITSGLAUBE

Am Ende des allgemeinen Teils der *Germania*, unmittelbar vor dem Übergang zur Beschreibung der einzelnen Stämme, geht Tacitus auf die Bestattungssitten der Germanen ein. Damit folgt er einem weitverbreiteten Schema der antiken Ethnographie, die diesen Bereich im allgemeinen gegen Ende der Darstellung eines fremden Volkes behandelte (vgl. Herodot, *Historien* 4,71–73 über die Bestattungssitten der Skythen und Caesar, *Der Gallische Krieg* 6,19 über die der Gallier). Dabei wird mitunter das Totenbrauchtum breit geschildert, während die damit verbundenen Vorstellungen vom Weiterleben nach dem Tode sehr viel weniger ausführlich zur Sprache kommen.[191] Hier unterscheidet sich das Erkenntnisinteresse der Antike deutlich von dem der Neuzeit, die in dieser Hinsicht ihre Abhängigkeit von der traditionell eschatologischen Ausrichtung des Christentums verrät. Wie sich die Germanen das Leben nach dem Tode vorstellten, kann man daher bis zum Ende des frühen Mittelalters nur hypothetisch aus den wenigen Hinweisen antiker Autoren und archäologischen Überresten erschließen. Erst für die letzte Phase der heidnischen Religion und nur für den nordgermanischen Raum besitzen wir Texte mit Schilderungen des Jenseits, deren religionsgeschichtlicher Quellenwert jedoch stets kritisch zu hinterfragen ist.

Die rituelle Bewältigung des Todes

Bei Bestattungen gibt es keinerlei Aufwand. Nur darauf achtet man, daß die Leichen bedeutender Männer mit bestimmten Holzarten verbrannt werden. Den Scheiterhaufen überladen sie nicht mit Tüchern und Duftstoffen, doch jedem werden seine Waffen und manchen auch das Pferd ins Feuer mitgegeben. Rasenstücke bilden einen Grabhügel, aber die Ehrung durch hochragende, kunstvolle Denkmäler verschmähen sie, weil das für die Verstorbenen eine Last sei. Von Wehklagen und Weinen lassen sie schnell, von Trauer und Schmerz nur langsam ab. Für Frauen schickt sich laute Klage, für Männer stilles Gedenken.

Soweit Tacitus (*Germania* 27,1).[192] Mit der einleitenden Hervorhebung des fehlenden Aufwands bei Bestattungen greift der römische Historiker ein Leitmotiv seiner Darstellung auf und stellt die Germanen zugleich in Gegensatz zu den Galliern, deren Leichenbegängnisse den Worten Caesars zufolge relativ prächtig und kostspielig waren (*Der Gallische Krieg* 6,19,4). Im übrigen bilden jedoch einmal mehr nicht die Verhältnisse in Gallien, sondern die im kaiserzeitlichen Rom den Hintergrund, der die Auswahl der Informationen und die Wortwahl des Historikers bestimmt. So betont der Hinweis auf die Beigabe von Pferd und Waffen den urtümlichen und kriegerischen Charakter der Germanen, der Rasenhügel kontrastiert wirkungsvoll mit den oft turmhohen Monumenten römischer Gräberstraßen und das Fehlen von Duftstoffen steht im Gegensatz zur römischen Sitte, den scharfen Verbrennungsgeruch der Leichen durch die Zugabe von Weihrauch und Zypressenzweigen zu mildern. Einmal mehr vermißt der moderne Leser auch hier das Bemühen des antiken Autors, das Selbstverständnis der Germanen in angemessener Weise zu berücksichtigen. So gibt der Hinweis auf die Ablehnung steinerner Grabmonumente als drückende Last für die Toten zweifellos keine germanische, sondern eine römische Anschauung wieder, wie sie sich in der Formel «Möge dir die Erde leicht sein» (*sit tibi terra levis*) bis in die Neuzeit gehalten hat.

Vergleicht man die Bemerkungen des Tacitus mit dem archäologischen Befund, stellt man Gemeinsamkeiten und Unterschiede, vor allem aber die Notwendigkeit zeitlicher und räumlicher Differenzierungen fest. So etwa erwähnt der römische Historiker wegen des Vorherrschens der Feuerbestattung bei seinen römischen Zeitgenossen nur die Sitte der Einäscherung des Leichnams, obschon auch Körperbestattungen bei den Germanen durchaus vorkamen. Als typisch heidnisch galt die Leichenverbrennung dann im Zeitalter der Germanenmission, als etwa Karl der Große sie den soeben unterworfenen Sachsen unter Androhung der Todesstrafe untersagte.[193] Im übrigen findet man bei den germanischen Stämmen neben den von Tacitus erwähnten Grabhügeln auch Flachgräber, und die behauptete Einfachheit gilt zwar für einen Großteil der Bestattungen, nicht aber für die Gräber der Führungsschicht, die sich durch ihre reichen Beigaben von allen anderen klar unterscheiden. Die erwähnten Waffenbeigaben waren zwar weit verbreitet, fehlen aber in bestimmten Regionen, in denen Eisenwaffen allem Anschein nach in den Besitz der Hinterbliebenen übergingen. Die Beigabe von Pferden ist zwar seit dem 4. Jahrhundert n. Chr. mehrfach bezeugt, für die Zeit des Tacitus aber archäologisch bislang nicht nachgewiesen, so daß ihre Erwähnung vielleicht weniger die religionsgeschichtliche Wirklichkeit als vielmehr den Stilisierungswillen des Verfassers widerspiegelt: Pferde als Grabbeigaben beschworen für die römischen Leser den Vergleich mit den Galliern (Caesar, *Der Gallische Krieg* 6,19,4), Skythen (Herodot, *Historien* 4,71,4) und homerischen Griechen (*Ilias* 23,171 f.) und waren somit bestens dazu geeignet, den urtümlichen Charakter der germanischen Religion gebührend hervorzuheben. Bezeichnenderweise fehlen demgegenüber nicht nur Hinweise auf weitere Grabbeigaben wie etwa Kleidung und Schuhe, Gefäße mit Speisen und Getränken sowie Schmuck, sondern auch jegliche Angaben zum eigentlichen Hergang einer Bestattung, wie man sie aus den archäologischen Überresten zumindest teilweise erschließen kann. Hier lassen Funde von zerschlagenem Tongeschirr, verbrannten tierischen Knochen, Birkenpechfackeln und dergleichen mehr darauf schließen, daß die Bewältigung des Todes mit umfangreichen kollektiv vollzogenen Riten einherging. Gelegentlich geben spätere Quellen Auskunft darüber, etwa wenn Jordanes in seiner *Gotengeschichte* erzählt, die Westgoten hätten die Leiche ihres 451 in der Schlacht gegen die Hunnen gefallenen Königs Theoderich im feierlichen Zug mit Gesang und Waffengeklirr davongetragen.[194] Noch 589 mahnen die Akten der Synode von Toledo die Westgoten, bei einer Bestattung kein (unkirchliches) Klagelied, sondern die Psalmen zu singen.[195] Gesänge und rhythmische Bewegungen begleiteten allem Anschein nach nicht nur die eigentliche Bestattung, sondern auch bereits zuvor die Totenwache, wenn man die wiederholten kirchlichen Verbote dieser als «teuflisch» gebrandmarkten Bräuche ernst nehmen darf.[196] Diese Verbote wendeten sich im übrigen auch gegen den Brauch des Leichenmahls, das die Kirche wohl nicht zuletzt wegen seiner Verbindung mit der Sitte des Totenopfers ablehnte.[197] Wenn Jordanes in seiner *Gotengeschichte* berichtet, man habe die Sklaven, die 410 im Flußbett des Busento das Grab des westgotischen Heerführers Alarich gegraben hatten, nach der Beisetzung getötet, so könnte auch diese Mitteilung die Erinnerung an Totenopfer widerspiegeln. In ähnlicher Weise berichtet Prokop vom Selbstmord der Witwe am Grab des verstorbenen Mannes als einem einstigen Brauch des ostgermanischen Stammes der Heruler.[198] Von einem feierlichen Ritt um den aufgeworfenen Grabhügel, bei dem die Reiter die Vorzüge des verstorbenen Fürsten priesen und seinen Tod beklagten, erzählt das altenglische Versepos *Beowulf* (Vers 3171 ff.).

Unter den reich ausgestatteten Gräbern der Oberschicht, die im Lauf der Forschungsgeschichte die modernen Vorstellungen vom Bestattungswesen der Germanen prägten, ist wohl an erster Stelle das Grab des Frankenkönigs Childerich zu nennen, das man 1653 am rechten Scheldeufer in Tournai entdeckte.[199] Bereits am ersten Tag der Ausgrabung erkannte man an dem Siegelring mit dem Bild des Königs und der seitenverkehrten Umschrift CHILDIRICI REGIS, um wessen Grab es sich handelte. Zu den reichen Grabbeigaben zählten unter anderem mindestens 30 goldene Bienen, die nach Ausweis der rückseitig angebrachten Ösen einst den königlichen Mantel zierten, sowie ein goldener Stierkopf, den man sogleich als *idolum regis* deutete. Wie umfangreiche neuere Grabungen in den Jahren 1983–1985 zeigten, lag das Grab des Königs inmitten eines Gräberfelds, in dem man neben Menschen unterschiedlichen Alters auch 21 Pferde in eigens dafür ausgehobenen Gruben beigesetzt hatte – Zeugen eines heidnischen Jenseitsglaubens, den erst Childerichs damals sechzehnjähriger Sohn Chlodwig um 498 mit dem Übertritt zum Christentum nach seinem Sieg über die Alemannen endgültig preisgab.

Stand die Identität des Toten im Grab von Tournai von Anfang an außer Frage, so ist der mit Abstand reichste Grabfund der Wikingerzeit bis heute von Rätseln umgeben.[200] 1903 hatte ein Landwirt im südnorwegischen Vestfold bei Oseberg an der Westseite des Oslofjordes beim Graben eines Schachts in einem Hügel auf seinem Grundstück reich verziertes Holzwerk entdeckt. Im Zuge der umfassenden archäologischen Untersuchung bargen die Ausgräber im Sommer 1904 ein überreich ausgestattetes Prunkgrab, dessen Beigaben sich im feuchten Lehmboden ungewöhnlich gut erhalten hatten. So fand man im Hügel ein gut 21 Meter langes und mittschiffs über 5 Meter breites, aus Eiche gebautes Schiff mit 15 Ruderpaaren, dessen Bug und Heck mit reichen Schnitzereien verziert waren. Auf dem Schiff hatte man ebenfalls aus Eichenholz eine zeltförmige, mit

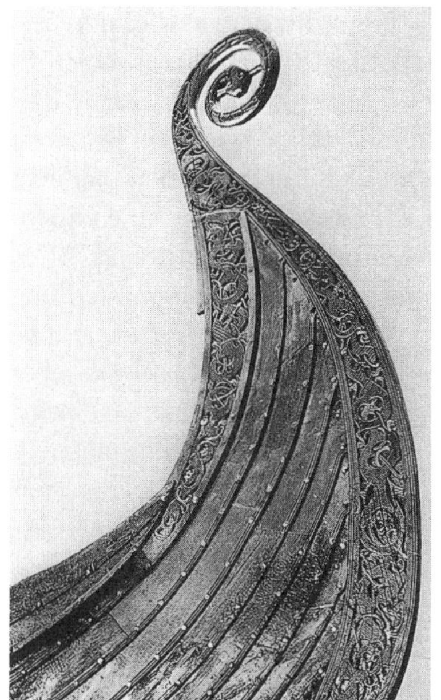
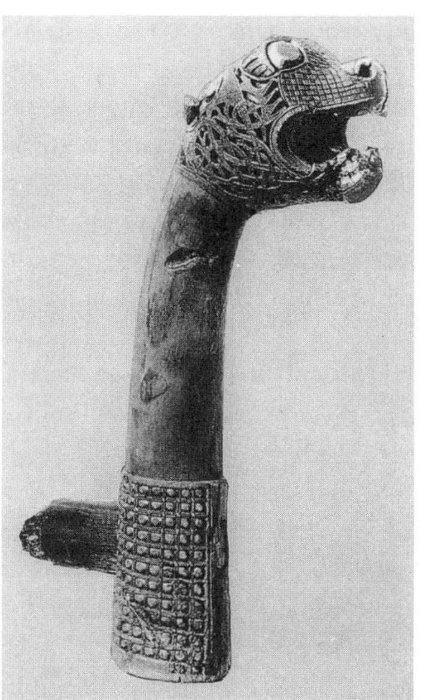

Abb. 6a und 6b: Bug des Oseberg-Schiffs und geschnitzter Tierkopf

Wandteppichen ausgekleidete Grabkammer errichtet. Als Beigaben fand man unter anderem Küchengeräte wie Messer, Tröge, Eimer, Kessel und Fässer, zwei Webstühle nebst Zubehör, mehrere Rasseln, fünf hölzerne Pfosten mit geschnitzten Tierköpfen, sechs Betten, vier Schlitten und einen mit reichem Schnitzwerk verzierten Wagen (Abb. 6). Darüber hinaus enthielt das Grab die Skelette von 15 Pferden, zwei Ochsen und vier Hunden. Was demgegenüber völlig fehlte, waren Gegenstände aus Edelmetall, da das Grab bereits in alter Zeit beraubt worden war. So entdeckte man denn auch die Überreste der beiden hier beigesetzten Toten nicht in der Grabkammer, sondern in dem von den Räubern gegrabenen Einstiegsschacht. Wie die Untersuchung der Skelettreste ergab, handelte es sich dabei um zwei Frauen im Alter von etwa 30 und 50 Jahren, die man – nach Ausweis der Grabbeigaben – in der ersten Hälfte des 9. Jahrhunderts auf dem Schiff im Hügel beigesetzt hatte.

Bereits 1880 waren Archäologen im südnorwegischen Gokstad

auf ein ähnliches Grab gestoßen.[201] Es enthielt ein gut erhaltenes, über 23 Meter langes und mittschiffs über 5 Meter breites Schiff, umfangreiches Küchengerät, mehrere Betten, einen Schlitten, drei im Vorderschiff niedergelegte Boote und neben weiteren Beigaben die Überreste von mindestens 12 Pferden und drei Hunden. Bei dem Toten handelte es sich nach Ausweis der Skelettreste um einen hochgewachsenen und kräftig gebauten Mann im fortgeschrittenen Alter, der vermutlich im frühen 10. Jahrhundert in vornehmer Kleidung und mit seinen Waffen hier beigesetzt worden war. Auf der Suche nach der Identität des Toten hatte man mangels zeitgenössischer Schriftquellen die Darstellung der frühen Wikingerzeit bei Snorri Sturluson zu Rate gezogen und war so zu der Vermutung gelangt, man habe hier das Grab jenes sagenumwobenen Ynglinger-Königs Óláfr Geirstaðaálfr gefunden, der Snorris *Ynglinga saga* zufolge nach seinem Tod von der Bevölkerung wegen seiner glücklichen Herrschaft mit Opfern verehrt worden sei. In ähnlicher Weise deutete man nun die so kostbar ausgestattete Doppelbestattung von Oseberg als Grab der Königin Ása, der Großmutter des norwegischen Reichseinigers Harald Schönhaar.

Rückblickend betrachtet, veranschaulicht die Verbindung der beiden Gräber von Gokstad und Oseberg mit Gestalten aus dem Herrschergeschlecht der Ynglinger zwei ebenso weitverbreitete wie fragwürdige Tendenzen: zum einen das moderne Bedürfnis nach der Verknüpfung spektakulärer Funde mit Namen und individuellen Schicksalen, zum anderen das weitgehende Vertrauen auf die Zuverlässigkeit der literarischen Quellen und die Erwartung einer Bestätigung dieser Zuverlässigkeit durch die Archäologie. In Wahrheit bieten die uns erhaltenen Texte für eine Identifikation der Toten kaum Anhaltspunkte, wobei gerade im Falle des Oseberg-Grabes gewichtige archäologische Gründe für eine kultische Rolle der beigesetzten Personen sprechen. So etwa war das Schiff nicht hochseetauglich und der reich verzierte Wagen wegen des Fehlens einer schwenkbaren Vorderachse wohl eher ein Zeremonial- als ein Nutzfahrzeug. Eine rituelle Bedeutung vermutet man auch für die geschnitzten Tierkopfpfosten, die Rasseln und den gut meterlangen Stab, der an die erwähnte Bezeichnung der germanischen Seherin als «Stabträgerin» erinnert. Daß die uns erhaltenen erzählenden Texte von priesterlichen Bestattungen nichts wissen, liegt möglicherweise am christlichen Standpunkt und genealogisch-dynastischen Interesse ihrer Verfasser und bedeutet jedenfalls nicht, daß es dergleichen nicht gegeben haben kann.

36 Jahre nach dem Oseberg-Fund stießen Archäologen bei der Untersuchung des Gräberfelds von Sutton Hoo bei Woodbridge im Südosten der Grafschaft Suffolk auf das bis heute mit Abstand am reichsten ausgestattete Grab aus dem angelsächsischen England.[202] Darin befand sich ein 27 Meter langes Schiff mit einer Grabkammer in der Mitte. Der Tote lag in einem hölzernen Sarg, über den man einen Umhang syrischer Herkunft gebreitet hatte. Darauf lagen unter anderem ein Schwert, ein eiserner Helm, ein Beutel mit 37 fränkischen Münzen, eine Gürtelschnalle aus massivem Gold sowie eine byzantinische Silberschale mit dem Stempel des oströmischen Kaisers Anastasios. Des weiteren enthielt die Grabkammer drei Kessel und einen Bottich, einen Schild, eine Leier, Insignien wie eine eiserne Standarte und einen Wetzstein als «Zepter» sowie weitere Gegenstände. Die hohe Qualität, die teilweise symbolische Bedeutung und der immense materielle Wert der Grabausstattung sprechen für die Identifikation des Toten mit einem Herrscher des Königreichs Ostanglien, das sich auf dem einstigen Territorium des keltischen Stammes der Ikener im Gebiet der heutigen Grafschaften Norfolk und Suffolk wohl schon im 5. Jahrhundert herausbildete und bis zum frühen 10. Jahrhundert Bestand hatte.

Aufenthaltsorte Verstorbener

Die archäologisch nachweisbaren großen Unterschiede in den Bestattungsformen der germanischen Völker könnte man als Hinweis auf eine entsprechende Vielfalt der Jenseitsvorstellungen deuten. Dabei ist jedoch damit zu rechnen, daß neue Vorstellungen vom Leben nach dem Tode nicht in jedem Fall Änderungen des Totenbrauchtums nach sich zogen, wie auch umgekehrt Neuerungen im Bestattungsbrauch nicht unbedingt auf veränderte Jenseitsvorstellungen schließen lassen. Überdies ist kaum anzunehmen, daß entsprechende Anschauungen bei den Germanen ähnlich wie im Christentum als verbindliche Glaubensartikel im Wortlaut fixiert wurden und in dieser Form den Gegenstand religiöser Unterweisung bildeten. Schon aus diesem Grund ist von vorneherein mit einer ausgeprägten Vielfalt germanischer Jenseitsvorstellungen zu rechnen, die sich in den gemeinschaftlich vollzogenen Handlungen nicht notwendigerweise widerspiegelt.[203]

Gemeingermanisch erscheint die Vorstellung von einem unterirdischen Aufenthalt der Toten, wie sie schon die Erdbestattung nahelegte.[204] Die germanische Bezeichnung dieser unterirdischen Totenwelt lautete **halja* (verwandt mit deutsch *hehlen* «verbergen» und altirisch *cuile* «Keller»), wie aus den einzelsprachlichen Entsprechungen gotisch *halja*, altenglisch *hel*, altsächsisch *hellia*, althochdeutsch *helle* und altnordisch *hel* hervorgeht. Daß damit ursprünglich kein Strafort gemeint war, zeigt der Sprachgebrauch der gotischen Bibel, die neben dem heimischen Wort *halja* zur Bezeichnung der «Hölle» im christlichen Sinn das Fremdwort *gaiainna* (griechisch *géenna*) verwendet. Wie man sich die Unterwelt im einzelnen vorstellte, erfahren wir erst aus den altnordischen Texten, deren Schilderungen zweifellos christliche Einflüsse widerspiegeln. So etwa erwähnt Snorri einen Jenseitsfluß Gjǫll, über den die Toten auf einer als Gjallarbrú bezeichneten Jenseitsbrücke in die Unterwelt reiten.[205] Diese Vorstellung begegnet ansonsten weder in der Lieder-Edda noch in der skaldischen Dichtung, wohl aber in den späten, stark von kontinentalen Vorbildern und internationalen Märchenmotiven geprägten Vorzeitsagas (*Fornaldarsǫgur*). Man nimmt daher an, daß sie letztlich auf den Einfluß christlicher Höllenschilderungen in der mittelalterlichen Visionsliteratur zurückgeht und den Germanen der heidnischen Zeit noch unbekannt war.[206] Auf einer späten Entwicklung beruht zweifellos auch die Personifikation des Totenreichs in Gestalt einer Totengöttin, wie man sie in der Prosa-Edda findet: Dieser allegorisch anmutenden Darstellung zufolge ist Hel dank ihres halb schwarzen, halb bleichen, düsteren und grimmigen Aussehens leicht zu erkennen. Ihr Saal heißt *Éljúðnir* «der Regennasse», ihre Schüssel *Hungr* «Hunger», ihr Knecht *Ganglati* «Fauler» und ihre Magd *Ganglǫt* «Faule».[207] Ganz vollzogen ist die Gleichsetzung Hels mit der christlichen Hölle, wenn Snorri an anderer Stelle die guten Menschen zu Gott, die bösen aber zu Hel eingehen läßt.[208]

Als eine besondere Ausprägung der allgemein verbreiteten Anschauung vom unterirdischen Aufenthalt der Verstorbenen erscheint die Vorstellung vom Toten im Grab oder (Grab-)Hügel, wie sie zahlreiche altnordische Texte zum Ausdruck bringen. Charakteristisch erscheint hier eine Erzählung der *Landnámabók*, derzufolge einer der frühen Siedler auf Island zusammen mit seinem Sklaven in einem Schiff unter einem Hügel beigesetzt wurde. Bald darauf habe man den Toten sprechen hören, es lebe sich besser allein als in schlechter Gesellschaft, worauf man den Hügel geöffnet und den Sklaven aus dem Grab entfernt habe.[209] Dagegen könnten literarische Berichte über Schiffsbestattungen sowie die Gräber von Oseberg, Gokstad und Sutton Hoo mit Vorstellungen von einer Totenwelt jenseits des Meeres in Zusammenhang stehen.[210]

In der Skaldendichtung und den Sagas erscheint die Frau des Meeresriesen Ægir mit Namen Rán als Herrscherin eines Totenreichs auf dem Grund des Meeres, das die Ertrunkenen aufnimmt. Eine wichtige Rolle spielt diese Vorstellung in dem Gedicht *Sonatorrek* («Verlust der Söhne»), das der Skalde Egill Skallagrímsson auf den Tod seiner Söhne verfaßte. «Rán trägt die Schuld,/schwer traf sie mich», klagt der Dichter darin und bedauert, daß er seinen Sohn nicht mit dem Schwert rächen kann: «Könnte ich mich wenden/gegen den Bruder des Windes,/so eröffenete ich den Kampf/ gegen Ægir und seine Gefährtin.»[211]

In der letzten Phase des Heidentums in Skandinavien finden wir die Vorstellung von einer Art Kriegerparadies, in dem sich die Toten um Odin versammeln. Einen frühen Hinweis darauf verdanken wir dem arabisch schreibenden Autor Ibn Faḍlān, der 921/922 als Mitglied einer Gesandtschaft des Kalifen al-Muqtadir an der Wolga mit Wikingern in Kontakt kam und Augenzeuge der Bestattung eines ihrer Anführer wurde.[212] Seiner Darstellung zufolge wurde der Tote zunächst zehn Tage lang in seinen Kleidern und versehen mit einigen Beigaben in einer Art provisorischem Grab aufgebahrt. Während dieser Zeit bereitete man die Bestattung vor und wählte aus den Sklavinnen des Verstorbenen eine aus, ihm zu folgen. Am Tag der Bestattung wurde der durch den Frost konservierte Tote mit eigens angefertigten Gewändern neu eingekleidet und auf sein Schiff gebracht, das man inzwischen an Land gezogen und ringsum mit Holz umgeben hatte. Dort legte man ihn unter einem zeltähnlichen Aufbau auf eine mit Decken und Kissen versehene Liege und gab ihm neben Speisebeigaben wie Brot, Fleisch und Bier auch seine

Waffen mit. Ein Hund, zwei Pferde, zwei Kühe und ein Hahn wurden geopfert, zerlegt und an Bord des Schiffs gebracht. Zum Schluß wurde die zur Totenfolge ausgewählte Sklavin von den Gefährten des Verstorbenen dreimal hintereinander auf Händen emporgehoben. Beim ersten Mal, so habe sie den Umstehenden zugerufen, sah sie ihre Eltern, bei zweiten Mal ihre verstorbenen Verwandten, beim dritten Mal schließlich ihren toten Herrn in einem prächtigen grünen Paradies. Dann wurde die Sklavin auf das Schiff geführt und neben der Leiche ihres Herrn getötet. Der Scheiterhaufen wurde in Brand gesetzt, und nachdem das Holz, das Schiff und sein Inhalt zu Asche verbrannt waren, errichtete man dem Toten an dieser Stelle ein Grabmonument. Einer der umstehenden Nordleute, so Ibn Faḍlān, habe die Araber als Toren bezeichnet, da diese ihre Toten in der Erde den Würmern überließen, wohingegen ihre eigenen Verstorbenen gleich nach der Verbrennung ins Paradies eingingen.

Eine farbige Schilderung des wikingerzeitlichen Paradieses findet man in der Prosa-Edda.[213] Ihr zufolge stellte man es sich als eine gewaltige Halle mit zahlreichen Toren vor, die allen vom Anbeginn der Welt im Kampf Gefallenen Platz bot. Snorri nennt die Halle *Valhǫll* («Halle der Gefallenen») und ihre Bewohner *Einherjar* («die allein oder einzeln Kämpfenden»). Jeden Tag, so Snorri, gehen diese Krieger hinaus auf den Hof und kämpfen miteinander bis auf den Tod, um danach wieder miteinander versöhnt an der Tafel zu sitzen. Dort essen sie von dem Fleisch, das der sich immer wieder erneuernde Eber Sæhrímnir liefert und der Koch Andhrímnir im Kessel Eldhrímnir zubereitet. Auf dem Dach der Halle steht die Ziege Heiðrún, die dort die Blätter des Baumes Léraðr abrupft und aus ihrem Euter den Met rinnen läßt, an dem die gefallen Krieger sich berauschen. Herr der Halle ist Odin, auf dessen Schultern die beiden Raben Huginn und Muninn sitzen und zu dessen Füßen die beiden Wölfe Geri und Freki das Fleisch fressen, das der Gott ihnen zuwirft.

Daß Snorris Darstellung zumindest teilweise vorchristliche Vorstellungen widerspiegelt, zeigt das Skaldengedicht *Eiríksmál*, dessen unbekannter Dichter bald nach der Mitte des 10. Jahrhunderts die Aufnahme des Königs Eirik Blutaxt in der Halle der toten Krieger schilderte. Mit ihm zu vergleichen sind die *Hákonarmál*, in denen der norwegische Skalde Eyvindr skáldaspillir in Anlehnung an die

Darstellung der *Eiríksmál* den Empfang des Königs Hákon Aðalsteinsfóstri in Valhǫll beschreibt.[214] Zweifellos alt ist auch die Verbindung des Gottes Odin mit dem Raben als einem für das Schlachtfeld charakteristischen Tier. So gelten schon in der Skaldendichtung die Raben als Odins Vögel, während Odin *Hrafnáss* («Raben-Ase») heißt.[215] Gleichwohl ist damit zu rechnen, daß Snorri genuin heidnische Vorstellungen dichterisch gestaltet hat, so daß sein Bild von Valhǫll nicht insgesamt in die Wikingerzeit und schon gar nicht in die vorausliegenden Jahrhunderte zurückgespiegelt werden darf. Für das 19. Jahrhundert wurde es dank seiner Anschaulichkeit und wohl auch seines martialischen Charakters wegen dennoch zum Inbegriff germanischer Jenseitsvorstellungen. Walhalla wurde daher auch zum Namen der Ruhmeshalle mit Büsten berühmter Deutscher, die der klassizistische Architekt Franz Karl Leo von Klenze 1830–1842 im Auftrag König Ludwigs I. von Bayern nach dem Vorbild eines dorischen Tempels bei Regensburg erbaute.

Erwähnt sei in diesem Zusammenhang auch die sprachverwandte Bezeichnung «Walküre», die namentlich unter dem Einfluß Richard Wagners nur wenig später im deutschen Wortschatz heimisch wurde.[216] Zugrunde liegt das altnordische Wort *valkyrja* (angelsächsisch *wælcyrge*), das die Bezeichnung des gefallenen Kriegers und als zweiten Bestandteil das Verb *kjósa* «erwählen» enthält (vgl. englisch *choose* sowie deutsch *erkiesen* und *küren*). Ursprünglich bezeichnete man damit vielleicht weiblich vorgestellte Geister, die Einfluß auf den Ausgang eines Kampfes ausüben konnten und die zum Tod bestimmten Krieger auswählten. In dieser Funktion erscheinen sie in dem als *Darraðarljóð* bekannten Gedicht, das in Kapitel 157 der *Saga von Njál* (*Njáls saga*) überliefert ist. Die Saga zitiert den Text des Gedichts im Zusammenhang mit einer Reihe merkwürdiger Geschehnisse, die sich am Karfreitag des Jahres 1014 ereigneten. An jenem Tag, als zwei gewaltige Heere der Iren und Wikinger sich in der Schlacht von Clontarf gegenüberstanden, habe ein Bauer im schottischen Caithness zwölf Frauen beobachtet, die in einer Kammer einen grausigen Webstuhl aufstellten: Männerköpfe dienten als Gewichte, Därme als Fäden, ein Schwert als Schlagbrett und ein Pfeil als Stäbchen zum Ordnen der Fäden. Mehrere Strophen, welche die Frauen dabei sprachen, setzten das Schlachtgeschehen und den Webvorgang in Parallele. Am Ende aber rissen die Frauen das

Gewebe herunter und in Stücke. Im Unterschied zu dieser düsteren Sicht erscheinen die Walküren in den späteren Werken der altnordischen Literatur vielfach vermenschlicht als eine Art von überirdischen Kriegerinnen.

Das Verhältnis der Lebenden zu den Toten

Im Unterschied zum Christentum ist die Vorstellung einer Trennung von Körper und Seele im Augenblick des Todes für die Religion der Germanen nicht ohne weiteres vorauszusetzen. So fehlt denn auch im skandinavischen Raum eine Entsprechung des – etymologisch nicht sicher gedeuteten – Wortes «Seele», wie man es in gotisch *saiwala*, althochdeutsch *sēula*, altsächsisch *seola* und angelsächsisch *sāwol* findet (altnordisch *sāl* wurde erst spät aus dem Angelsächsischen entlehnt).[217] Statt dessen findet man in isländischen Quellen Hinweise auf die Vorstellung einer vom Körper ablösbaren, ihn aber nicht überdauernden Seele, die man trotz ihrer späten Bezeugung als Reflex vorchristlicher Anschauungen ansehen kann. Verbunden sind sie mit dem Begriff *fylgja* (Plural *fylgjur*), der eine Art Doppelgänger des Menschen bezeichnet.[218] Den Schilderungen der Sagas zufolge war eine solche *fylgja* in der Regel unsichtbar, konnte aber in besonderen Krisensituationen im Traum sowie von seherisch begabten Menschen wahrgenommen werden, und zwar zumeist in weiblicher Gestalt oder als Tier. Auf Island leitete man *fylgja* von einem gleichlautenden Verb mit der Bedeutung «folgen» ab, doch handelt es sich dabei vielleicht nur um eine Volksetymologie. Denkbar erscheint auch ein Zusammenhang mit dem ebenfalls gleichlautenden Wort für die Nachgeburt, die im späteren isländischen Volksglauben eine wichtige Rolle spielt. Als eine verwandte Bezeichnung erscheint der Begriff *hamingja*, der einerseits eine Art Schutzgeist, andererseits so etwas wie das personifizierte Glück eines Menschen bezeichnen kann.[219] Dabei läßt die große Spannbreite in der Verwendungsweise beider Begriffe darauf schließen, daß der Sprachgebrauch der uns erhaltenen Texte bereits in hohem Maße von christlichen Seelenvorstellungen, literarisch vermittelten Gedanken der klassischen Antike und wohl auch international verbreiteten Märchenmotiven beeinflußt ist.

Sucht man die ältesten Schriftquellen und das Zeugnis des Grabbrauchtums in Einklang zu bringen, so spricht vieles für die Annahme eines Glaubens an das körperliche Weiterleben der Toten, was in der neuzeitlichen Forschung gerne mit dem Stichwort vom «Lebenden Leichnam» umschrieben wird.[220] Literarisch gestaltet findet man diese Vorstellung im Motiv des grauenerregenden Wiedergängers (*draugr*), der besonders in den Isländersagas eine wichtige Rolle spielt.[221] Charakteristisch dafür ist etwa die Erzählung von Thorolf Bjarnarson in der *Eyrbyggja saga*. Von ihm wird dort erzählt, daß er auch nach seinem Tod des Nachts seine frühere Umgebung so lange terrorisierte, bis sein Sohn den unverwesten Leichnam exhumierte und auf einer Landzunge ein zweites Mal bestattete. Daraufhin herrschte zunächst Ruhe, doch nach dem Tod des Sohnes trieb der Wiedergänger erneut sein Unwesen, so daß man auch dieses Grab öffnete. Wiederum fand man den Leichnam unversehrt, aber «schwarz wie Hel und dick wie ein Rind». Da er kaum vom Fleck zu bewegen war, wälzte man ihn lediglich mit Hilfe einer Hebestange ans Ufer, errichtete dort aus Ästen und Zweigen einen Scheiterhaufen, verbrannte ihn und streute die Asche ins Meer. Bald darauf weidete eine Kuh in der Nähe dieser Stelle und leckte an den Steinen, auf die ein Teil der Asche geweht worden war. Fischer in ihren Booten beobachteten sie und auch ein weiteres, ihnen unbekanntes Rind von apfelgrauer Farbe. Im darauffolgenden Jahr warf die Kuh ein apfelgraues Kalb, das zu einem stattlichen jungen Stier heranwuchs, aber alle Hofbewohner durch sein furchterregendes Gebrüll erschreckte. Als dieser Stier vier Jahre alt war, tötete er seinen Besitzer und lief dann vor seinen Verfolgern in einen Sumpf hinein, in dem er versank und nicht wieder zum Vorschein kam.

Wie stets wäre es zweifellos auch in diesem Fall verfehlt, aus einem Text des 14. Jahrhunderts ohne weiteres auf vorchristliche Vorstellungen aus der Zeit vor der Jahrtausendwende zu schließen. Gleichwohl erscheint der Glaube an die Möglichkeit einer Wiederkehr von Toten durch zahlreiche literarische Parallelen sowie durch archäologische Hinweise auf die rituelle Manipulation von Leichen etwa durch Fesselung oder Zerstückelung gesichert. Es steht daher zu vermuten, daß Lebende und Tote im Verständnis der Germanen – wie auch in dem vergleichbarer Kulturen – sehr viel enger aufeinander bezogen waren, als es der neuzeitlichen europäischen Gewohnheit entspricht.

In diesem Zusammenhang erscheint es angebracht, noch einmal auf das am Ende des vorigen Kapitels angesprochene Motiv der Totenbeschwörung zurückzukommen. Den ältesten Hinweis darauf bietet vielleicht die *Gotengeschichte* des Jordanes (24,121 f.). Ihr zufolge jagte einst der gotische König Filimer jene Zauberinnen (*magas mulieres*), die man in der gotischen Sprache *haljarunae* nenne, in die Einöde, wo sie sich mit unreinen Geistern vermischt und so das Volk der Hunnen erzeugt hätten.[222] Wie die Etymologie des gotischen Wortes vermuten läßt, handelte es sich dabei um eine bestimmte Art von Zauber, die sich auf das Totenreich bezog und daher wie andere Formen des Schadenzaubers bereits vor der Christianisierung unter Strafe stand. Gotisch **haljaruna* entspricht althochdeutsch *helliruna*, das als Übersetzung des lateinischen Wortes *necromantia* «Totenbeschwörung» begegnet, sowie angelsächsisch *helrun*, das im *Beowulf*-Epos das Ungeheuer Grendel bezeichnet und daher wohl in einem allgemeinen Sinn als «Dämon» zu verstehen ist. Als Bezeichnung des Totenbeschwörers (lateinisch *necromanticus*) erscheint im Althochdeutschen ferner der Ausdruck *hleotharsazzo*.[223] Er bezeichnet nach Ausweis seiner Etymologie denjenigen, der sich niedersetzt, um etwas anzuhören, und berührt sich in dieser Bedeutung mit dem altnordischen *útiseta* «draußen sitzen» als Bezeichnung der Weissagung auf Gräbern. Literarisch bezeugt ist die Totenbeschwörung außer in den bereits erwähnten *Baldrs draumar* unter anderem noch in den *Gesta Danorum* (1,6) des Saxo Grammaticus, in Kapitel 40 der *Saga von den Bewohnern der Färöer* (*Færeyinga saga*) sowie als zentrales Motiv im Edda-Lied *Grógaldr* und im sogenannten *Hervörlied* (*Hervararkviða*).[224] Wenn der Tote in den *Gesta Danorum* wie in den *Baldrs draumar* seinen Unwillen über die Befragung bekundet, so erinnert dies an die biblische Schilderung der Befragung des toten Samuel durch Saul mit Hilfe der Totenbeschwörerin von Endor (1 *Samuel* 28). Daß die altnordischen Schilderungen an sich jedoch vorchristliche Vorstellungen der Germanen widerspiegeln, darf als wahrscheinlich gelten.

7.
DIE RELIGION IN DER GESELLSCHAFT

Wie bereits festgestellt, beruht eine augenfällige Übereinstimmung zwischen den Bodenfunden und den literarischen Darstellungen der antiken Autoren darin, daß beide die Religion der Germanen weniger als eine freiwillige Leistung des Individuums denn vielmehr als eine kollektive Pflicht der Gesellschaft insgesamt erscheinen lassen. Besonders deutlich wird dies in der engen Verbindung zwischen Religion und Recht, im Bezug der Religion zum Krieg und in der scharfen Abgrenzung der kollektiv vollzogenen Religion vom individuell geübten Zauber.

Religion und Recht

Da sich die vorchristliche Religion in erster Linie im Kult manifestierte, galt die Beachtung der Kultvorschriften als wesentliche Voraussetzung dafür, daß den Göttern die ihnen schuldige Ehrfurcht erwiesen wurde. Entsprechende Regelungen von zeitlich und räumlich begrenzter Geltung spiegeln sich etwa in den Bemerkungen des Tacitus über die besonderen Vorschriften beim Betreten des Heiligen Hains der Semnonen (*Germania* 39,2) und über das Verbot des Waffentragens während des Kultfestes der Nerthus (*Germania* 40,3). Dem römischen Historiker zufolge hatten die Priester das Recht, Verstöße gegen ihre Anordnungen zu ahnden (*Germania* 11,2), doch ist über die Art der Strafen nichts Näheres bekannt. Daß man bei Störungen des Kultablaufs den Zorn der Gottheit fürchtete, bezeugt ein Jahrtausend später das bereits erwähnte Erlebnis des christlichen Skalden Sighvatr Þórðarson, dem man im Jahr 1018 auf einer Reise durch das noch heidnische Schweden an mehreren Höfen während der Kultfeier des *álfablót* den Zutritt verweigerte.[225]

Schwerer als die Mißachtung oder Vernachlässigung einzelner Kultvorschriften wog natürlich die pauschale Verweigerung der Teilnahme am Kult. So berichtet schon im 9. Jahrhundert Rimbert im 31. Kapitel seiner *Lebensbeschreibung des heiligen Ansgar*, daß in Dänemark ein Teil der Bevölkerung wegen der Zulassung des Christentums und der damit verbundenen Vernachlässigung des heidnischen Kults den Zorn der Götter und entsprechende nachteilige Folgen für das ganze Land befürchtete. In ähnlicher Weise führte man ein gutes Jahrhundert später in Norwegen Mißernten und Einbußen beim Fischfang auf den Zorn der Götter wegen der Mißachtung ihres Kults durch die Hinwendung der Herrscher zum Christentum zurück. Umgekehrt frohlockt der Verfasser des auf den heidnischen Fürsten Hákon Sigurðarson gedichteten Preislieds *Vellekla*, daß sich die Götter trotz der Angriffe auf ihren Kult nun wieder den Opfernden zuwendeten und die Erde wieder grüne. Die kollektive Pflicht zum Opfern bezeugt schließlich noch im 11. Jahrhundert eine Bemerkung Adams von Bremen (*Bischofsgeschichte der Hamburgischen Kirche* 4,27), derzufolge sich niemand von der zentralen heidnischen Kultfeier in Uppsala ausschließen durfte und Christen sich von der Teilnahme daran durch eine besondere Abgabe loskaufen mußten.

Gerade in den Auseinandersetzungen während der Christianisierung blieb es jedoch vielerorts nicht bei der Aufhebung der alten Kulte. Vielmehr wurden – besonders bei erzwungenen Übertritten – auch die alten Kultstätten systematisch zerstört und geplündert, um der Bevölkerung die Machtlosigkeit der alten Götter vor Augen zu führen und einem Wiederaufleben der mit ihnen verbundenen Kulte vorzubeugen. Daß man auf heidnischer Seite die Entweihung von Kultstätten als eine todeswürdige Gotteslästerung betrachtete, bezeugt ausdrücklich die um 790 verfaßte *Vita Willibrordi*. Besondere Beachtung verdienen in diesem Zusammenhang zwei Stellen in der vermutlich im frühen 9. Jahrhundert aufgezeichneten *Lex Frisionum*.[226] Dort heißt es in der sogenannten *Additio XI* unter der Überschrift *De honore templorum*: Wer ein Heiligtum aufgebrochen und dort etwas von den Weihegegenständen weggenommen hat, wird ans Meer geführt und auf dem Strand, den die Flut regelmäßig bedeckt, an den Ohren verstümmelt, entmannt und den Göttern, deren Tempel er entweiht hat, geopfert. In Übereinstimmung damit zählt Artikel 5,1 der *Lex Frisionum* den Tempelschänder (*qui fanum effregit*) zu den Menschen, die bußgeldlos getötet werden dürfen. Sehr wahrscheinlich gehen diese Bestimmungen letztlich auf das vorchristliche friesische Recht zurück. Auf die Frage, wie sie in die ansonsten christlich geprägte *Lex Frisionum* gelangen konnten, hat man jedoch bis heute keine befriedigende Antwort gefunden. Daß auch rein verbale Schmähungen der Götter unter Strafe standen, zeigt das Schicksal des Isländers Hjalti Skeggjason. Er hatte sich schon vor dem offiziellen Übertritt Islands zum Christentum bekehrt und wurde auf dem Allthing im Sommer 999 aufgrund eines Spottgedichts auf die Göttin Freyja wegen Gotteslästerung (*goðgá*) geächtet, wie Kapitel 10 der *Kristni saga* berichtet.

Vor der Volksversammlung kann man auch Klage erheben und ein Verfahren auf Leben und Tod anstrengen. Die Strafen sind je nach dem Vergehen verschieden: Verräter und Überläufer hängen sie an Bäumen auf. Feiglinge, Kriegsscheue und solche, die körperlich geschändet wurden, versenken sie, nachdem sie ein Flechtwerk aus Zweigen über sie geworfen haben, im schlammigen Sumpf. Die unterschiedliche Art der Hinrichtung zielt darauf ab, daß man Verbrechen bei ihrer Bestrafung anprangern, Schandtaten aber verbergen müsse.

So schreibt Tacitus im Anschluß an seine Schilderung der Volksversammlung über die Rechtsprechung der Germanen (*Germania* 12,1). Wie auch sonst des öfteren unterstellt er dabei in seiner moralisierenden Schlußbetrachtung den Germanen spezifisch römische Vorstellungen, so daß man den letzten Satz des Zitats nicht als Umschreibung germanischer Auffassungen deuten sollte. Was der römische Historiker davor schildert, fand nicht zuletzt wegen der zahlreichen Moorleichenfunde vor allem in Norddeutschland, den Niederlanden und Dänemark von jeher besondere Aufmerksamkeit. Einmal mehr wirft jedoch das Verhältnis des Textes zur archäologischen Überlieferung einige nur schwer zu beantwortende Fragen auf.[227]

Zunächst ist festzustellen, daß Tacitus – wie auch sonst – bei den Germanen altrömische Verhältnisse wiederzufinden glaubt: Auch im republikanischen Rom war die Entscheidung über Todesurteile der Volksversammlung vorbehalten (Cicero, *De legibus* 3,6). Schon zur Zeit der frühen Könige wurden Hochverräter an einem Baum erhängt (Livius, *Ab urbe condita* 1,26,6), und auch die entehrende Strafe des Ertränkens war damals nicht unbekannt (ebenda 1,51,9). Daß diese Parallele dem Autor sehr wohl bewußt war, zeigt sein Gebrauch der Wendung *iniecta insuper crate* («nachdem sie ein Flechtwerk aus Zweigen über sie geworfen haben»), die ganz ähn-

Abb. 7: Kopf der Moorleiche von Tollund in Dänemark

lich (*crate superne iniecta*) auch bei Livius zu finden ist. Lange Zeit umstritten war die Bedeutung des Ausdrucks *corpore infames*, bei der man wegen der Zusammenstellung mit Feiglingen und Kriegsscheuen auch an das Delikt der Selbstverstümmelung gedacht hat. Der taciteische Sprachgebrauch außerhalb der *Germania* (z. B. *Annalen* 1,73,2, 15,49,4 und 13,30,2) erweist ihn jedoch als eine Bezeichnung von Menschen, die sich sexuell mißbrauchen ließen.

Ein Vergleich der taciteischen Schilderung mit dem archäologischen Befund steht zunächst vor dem Problem, daß viele Moorleichen in der Vergangenheit mit unzulänglichen Mitteln untersucht wurden, so daß sich wichtige Fragen nicht mehr beantworten lassen. Dies betrifft insbesondere die Datierung, aber auch das Lebensalter, die Todesursache, den genauen Fundort, den Zustand der Leiche und das Vorhandensein weiterer Gegenstände. Eine Zusammenstellung all jener Fälle, in denen diese Fragen mit einiger Sicherheit geklärt werden konnten, läßt vermuten, daß Tote von der Jungsteinzeit bis in die Neuzeit unter ganz verschiedenen Umständen ins

Moor gelangen konnten. Dabei ist durchaus nicht in jedem Fall von einer gezielten Tötung auszugehen: Denkbar erscheint auch, daß einige der betreffenden Personen im Moor verunglückten, während andere vielleicht eines natürlichen Todes starben und lediglich aus uns unbekannten Gründen im Moor bestattet wurden. Wo Spuren von Gewalteinwirkung auf eine absichtsvolle Tötung hinweisen, lassen die Fundumstände mitunter sowohl eine Hinrichtung als auch ein Menschenopfer oder einen Todesfall infolge gewaltsamer Auseinandersetzungen denkbar erscheinen (Abb. 7).

Zu erwähnen ist in diesem Zusammenhang die sogenannte Strafopfertheorie, derzufolge die Hinrichtung von Rechtsbrechern bei den Germanen ganz allgmein als Opfer zu verstehen sei, da man die Götter als Garanten des Rechts betrachtet habe. Verbunden mit dem Namen des Rechtshistorikers Karl von Amira (1848–1930), fand diese Theorie zunächst weithin Zustimmung. Heute steht man ihr jedoch überwiegend skeptisch gegenüber, da sie vor allem auf Zeugnissen aus dem christlichen Mittelalter beruht, deren vorchristlicher Ursprung vielfach fraglich erscheint.[228]

Religion, Krieg und Herrschaft

Von den verschiedenen Methoden zur Erkundung des göttlichen Willens vor Beginn einer Schlacht, der Weihung des gegnerischen Heeres an den Kriegsgott und der Opferung der Beute und der Kriegsgefangenen im Falle des Sieges war bereits mehrfach die Rede. Die bedeutende Rolle der Religion im Zusammenhang mit Kampfhandlungen und nicht zuletzt die ausführliche Darstellung militärischer Konfrontationen in der antiken Literatur tragen gleichermaßen dazu bei, daß uns die religiösen Bezüge der Kriegführung besser bekannt sind als viele andere Aspekte der germanischen Religion. Ein charakteristisches Beispiel dafür bietet Tacitus (*Germania* 31,1):

Etwas, das auch bei anderen germanischen Völkern vorkommt – dort aber selten ist und auf den persönlichen Wagemut des einzelnen zurückgeht –, ist bei den Chatten zu einem allgemeinen Brauch geworden: Sobald sie herangewachsen sind, lassen sie Haar und Bart wachsen, und erst nach der Tötung eines Feindes legen sie diese Kopftracht als ein Gelübde und eine Verpflichtung zur

Tapferkeit ab. Über den blutbefleckten erbeuteten Waffen machen sie die Stirn frei und erklären, nun erst hätten sie den Preis für ihre Geburt erstattet und seien der Heimat und ihrer Eltern würdig.

Was der römische Historiker hier als eine allgemeine Sitte der Chatten beschreibt, berichtet er in anderem Zusammenhang vom konkreten Fall des Batavers Iulius Civilis, der 70 n. Chr. einen allgemeinen Aufstand seines Stammes gegen die Römer anführte (*Historien* 4,61,1):

Einem barbarischen Gelübde entsprechend hatte Civilis nach der Eröffnung des Krieges gegen die Römer sein rot gefärbtes Haar lang wachsen lassen und schnitt es erst nach der Vernichtung der Legionen wieder ab.

Erwähnt wird dieser Brauch ferner von seinem Zeitgenossen Silius Italicus, der in seinem Epos *Punica* (4,200–203) den Tod eines keltischen Kriegers aus der Zeit Hannibals mit den Worten beschreibt:

Zu Boden sinkt Sarmens, der für den Fall eines Sieges das blonde, goldgleiche Haupthaar und den rötlichen Knoten unterhalb des Scheitels dir, Gradivus, zu weihen gelobte.

Daß die Weihung des Haupthaars an einen Kriegsgott hier schon den Kelten des 3. Jahrhunderts v. Chr. zugeschrieben wird, könnte vermuten lassen, Tacitus habe dieses Motiv in der ethnographischen Literatur vorgefunden und auf die Germanen seiner Zeit übertragen. Ebensogut kann aber natürlich Silius Italicus seine Schilderung zeitgenössischen Berichten über die Germanen entnommen und in die ferne Vergangenheit zurückgespiegelt haben. Dafür spricht vielleicht die Erwähnung eines Haarknotens (*nodus*), den Tacitus in der *Germania* (38,2) als ein besonderes Kennzeichen der germanischen Sueben erwähnt und den man ansonsten nicht bei den Kelten, wohl aber aus antiken Germanendarstellungen sowie durch Moorleichenfunde kennt. Das Haaropfer an sich kann deswegen den Kelten durchaus bekannt gewesen sein, wie es ja auch in der antiken Literatur für Griechen und Römer mehrfach bezeugt ist.[229]

Einen weiteren, vielleicht ebenfalls religiös motivierten Kriegsbrauch schreibt Tacitus dem Stamm der Harier zu (*Germania* 43,4):

Als grimmige Krieger übertreffen die Harier die soeben aufgezählten Stämme an Stärke, wobei sie ihre Wildheit durch künstliche Mittel und die Wahl des rechten Zeitpunkts noch erhöhen: Schwarz sind die Schilde, bemalt die Leiber.

Finstere Nächte wählen sie für den Kampf und verbreiten allein schon durch das Düstere und Schattenhafte ihres gespenstischen Heeres Entsetzen. Kein Feind hält dem ungewohnten und gleichsam infernalischen Anblick stand, denn in allen Kämpfen werden zuerst die Augen bezwungen.

In der neueren Forschung viel besprochen, ist die religionsgeschichtliche Deutung dieser Stelle bis heute umstritten: Beruht der Ausdruck «Gespensterheer» (*feralis exercitus*) auf einer Assoziation des römischen Historikers, oder erstrebten die so beschriebenen Krieger tatsächlich eine rituelle Identifikation mit den Toten? Zweifellos bestand der Zweck dieser und ähnlicher Bräuche jedenfalls darin, den Zusammenhalt der Kämpfer zu stärken und zugleich die Widerstandskraft des Gegners von vorneherein zu schwächen. Vergleichbare Hinweise auf die Funktion der Religion im Rahmen einer Art psychologischer Kriegführung bieten antike Autoren auch sonst. So etwa schildert Tacitus (*Historien* 4,14,2 und 15,1) den Auftakt zum oben erwähnten Aufstand der Bataver unter ihrem Anführer Civilis wie folgt:

Civilis lud die Vornehmsten des Stammes und die von der Volksmenge am festesten zum Handeln Entschlossenen unter dem Vorwand eines Gastmahls in einen heiligen Hain. Als er sah, daß sie durch die nächtliche Hochstimmung in Hitze geraten waren, sprach er zunächst vom Verdienst und vom Ruhm des Stammes, um dann die Ungerechtigkeiten, Räubereien und sonstigen Übel seiner sklavischen Abhängigkeit aufzuzählen. [...] Nachdem man ihn mit großer Zustimmung angehört hatte, vereidigte er alle entsprechend dem Ritus der Barbaren und unter den landesüblichen Schwüren.

In wesentlichen Zügen entspricht dieser Schilderung das Bild, das Tacitus im 11. Kapitel seiner *Germania* von der germanischen Stammesversammlung entwirft: Auch dort bestätigen die Hinweise des Historikers auf einen Versammlungsbeginn bei Neu- oder Vollmond und auf die Ordnungsfunktion der Priester die religiösen Bezüge der Einrichtung. Beide Darstellungen sind nicht ohne literarische Vorbilder, berichtet doch schon Caesar mit Bezug auf die Gallier von der Einberufung einer bewaffneten Stammesversammlung als ersten Schritt zur Kriegseröffnung (*Der Gallische Krieg* 5,56,2). Vermutlich beruht die Ähnlichkeit der betreffenden Schilderungen jedoch weniger auf einer literarischen Abhängigkeit als vielmehr auf grundlegenden Übereinstimmungen in der politischen und religiösen Wirklichkeit. Dies dürfte auch für die antiken Berichte über den

Gebrauch von Tierstandarten als Feldzeichen gelten, der für Kelten und Germanen durch literarische Hinweise und bildliche Darstellungen in gleicher Weise bezeugt ist. So berichtet schon im 2. Jahrhundert v. Chr. der Historiker Polybios von goldenen Feldzeichen, welche die Kelten Oberitaliens in Friedenszeiten in einem Heiligtum der Athene (das heißt einer mit der griechischen Athene gleichgesetzten einheimischen keltischen Göttin) aufbewahrten (*Historien* 2,32,6). In ähnlicher Weise berichtet Tacitus über «die aus Wäldern oder Hainen hervorgeholten Bilder wilder Tiere», mit denen die Germanen während des Bataveraufstands im Jahr 69 n. Chr. in den Kampf zogen (*Historien* 4,22,2).

In anderem Zusammenhang erklärt der römische Historiker den militärischen Gebrauch geweihter Bilder und Symbole damit, daß nach germanischer Vorstellung die Gottheit den Kriegern unmittelbar zur Seite stehe (*Germania* 7). Zweifellos wurden die von antiken Autoren erwähnten Tierstandarten jedoch nicht allein aus religiösen oder magischen Motiven mitgeführt, sondern sollten auch einen geordneten Aufmarsch der Krieger gewährleisten. Den naheliegenden Vergleich mit den römischen Legionsadlern zog bereits Tacitus, als er in seiner Schilderung des Aufmarschs germanischer Truppen unter Arminius acht Jahre nach der Schlacht im Teutoburger Wald feststellte (*Annalen* 2,45,2): «Die langen Kämpfe gegen uns hatten sie daran gewöhnt, Feldzeichen zu folgen.»

Mit Blick auf das Verhältnis von Religion und Krieg bei den Germanen stellt sich schließlich auch die Frage nach einer möglichen religiösen Legitimation politischer Herrschaft, die in der altgermanistischen Forschung unter dem Stichwort «Sakralkönigtum» lange Zeit kontrovers diskutiert wurde.[230] Eine erstes Problem ergibt sich hier bereits in der verwendeten Begrifflichkeit, da man den Ausdruck «Sakralkönigtum» häufig zur Bezeichnung der Verbindung ritueller und politischer Funktionen in der Person des Herrschers verwendete, gelegentlich aber auch in einem engeren Sinn auf die kultische Verehrung des lebenden Königs beschränkte. Dabei besteht die Hauptschwierigkeit nach wie vor in dem bruchstückhaften und mehrdeutigen Charakter unserer Quellen: Strittig ist hier oft nicht nur die richtige Deutung eines Textes, sondern auch die Frage, inwiefern man die betreffende Aussage verallgemeinern darf. Daß Könige als Repräsentanten der Kultgemeinschaft im Opferwesen eine wichtige Rolle spielen konnten, gilt als sicher. Da man das Wohlergehen der Kultgemeinschaft von der ordnungsgemäßen Durchführung der Opfer abhängig glaubte, konnte man die Könige vermutlich auch unmittelbar für das Wohlergehen der Gesellschaft verantwortlich machen. Daß man jedoch den Königen selbst die Fähigkeit zusprach, dieses Wohlergehen gleichsam unabhängig vom Willen der Götter zu gewährleisten, erscheint kaum glaubhaft. Ein an die Person des Herrschers gebundenes «Königsheil» erweist sich bei näherem Hinsehen als ein Konstrukt der modernen Forschung, wie überhaupt die mittelalterlichen Aussagen über das «Glück» der Könige von antiken Vorstellungen über die *fortuna* bzw. *týchē* des Herrschers beeinflußt erscheinen. Dementsprechend fehlen in der germanischen Kultur auch eindeutige Zeugnisse dafür, daß man den Königen selbst kultische Verehrung erwies. Anders steht es dagegen mit der Annahme einer (halb-)göttlichen Abstammung der Könige, die aufgrund zahlreicher Hinweise zwar nicht schlüssig zu beweisen ist, aber doch immerhin möglich erscheint. Vergleichbare Anschauungen findet man aber auch im frühen Griechenland und in anderen Kulturen, wobei man die praktische politische Bedeutung einer solchen Vorstellung nur schwer abschätzen kann.

Religion und Magie

Mit dem obigen Hinweis auf eine religiöse oder magische Funktion der germanischen Tierstandarten sind zwei Stichwörter gefallen, die in der modernen Literatur über die Religion der Germanen eine wichtige Rolle spielen, deren Berechtigung aber nur selten eigens erörtert wird. Um hier die erforderliche begriffliche Klarheit zu schaffen, gilt es zunächst, die moderne Verwendungsweise der Begriffe «Magie» und «Religion» sowie deren historische Voraussetzungen näher ins Auge zu fassen.[231]

«Er war ein großer Opferer (*blótmaðr mikill*) und zauberkundig (*fjǫlkunnigr*)», heißt es von einem wohlhabenden Heiden im 37. Kapitel der *Saga von Egil* (*Egils saga*). Diese auch sonst noch vielfach bezeugte Wendung bringt einen charakteristischen Zug der mittelalterlich-christlichen Beurteilung heidnischer Religionen zum Ausdruck: An die Stelle der vorchristlichen Unterscheidung zwischen der öffentlichen, in jedem Fall erlaubten oder sogar zwingend gebotenen Religion und dem rein privaten, mitunter verbotenen Zauber tritt der Gegensatz zwischen dem Christentum als der wahren Religion und dem Heidentum als einer teils öffentlichen, teils privaten Form von Zauberei.

Von der christlichen Theologie übernahm die frühe Religionswissenschaft die Gegenüberstellung von Magie und Religion, wobei man den Unterschied vielfach an der – tatsächlich nachweisbaren oder auch nur vermuteten – Gesinnung der beteiligten Personen festmachte: Galt Religion als (angemessene) Haltung des Bittenden, der die Erfüllung seiner Bitte dem Gott anheimstellt, so sah man im Zauber die (unangemessene) Haltung dessen, der durch eine bloße Kenntnis entsprechender Worte und Handlungsweisen Zwang ausüben zu können glaubt. Ergänzt wurde diese Sichtweise durch die Beobachtung, daß die Religion in der Antike zumeist eine Angelegenheit des Kollektivs darstellte, wohingegen man den Zauber in der Regel privat ausübte: Wurden Schutz-, Heil- und Abwehrzauber in diesem Rahmen vielfach toleriert, stand auf Schadenzauber auch schon in den polytheistischen Religionen häufig die Todesstrafe.

Abgesehen von solchen rein strukturellen Merkmalen sah jedoch gerade die evolutionistisch eingestellte Religionswissenschaft der Zeit um 1900 in Magie und Religion zwei historisch aufeinanderfolgende Epochen der menschlichen Entwicklung, so daß man vermeintlich urtümliche Bräuche gerne als «magisch» bezeichnete und den Gebrauch der Bezeichnung «religiös» auf vermeintlich weiter entwickelte Phänomene beschränkte. Tatsächlich handelt es sich dabei aber um reine Spekulation, da man den Ursprung historisch bezeugter Riten nicht bis in die vorgeschichtliche Zeit zurückverfolgen kann und der postulierte Übergang vom magischen zum religiösen Denken nur eine phantasievolle Konstruktion darstellt. In der Vergleichenden Religionswissenschaft ist man daher mit dem Gebrauch der Begriffe «Magie» und «magisch» aus guten Gründen vorsichtig geworden, doch erscheinen beide Bezeichnungen insbesondere in der populärwissenschaftlichen Literatur noch vielfach unterschiedslos nebeneinander. Mitunter begegnet hier sogar die vom Wortsinn her widersinnige Verbindung «magisch-religiös», die letztlich wenig mehr besagt als «augenscheinlich nicht profan».

Daß die Germanen selbst zwischen Magie und Religion genau unterschieden hätten, muß als unwahrscheinlich gelten. Dies zeigt schon das Fehlen alter, gemeingermanischer Entsprechungen für diese beiden in den Kulturen des Mittelmeerraums streng getrennten Bezeichnungen. Aufschlußreich ist immerhin die Geschichte des Wortes *Zauber*, da althochdeutsch *zoubar* sowohl die Zauberhandlung als auch die Zaubermittel bezeichnet, altnordisch *taufr* sich durchweg auf die Mittel bezieht und angelsächsisch *téafor* neben der Bedeutung «Mixtur, Salbe» noch die Bedeutung «Ocker, Rötel» aufweist.[232] Obschon außergermanische Entsprechungen des Wortes fehlen, handelt es sich dabei vielleicht um eine alte Farbbezeichnung, wobei man die weiteren, abgeleiteten Bedeutungen des Wortes mit der häufigen rituellen Verwendung der Farbe Rot erklären könnte. «Rituell» bedeutet aber nicht zwangsläufig «magisch», und wenn althochdeutsch *zoubar* zur Übersetzung der lateinischen Begriffe *maleficium* und *sacrilegium* verwendet wird, so könnte dies durchaus auf einer späteren Bedeutungsverengung im Rahmen der Christianisierung beruhen.

Einen deutlichen Bezug zum Bereich des Schadenzaubers zeigt demgegenüber althochdeutsch *luppi* als Übersetzung von lateinisch *maleficium*, für das man im Hinblick auf altirisch *luib* «Kraut, Pflanze» eine Bedeutungsentwicklung von «Kraut» über «Giftkraut» hin zu «Zaubermittel» annimmt.[233] Begünstigt wurde diese Entwicklung zweifellos dadurch, daß der Giftmord auch in der Antike als Verbrechen und als Zauber geahndet werden konnte. Nicht von ungefähr bedeutet daher auch lateinisch *venenum* zugleich «Gift» und «Zaubermittel», und der Doppelsinn von griechisch *phármakon* («Gift» und «Arznei») erklärt sich vielleicht aus einer ursprünglichen Grundbedeutung «Zaubermittel». Dementsprechend übersetzt die gotische Bibel im *Galaterbrief* (5,20) den Ausdruck *pharmakeía* «Zauberei» mit *lubjaleisei* «Giftmischerei», und im *Zweiten Timotheusbrief* (3,13) findet man zu der Wendung «böse Menschen und Betrüger» (*ponēroí ánthropoi ka góētes*) am Rand den verdeutlichenden Zusatz *lubjaleisai* «Zauberer» (eigentlich «Giftmischer»).

Als eine alte Bezeichnung des Zauberspruchs findet man im Althochdeutschen *galdar* und *galstar*, das angelsächsisch *gealdor* und altnordisch *galdr* entspricht und sich nach Ausweis der Etymologie (zu neuhochdeutsch *gellen* und *Nachtigall*) auf den lauten und vernehmlichen Gesang bezog.[234] Im Altnordischen begegnet darüber hinaus vor allem als Bezeichnung des Schadenzaubers das Wort *seiðr*, dessen vorchristliche Herkunft wegen der Verwandtschaft mit kymrisch *hud* «Zauber» auch dann außer Frage steht, wenn man den Quellenwert der Schilderungen vorchristlicher Zauberpraktiken in den uns erhaltenen mittelalterlich-christlichen Texten in Frage stellen muß.

Sucht man in der archäologischen Überlieferung nach Anknüpfungspunkten für eine Unterscheidung zwischen Magie und Religion, so ist noch einmal an die vielfach mit Runen versehenen Brakteaten zu erinnern, die augenscheinlich als schadenabwehrende Amulette oder glückbringende Talismane getragen wurden. Ob man ihre Funktion als «magisch» oder besser als «religiös» bezeichnen sollte, läßt sich jedoch kaum entscheiden. Zwar ist ein Bezug zum gemeinschaftlich geübten Kult bei ihnen nicht ohne weiteres ersichtlich, doch könnten das Bild und der Name des Gottes Odin sehr wohl an eine Funktion der Brakteaten im Rahmen der persönlichen Frömmigkeit denken lassen. Die gängige Vermutung, der Träger habe sich von ihnen einen «magischen» Schutz verprochen, wird demgegenüber durch Textzeugnisse nicht gestützt und beruht vielleicht nur auf vorgefaßten Meinungen über den urtümlichen Charakter der völkerwanderungszeitlichen Religiosität.

Zahlreiche Belege für den Gebrauch von Amuletten entdeckte man bei der archäologischen Untersuchung von angelsächsischen Körpergräbern aus der vorchristlichen Zeit.[235] Gegenstände wie Adlerklauen und Wolfszähne waren häufig durchbohrt und wurden vermutlich an einem Faden um den Hals getragen, während andere wie etwa Fossilien sich in kleinen Beuteln oder ähnlichen Behältnissen befanden. Da ein Zusammenhang mit dem Götterkult nicht erkennbar ist, könnte man den Gebrauch solcher Amulette dem Bereich des Zaubers oder der Magie zuordnen, doch sollte man daraus nicht auf einen Gegensatz zur gleichzeitig geübten Religion schließen. Im übrigen kann man bei derartigen Grabbeigaben nur selten mit letzter Sicherheit entscheiden, ob die betreffenden Personen das Amulett bereits zu Lebzeiten mit sich führten, oder ob man es ihnen erst für die Bestattung mit ins Grab gab.

Zu erwähnen sind in diesem Zusammenhang noch Zaubersprüche, die sich in der angelsächsischen und althochdeutschen Überlieferung erhalten haben. Als Ausläufer einer längeren mündlichen Überlieferung gelten im angelsächsischen Bereich ein Dutzend metrisch gebundener altenglischer Sprüche, deren handschriftliche Überlieferung jedoch nicht vor die Mitte des 10. Jahrhunderts zurückreicht. Sie lassen in den uns erhaltenen Fassungen mit ihren Anrufungen Gottes, Marias und der Heiligen bereits deutlich christlichen Einfluß erkennen und dienten Zwecken wie dem Erhalt der Fruchtbarkeit der Felder und der Wiedererlangung verlorenen oder gestohlenen Viehs sowie besonders häufig der Abwehr von Krankheiten.[236] Wichtigste Zeugen heidnischer Überlieferung im althochdeutschen Bereich sind die beiden sogenannten *Merseburger Zaubersprüche.*[237] Dabei handelt es sich um zwei kurze Sprüche in stabreimenden Langzeilen, die in einer Sammelhandschrift geistlichen Inhalts aus dem 10. Jahrhundert zur Aufzeichnung gelangten. Der Name bezieht sich auf das Merseburger Domkapitel als dem Aufbewahrungsort der Handschrift, doch ist ihre Herkunft unbekannt. Der erste Spruch dient möglicherweise der Befreiung eines gefesselten Kriegsgefangenen, während der zweite augenscheinlich die Heilung eines lahmenden Pferdes zum Ziel hat. Dieser Text steht vermutlich im Zusammenhang mit Darstellungen eines lahmenden Pferdes auf völkerwanderungszeitlichen Brakteaten, doch sind der gedankliche Zusammenhang der einzelnen Zeilen wie auch die Deutung bestimmter Schlüsselwörter in beiden Merseburger Zaubersprüchen umstritten. Über die Funktion der Sprüche in der vorchristlichen mündlichen Überlieferung kann man nur spekulieren.

8.

DIE RELIGION IN DER GESCHICHTE

Angesichts der Problematik des modernen Germanenbegriffs suchte die vorliegende Darstellung dem Leser durch die chronologische und geographische Anordnung der Belege innerhalb der einzelnen Kapitel und ihrer Unterabschnitte eine Vorstellung davon zu vermitteln, mit welchen Veränderungen der Kulte, Riten und Mythen während des behandelten Zeitraums zu rechnen ist und welche regionalen Sonderentwicklungen dabei zu verzeichnen sind. Ebenso wichtig wie die historische Differenzierung innerhalb der germanischen Kultur erscheint jedoch die Einbettung der geschilderten Phänomene in die allgemeine Religionsgeschichte, die sich – legt man den antiken Germanenbegriff zugrunde – von der Zeit um Christi Geburt bis weit in die schriftlose Vorzeit erstreckt. Mit dieser historischen Perspektive steht die vorliegende Darstellung in der Tradition fast aller Bücher zum Thema, die Kulte und Mythen der Germanen im allgemeinen nicht rein strukturell und losgelöst von ihrem historischen Kontext, sondern als Ergebnis einer längeren religionsgeschichtlichen Entwicklung zu verstehen und zu beschreiben suchen. Eine wichtige Rolle spielte in diesem Zusammenhang von jeher die Vergleichende Sprachwissenschaft, aus deren Ergebnissen schon Jacob Grimm Rückschlüsse auf die geistige Welt der Germanen und ihrer Vorfahren im 1. und 2. vorchristlichen Jahrtausend zog. Um die Zurückhaltung des vorliegenden Buches gerade in dieser Hinsicht besser einschätzen zu können, erscheint an dieser Stelle ein Blick auf die methodischen Grundlagen dieser Sichtweise angebracht.[238]

Germanen und Indogermanen

Die von Franz Bopp (1791–1867) begründete Indogermanische Sprachwissenschaft nahm ihren Ausgangspunkt von der Beobachtung, daß die lautlichen Übereinstimmung zwischen dem Griechischen, Altindischen, Lateinischen, Gotischen und einigen anderen Sprachen der Alten Welt sich durch die Annahme der Entwicklung aus einer gemeinsamen Ur- oder Grundsprache erklären lassen. Wie man französisch *père* und italienisch *padre* auf eine beiden Wörtern zugrundeliegende ältere Form *patrem* (zu lateinisch *pater* «Vater») zurückführen kann, so lassen sich mit den Methoden der Vergleichenden Sprachwissenschaft lateinisch *pater*, griechisch *patēr*, altirisch *athair*, altindisch *pitā* und einige weitere gleichbedeutende Bezeichnungen in anderen indogermanischen Sprachen aus einer gemeinsamen Grundform *ph_2tḗr «Vater» ableiten.

Wenn man ein Wort in allen oder den meisten räumlich weit auseinanderliegenden indogermanischen Sprachen nachweisen konnte, lag die Annahme nahe, es sei bereits im Wortschatz der indogermanischen Grundsprache vorhanden gewesen. Einen Schritt weiter ging bereits die Vermutung, man könne aus dem Vorhandensein entsprechender Wörter Rückschlüsse auf die natürliche Umwelt und Kultur der Sprecher jener indogermanischen Grundsprache ziehen. Frühe Beispiele für dieses Verfahren findet man bereits bei Jacob Grimm, der etwa in griechisch Zeus, altindisch Dyaus und altnordisch Týr die Fortsetzer einer gemeinindogermanischen Bezeichnung des Himmelsgottes sah und allein aufgrund der sprachlichen Gleichung den Sprechern der indogermanischen Grundsprache den Kult eines Himmelsgottes zuschrieb. Als dann jedoch im letzten Drittel des 19. Jahrhunderts die sogenannten Junggrammatiker mit ihrem Postulat der «Ausnahmslosigkeit der Lautgesetze» die oft intuitiven und spekulativen Vergleiche der frühen Indogermanistik einer strengen Kritik unterzogen und viele Gleichungen gerade im Bereich der Götternamen verwarfen, gerieten auch die Versuche einer Rekonstruktion der indogermanischen Religion und Mythologie in Mißkredit. Eine unmittelbare Folge davon war die Annahme einer vergleichsweise jungen, einzelsprachlichen Entstehung der meisten Götter und Götternamen, wie sie im dritten Kapitel des vorliegenden Buches im Zusammenhang mit dem Begriff der «niederen Mythologie» erwähnt wurde.

Einen neuen Aufschwung nahm die Erforschung der indogermanischen Religion seit den Dreißiger Jahren des 20. Jahrhunderts durch die Arbeiten des Franzosen Georges Dumézil (1898–1986), der unter dem Einfluß soziologischer Betrachtungsweisen in einer langen Reihe sprach- und religionsvergleichender Studien die Theorie einer indogermanischen «Ideologie der drei Funktionen» entfaltete. Dieser Theorie zufolge beruhte das Weltbild der Indogermanen ebenso wie ihre Gesellschaftsordnung und ihr polytheistisches Göttersystem auf einer hierarchischen Dreigliederung, welche die grundlegenden Funktionen der Herrschaft (*souveraineté*), des Kriegswesens (*force*) und der Fruchtbarkeit (*fécondité*) zum Ausdruck brachte. Einen wesentlichen Anteil am weitreichenden Erfolg dieses Modells hatte zum einen die bestechende Originalität vieler Kombinationen Dumézils, die häufig völlig neue Perspektiven zu eröffnen schienen, zum anderen die außerordentliche Spannweite seiner Interessen und Kenntnisse, die vielen stärker spezialisierten Mitforschenden eine genaue Nachprüfung seiner Vergleiche erschwerte, wenn nicht gar unmöglich machte. Hinzu kam der von Walter Baetke so genannte *horror vacui* vieler Forscher, die sich mit dem Eingeständnis unserer Unkenntnis vieler Aspekte der germanischen Mythologie nicht abfinden mochten und diesen unbefriedigenden Zustand mit dem Dumézilschen System glaubten überwinden zu können. In diesem Sinn deutete Jan de Vries im ersten Band seiner 1956 neuaufgelegten *Altgermanischen Religionsgeschichte* «nicht nur die germanischen Götter, auch die von ihnen erzählten Mythen» als «uraltes Erbgut» und sah «nach dem übersteigerten Kritizismus der vergangenen Jahrzehnte» die Methode Dumézils als «Weg zu einer positiven germanischen Religionswissenschaft.»[239] Im Einklang mit dieser Einschätzung versah der Verfasser einer 1968 veröffentlichten Dissertation über die *Entwicklungszüge der germanischen Religionswissenschaft* seine Arbeit mit dem programmatisch anmutenden Untertitel *Von Jacob Grimm bis Georges Dumézil*, und Åke V. Ström bezeichnete in seiner 1975 erschienenen Gesamtdarstellung der germanischen Religion die Methode Dumézils als «sicheren Weg» und «Wünschelrute» aller weitergehenden Forschung.[240]

Wie neuere kritische Untersuchungen gezeigt haben, sind die Arbeiten Dumézils jedoch mit erheblichen methodischen Problemen belastet, welche die Gültigkeit vieler ihrer vermeintlichen Ergebnisse in Frage stellen.[241] So etwa hat die am Anfang dieses Kapitels skizzierte sprachvergleichende Methode zwar auf dem Feld der Laut- und Formenlehre zu überzeugenden Ergebnissen geführt, ist aber auf andere Bereiche wie etwa die Bedeutungsinhalte von Wörtern oder den Satzbau nur mit großen Einschränkungen anwendbar. Ob man sie überhaupt auf die Rekonstruktion von Mythen übertragen kann, erscheint mehr als fraglich, da die miteinander zu vergleichenden Texte keineswegs mit derselben Sicherheit gelesen und gedeutet werden können wie grammatische Bildungselemente, die stets als Bestandteil eines bereits bekannten Systems fungieren. Hinzu kommt, daß sich die Rekonstruktion des Laut- und Formenbestands der indogermanischen Grundsprache auf bis zu einem Dutzend voneinander unabhängiger Überlieferungen stützen kann, von denen sich wenigstens drei (Indo-Iranisch, Griechisch und Hethitisch) bis ins 2. Jahrtausend v. Chr. zurückverfolgen lassen. Im Unterschied dazu sind viele mythologische Vorstellungen, die aufgrund sprachlicher oder inhaltlicher Parallelen als (indo-)germanisch gelten, überhaupt erst in der altnordischen Überlieferung der Wikingerzeit oder des hohen Mittelalters belegt und finden auch nur in zwei oder drei weiteren Traditionen nähere Entsprechungen.

Die Annahme, daß neuhochdeutsch *taub* und altgriechisch *typhlós* «blind» von ein und derselben indogermanischen Wurzel abgeleitet sind, findet nicht zuletzt durch eine entsprechende Entwicklung der darin enthaltenen Konsonanten in anderen griechischen und neuhochdeutschen Wörtern eine wesentliche Stütze, wobei sich das sprachverwandte Adjektiv *doof* unter anderem durch das anlautende *d-* als Lehnwort aus dem Niederdeutschen zu erkennen gibt. Für den Bereich des religiösen Weltbilds und der Mythologie sind vergleichbare Gesetzmäßigkeiten jedoch nicht nachzuweisen, weshalb hier die Unterscheidung zwischen Urverwandtschaft, vergleichsweise später Entlehnung, nachträglicher Beeinflussung ursprünglich urverwandter Vorstellungen aufgrund einer Entlehnung und rein strukturell bedingter Übereinstimmung ohne historischen Zusammenhang oft problematisch bleibt. Dies sei im Folgenden anhand eines konkreten Beispiels veranschaulicht.

In dem Edda-Gedicht *Balders Träume* (*Baldrs draumar*) trifft der Gott Odin bei seiner Ankunft in der Unterwelt am Eingang auf einen namenlosen, über der Brust mit Blut befleckten Hund, der ihn lange anbellt.[242] Da der Hund als Haustier den Sprechern der indogermanischen Grundsprache zweifellos bereits bekannt war (vgl. neben deutsch *Hund* und englisch *hound* noch altirisch *cú*, lateinisch *canis*, litauisch *šuo*, griechisch *kýon* und altindisch *śvā*), könnte die Vorstellung eines Wachhundes in der Unterwelt theoretisch bis ins 2. vorchristliche Jahrtausend zurückgehen und historisch mit der griechischen Überlieferung um den Höllenhund Kérberos zusammenhängen. Dementsprechend könnte man in der altnordischen Bemerkung über die Blutflecken im Fell des Hundes einen Hinweis auf dessen Rolle als Leichenfresser sehen, wie dies für die griechische Überlieferung erstmals bei Hesiod (*Theogonie* 310 ff.) bezeugt ist.

Zwingend ist eine solche Erklärung jedoch keineswegs, da man die Übereinstimmungen zwischen den griechischen und altnordischen Texten auch durch eine vergleichsweise späte Entlehnung erklären kann. Das Bindeglied zwischen den beiden Traditionen wäre in diesem Fall der im Mittelalter hochgeschätzte Dichter Vergil, der im zentralen sechsten Buch seiner *Aeneis* (6,417–425) ebenfalls den Höllenhund Kérberos und sein schauerliches Heulen erwähnt. Die Kenntnis Vergils und weiterer Dichter der klassischen Antike im Norden bezeugt die wohl im 13. Jahrhundert entstandene *Trójumanna saga*, eine altnordische Fassung des lateinischen *Troja-Romans*, die den Kérberos als Wachhund (*varðhundr*) bezeichnet und auch die der griechischen Überlieferung entnommene Fesselung des Tieres durch den Helden Herakles erwähnt.

Hält man den Einfluß Vergils auf die Schilderung des unterweltlichen Wachhunds in *Baldrs draumar* für plausibel, so braucht die Vorstellung als solche aber natürlich keineswegs ebenfalls entlehnt zu sein. Denkbar ist vielmehr auch, daß die mittelalterlichen Autoren die antiken Texte als willkommene Bestätigung einheimischer Überlieferungen betrachteten und sie in diesem Sinne in ihre Schilderungen integrierten. Dabei könnte der altnordische Hinweis auf das blutige Fell des Hundes entweder aus der germanischen Mythologie entnommen sein oder aber eine gelehrte Anspielung des mittelalterlichen Autors auf die antike Rolle des Hundes als Leichenfresser darstellen.

Gehen die bisher genannten Deutungsmöglichkeiten davon aus, daß der unterweltliche Wachhund in *Baldrs draumar* in einer mündlichen oder schriftlichen Tradition steht, so ist bei nüchterner Betrachtung jedoch auch die Möglichkeit zu erwägen, daß der Autor des Textes ihn selbst erfunden hat. Zweifellos wurden viele wenn nicht die meisten Anwesen im mittelalterlichen Island von Hunden bewacht, so daß es nahelag, auch der Unterwelt einen solchen Wachhund zuzuschreiben. Bezeichnenderweise erwähnt die *Vǫluspá* in einem anderen Zusammenhang das Krähen eines Hahns in der Unterwelt, was ebenfalls aus der zeitgenössischen Lebenswelt des Dichters zu erklären sein dürfte.

Auf welch schwankendem Boden man steht, wenn man aus derartigen Hinweisen ein Gesamtbild der germanischen oder gar der indogermanischen Mythologie zu entwerfen versucht, ist leicht einzusehen. Daß viele solcher Bilder in sich durchaus stimmig sind und zu den übrigen Quellen nicht im Widerspruch stehen, sollte dabei keinesfalls als Indiz für deren Richtigkeit oder Plausibilität gewertet werden. Vielmehr ist die Quellenbasis für die Erforschung der vorchristlichen Religionen Alteuropas insgesamt so schmal, daß auch abwegige und phantastische Theorien nur selten schlüssig widerlegt werden können. Bevor man Aussagen eines mittelalterlichen Textes als Reflex gesellschaftlicher und religiöser Verhältnisse der vorgeschichtlichen Vergangenheit interpretiert, sollte man daher in jedem Fall alle Möglichkeiten einer näherliegenden Erklärung sorgfältig prüfen. Dies zeigt etwa das Beispiel des Edda-Gedichts *Rígsþula* (*Merkgedicht von Rig*) mit seiner Schilderung einer göttlich sanktionierten gesellschaftlichen Dreigliederung. Sahen Georges Dumézil und – in seiner Nachfolge – Ursula Dronke darin einen Spiegel der indogermanischen Gesellschaftsordnung, so konstatierte Klaus von See genaue Entsprechungen zwischen den Angaben des Textes und der norwegischen Gesellschaft unter der Herrschaft des Königs Hákon Hákonarson (1217–1264), wie man sie in dieser Form noch nicht einmal in die Wikingerzeit, geschweige denn in frühere Jahrhunderte zurückspiegeln kann.[243] Ähnliche Vorbehalte gelten gegenüber Dumézils Deutung der Erzählung Snorris vom Krieg zwischen den Göttergeschlechtern der Asen und Wanen (*vanir*) als Reflex eines vorgeschichtlichen Konflikts zwischen Kriegern und Bauern innerhalb der indogermanischen Gesellschaft. Wie Hans Kuhn zeigen konnte, unterscheiden sich die unterschiedlichen Verwendungsweisen der Bezeichnungen «Asen» und «Wanen» sowie das jeweilige Alter und die geographische Verbreitung der Belege in so gravierender Weise, daß der von Dumézil postulierte Gegensatz zwischen den beiden Gruppen schon für die frühaltnordische Zeit wenig glaubhaft erscheint und für die Germanen insgesamt schwerlich vorausgesetzt werden kann.[244] Dabei lohnt es sich festzuhalten, daß auch die zum Vergleich herangezogene mittelirische Erzählung vom Kampf der Túatha Dé Danann gegen die dämonischen Fomoire in der «Schlacht bei Mag Tuired» (*Cath Maige Tuired*) – nach Dumézils Deutung eine genaue Entsprechung zum Kampf der Asen und Wanen – neueren Untersuchungen zufolge in vielen Einzelheiten die politischen und gesellschaftlichen Verhältnisse in Irland zur Zeit der Wikingereinfälle widerspiegelt und ältere mündliche Vorstufen des uns erhaltenen Textes letztlich nicht beweisbar bleiben.[245]

Vorgeschichtliche Kulturbeziehungen

Wenn Parallelen zur altnordischen Überlieferung aus anderen indogermanischen Sprachen in der Forschungsgeschichte eine wichtige Rolle spielten, lag dies nicht zuletzt daran, daß das Studium der Altgermanistik oft eng mit dem der Vergleichenden Indogermanischen Sprachwissenschaft verbunden war und die entsprechenden Texte den Forschenden daher sehr viel besser vertraut waren als etwa Parallelen in den hamito-semitischen Kulturen des Vorderen Orients und Nordafrikas. Gleichwohl bilden die indogermanischen und hamito-semitischen Sprachen und Literaturen vom Standpunkt der Religionswissenschaft aus insofern eine Einheit, als beide die kulturellen Verhältnisse der Alten Welt im Gefolge der Neolithisierung mit dem Übergang zur seßhaften Lebensweise und der Etablierung von Ackerbau und Viehzucht widerspiegeln. Die Berechtigung, aber auch die Problematik des religionswissenschaftlichen Vergleichs germanischer, indogermanischer und außerindogermanischer Überlieferungen mag das folgende Beispiel veranschaulichen.[246]

In dem 1669 erschienenen Schelmenroman *Der Abentheuerliche Simplicissimus* des Barockschriftstellers Hans Jakob Christoffel von Grimmelshausen berichtet der Erzähler anläßlich einer Reise des Helden zum Mummelsee im nördlichen Schwarzwald die örtliche Sage, daß auf ein Zeit, da etliche Hirten ihr Vieh bei dem See gehütet, ein brauner Stier herausgestiegen, welcher sich zu dem andern Rindvieh gesellet, dem aber gleich ein kleines Männlein nachgefolget, ihn wieder zurück in See zu treiben, er hätte aber nicht parieren wollen, bis ihm das Männlein gewünscht hätte, es sollte ihn aller Menschen Leiden ankommen, wenn er nicht wieder zurückkehre! Auf welche Wort er und das Männlein sich wieder in den See begeben hätten.

Nachdem Jacob und Wilhelm Grimm diese Erzählung in ihre 1816–1818 erschienene Sammlung *Deutsche Sagen* aufgenommen hatten, förderten Volkskundler aus ganz Deutschland zahlreiche Parallelen zutage. So etwa vermerkte Hermann Harrys 1840 aus Niedersachsen die Sage, aus einem Sumpfloch bei dem Ort Scheuen steige zu gewissen Zeiten ein wilder Stier hervor und paare sich mit den Kühen der Herde. 1848 veröffentlichten Adalbert Kuhn und Wilhelm Schwartz aus der Gegend um Hannover die Überlieferung, aus dem Muschwillensee bei Neustadt sei vorzeiten täglich ein wilder Stier emporgestiegen und habe sich mit den Kühen des nahegelegenen Dorfes Wichendorf gepaart. Aus der Region um Braunschweig verzeichnete Adalbert Kuhn 1859 die Erzählung von einem wilden Stier, der alljährlich aus einem «die Bullenkuhle» genannten Teich entstiegen sei und sich mit den Kühen in den Ställen des nahegelegenen Dorfes Bockel gepaart habe. Wie schon die Brüder Grimm feststellten, findet man zahlreiche weitere Parallelen in der inselkeltischen Überlieferung, wo sich das Motiv des dem Meer oder einem See entstiegenen wilden Stiers in Irland und Schottland über die frühe Neuzeit hinaus bis ins Mittelalter zurückverfolgen läßt.

Eine bemerkenswerte Entsprechung finden diese Sagen im Bericht vom Ursprung der Merowinger, wie er in der sogenannten *Chronik des Pseudo-Fredegar* aus der Zeit um 660 überliefert ist. Dieser Darstellung zufolge wurde der Dynastiegründer Merovech gezeugt, als sich am Strand der Nordsee ein Meeresungeheuer, halb Mensch und halb Stier, der Gattin des fränkischen Königs Chlodio bemächtigte. Ob es sich bei dieser Erzählung um eine bloße literarische Fiktion des 7. Jahrhunderts oder aber um den späten Widerhall eines ursprünglich heidnischen Abstammungsmythos handelt, ist bis heute umstritten. Beachtung verdient immerhin, daß ein Brief des Bischofs Avitus von Vienne anläßlich der Taufe des Frankenkönigs Chlodwig auf den heidnischen Glauben an eine übermenschliche Abkunft der Dynastie anzuspielen scheint und daß im Grab des letzten heidnischen Königs Childerich I. – wie im Abschnitt über das Totenbrauchtum erwähnt – ein goldener Stierkopfanhänger zutage kam.

Eine bemerkenswerte archäologische Parallele zur literarischen Überlieferung bildet nun der Umstand, daß mehrere Bronzekessel aus der vorrömischen Eisenzeit, die zu kultischen oder rituellen Zwecken in Mooren oder Seen versenkt wurden, mit Stierköpfen verziert sind. Zu den bekanntesten Funden dieser Art zählen der frühlatènezeitliche Kessel von Brå in Jütland wohl aus dem 3. Jahrhundert v. Chr. sowie die Bruchstücke des Kessels von Rynkeby auf Fünen, den man aus stilistischen Gründen in die Zeit um Christi Geburt datiert. Die mythologische Bedeutung dieser Stierbilder verdeutlicht im Falle des Kessels von Rynkeby die Darstellung des Stieres mit erhobenen Vorderläufen, die ansonsten bei Tieren nicht bezeugt ist. Des weiteren werden Gestalten der inselkeltischen und nordgermanischen Überlieferung wie etwa der irische Manannán mac Lir oder der altnordische Ægir, die man auf vorchristliche Meeresgötter zurückführt, in den Texten ausdrücklich als Besitzer eines Kessels bezeichnet.

Welche Bedeutung dem Kessel und dem Stier in diesen Fällen zukommen, wird in den uns erhaltenen keltischen und germanischen Texten nicht gesagt und kann daher lediglich durch einen Analogieschluß ermittelt werden. Von besonderem Interesse erscheinen in diesem Zusammenhang die semitischen Kulturen des Alten Orients, die vergleichbare archäologische Funde und literarische Motive aufweisen. So etwa berichtet das Alte Testament in seiner Schilderung der Ausstattung des salomonischen Tempels in Jerusalem von einem Ritualgefäß, das vor dem Eingang des Tempels auf den Statuen von zwölf Rindern ruhte (vgl. 1. *Könige* 7,23–39 und 2. *Chronik* 4,2–10), was durch archäologische Funde und bildliche Darstellungen aus benachbarten Kulturen bestätigt wird. Dienten solche Gefäße einerseits rituellen Waschungen (vgl. 2. *Chronik* 4,6), so galten sie vermutlich zugleich als symbolische Darstellungen jenes Grundwasser-Ozeans, den man als Ursprungsort nicht nur der Quellen und Flüsse, sondern auch des Regens und damit allen Lebens und aller Fruchtbarkeit ansah. Es steht zu vermuten, daß der Stier in diesem Zusammenhang vor allem die Fruchtbarkeit symbolisierte, weshalb ein Gott wie der sumerische Enki im Zweistromland oder der westsemitische Gott El in Syrien, die beide als Herren des Grundwasser-Ozeans galten, als Stiere dargestellt und angeredet wurden. Ähnliches gilt für den altanatolischen Wettergott, der im Hethitischen Tarhun, im Hurritischen Teschub und im Hattischen Taru genannt wurde. Wie aus den Inventarlisten hethitischer Tempel hervorgeht, zeigten bildliche Darstellungen den Wettergott als Stier, als Wagenlenker auf einem von Stieren gezogenen Wagen oder auch als stiergestaltiges Gefäß. In einem Ritual, das in Trockenzeiten den notwendigen Regen herbeiführen sollte, opferte man dem Wettergott in der Tiefe der Erde Schafe, Brot, Bier und Wein mit der Bitte, sich im Regen zu manifestieren und so die Fruchtbarkeit zu gewährleisten.

Besondere Beachtung verdient in diesem Zusammenhang der hattische Name des Wettergottes, Taru, der nicht nur an die Bezeichnungen des Stiers in den semitischen Sprachen erinnert, sondern auch in mehreren westindogermanischen Sprachen wie dem Griechischen (*tauros*), Lateinischen (*taurus*), Albanischen, Baltischen, Slavischen, Keltischen (gallisch *tarvos*) und Germanischen (altnordisch *þjórr*) eine genaue Entsprechung findet. Da der Übergang zur Haustierhaltung in Europa von Entwicklungen im Vorderen Orient angestoßen und beeinflußt wurde, könnte man die oben genannten Bezeichnungen des Stiers auf ein frühes Wanderwort zurückführen und auch Parallelen im Bereich der religiösen Vorstellungen auf das Konto vorgeschichtlicher Kulturkontakte im Rahmen der Neolithisierung buchen.

Bei der Überprüfung dieser Möglichkeit ist der altgriechischen Kultur aufgrund ihrer geographischen Mittlerstellung und wegen des frühen Einsetzens der schriftlichen Überlieferung besondere Aufmerksamkeit zu schenken. Parallelen zu den oben erwähnten mitteleuropäischen und vorderorientalischen Vorstellungen zeigen hier zum einen die Erzählung von der Entführung der Königstochter Europa durch den Gott Zeus in der Gestalt eines Stiers, zum anderen die Überlieferung um den Gott Poseidon, der ursprünglich ebenso eng mit dem Süßwasser wie mit dem Meer verbunden war, als Förderer der Fruchtbarkeit den Beinamen *phytálmios* «der die Pflanzen wachsen läßt» trug und dessen Priester wegen der Häufigkeit von Stieropfern zu seinen Ehren auch *taúroi* «Stiere» genannt wurden. Eine auffällige Beziehung zum Stier und zur Fruchtbarkeit zeigt ferner der Gott Dionysos, den man wegen der Stieropfer in seinem Kult *taurophágos* «Stierverzehrer» nannte und nach einer Bemerkung Plutarchs (*Über Isis und Osiris* 35) häufig in Stiergestalt abbildete. Sowohl in Athen als auch in Sparta lag das älteste Heiligtum des Dionysos in einem Sumpfgebiet, weshalb der Gott den Beinamen *limnaios* «der aus dem Sumpf» trug. Eine wichtige Rolle spielte das athenische Heiligtum alljährlich beim Frühlingsfest der Anthesterien, in dessen Verlauf die als «Königin» (*basílinna*) bezeichnete Gattin des obersten Priesters mit dem Gott eine Heilige Hochzeit vollzog.

Daß die Annahme eines gemeinsamen Ursprungs all dieser mythologischen Vorstellungen grundsätzlich denselben methodischen Vorbehalten unterliegt wie eine Rekonstruktion nach dem Vorbild der Vergleichenden Sprachwissenschaft, steht außer Frage. Um objektive Kriterien für eine Beurteilung zu gewinnen, empfiehlt es sich daher, die Anzahl, das Alter und den Kontext der Belege, ihre zeitliche und räumliche Verbreitung und nicht zulezt die Frage der religionsgeschichtlichen Plausibilität einer Deutung beständig im Auge zu behalten. Stellt man die oben angeführten Quellen unter Berücksichtigung dieser Gesichtspunkte nebeneinander, so erscheint es durchaus möglich, daß die darin ausgedrückten germanischen, keltischen, griechischen, altanatolischen und vorderorientalischen Vorstellungen regionale Varianten einiger weniger grundlegender mythologischer Motive darstellen, die sich weitgehend unabhängig von den sprachlichen und ethnischen Verhältnissen im Rahmen der Neolithisierung vom Vorderen Orient aus nach Europa ausbreiteten. Ob man diese Deutung des Befundes über die Anerkennung einer bloßen Möglichkeit hinaus als wahrscheinlich ansieht, wird letztlich von der Höhe des Anspruchs an die Aussagekraft der Quellen abhängen.

Germanen und Kelten

Im Fall des dämonischen Wasserstiers waren die nächsten und engsten Entsprechungen zur germanischen Überlieferung im Bereich der keltischen Kultur zu finden. Vergleichbare keltisch-germanische Parallelen, die teils auf einem gemeinsamen kulturellen Erbe, teils auf der langwährenden geographischen Nachbarschaft und einem regen Kulturaustausch beruhen dürften, kamen in der vorliegenden Darstellung bereits mehrfach zur Sprache und können leicht um weitere Beispiele vermehrt werden.[247]

Wie die Prosa-Edda berichtet, wurde der Gott Heimdall von neun Schwestern zur Welt gebracht. Er selbst habe daher in einem – heute verlorenen – Gedicht von sich gesagt: «Ich bin der Sohn von neun Müttern,/ich bin der Sohn von neun Schwestern.»[248] Heimdall vermutet man daher auch hinter dem namenlosen, von neun Müttern geborenen Gott, den das eddische *Lied von Hyndla* (*Hyndluljóð*) und das *Hausgedicht* (*Húsdrápa*) des Skalden Úlfr Uggason erwähnen.[249] Bei den neun Müttern könnte es sich um die ebenfalls von Snorri erwähnten neun Töchter des Meeresriesen Ægir handeln, in denen man Personifikationen der Meereswellen sieht. Zu dieser Vermutung paßt, daß das *Hyndla-Lied* die Geburt des Gottes «am Rand der Erde» (*við jarðar þrǫm*) lokalisiert, da man sich das feste Land als ringsum vom Meer umgeben vorstellte und eine skaldische Kenning das Meer als «Gürtel der Erde» (*jarðar gjǫrð*) charakterisierte. Eine auffällige keltische Parallele dazu bilden die neun zauberkundigen Frauen, die der *Vita Merlini* des Geoffrey von Monmouth zufolge sich auf der Insel Avalon des verwundeten Königs Arthur annahmen, sowie die neun Jungfrauen, die nach den Worten des mittelkymrischen Gedichts *Preiddeu Annwn* mit ihrem Atem das Feuer unter dem Kessel des Herrschers der Jenseitswelt Annwn entfachten. Zu erwähnen ist ferner eine Bemerkung des römischen Geographen Pomponius Mela, demzufolge das Orakelheiligtum einer gallischen Gottheit auf der Insel Sena (heute Sein) vor der bretonischen Westküste von neun jungfräulichen Priesterinnen gehütet worden sei (*Geographie* 3,6,8).[250] Daß die Zahl Neun – im Unterschied etwa zur altorientalisch und christlich bedeutsamen Sieben – bei Kelten und Germanen schon in vorchristlicher Zeit eine wichtige Rolle spielte, darf im Hinblick auf diese Übereinstimmungen als sicher gelten. Ob man diese Parallele aber als spezifisch keltisch-germanisch ansehen sollte, erscheint durchaus fraglich, da die Neun als potenzierte Drei auch in den Mythologien benachbarter Kulturen eine wichtige Rolle spielte, wofür man etwa in Griechenland die neun Musen als Beispiel anführen könnte.

Eine weitere germanisch-keltische Parallele bildet der mehrfach bezeugte Brauch, die Schädel gefallener Feinde zu Trinkschalen zu verarbeiten.[251] Weithin bekannt wurde er seit der frühen Neuzeit vor allem durch das sogenannte *Sterbelied Ragnar Lodbroks*, das in der 25. Strophe davon spricht, daß die toten Helden in Walhall Bier «aus den krummen Hölzern der Schädel» trinken werden. In Wahrheit handelt es sich dabei aber um ein Mißverständnis der frühen Übersetzer, da die «krummen Hölzer der Schädel» (*bjúgviðir hausa*) lediglich eine Kenning für «Trinkhörner» darstellen. Als literarisches Motiv tatsächlich bezeugt ist die Verarbeitung menschlicher Schädel zu Trinkschalen dagegen im eddischen *Lied von Wieland dem Schmied* (*Vǫlundarkviða*), wo Vǫlundr sich an König Níðuðr rächt, indem er dessen kleine Söhne tötet, deren Schädel in Silber faßt und sie dem ahnungslosen Vater als Geschenk überreicht. Eine ähnliche Szene schildert das eddische *Atli-Lied* (*Atlamál*), wo Gudrun den Tod ihrer Brüder an deren Mörder Atli rächt, indem sie ihre beiden gemeinsamen Söhne tötet und dem Vater aus den Hirnschalen das Blut der Kinder zu trinken gibt. Damit vergleichbar ist eine Episode in der *Langobardengeschichte* des Paulus Diaconus, demzufolge der Langobardenkönig Alboin seine Gemahlin Rosemunda dazu zwang, aus einem Becher zu trinken, der aus dem Schädel ihres Vaters, des von Alboin selbst erschlagenen Gepidenkönigs Kunimund, gefertigt worden war. Eine keltische Parallele dazu bietet zunächst eine Bemerkung des Historikers Livius, nach dessen Worten die Boier in Oberitalien 216 v. Chr. den in Gold gefaßten Schädel eines gefallenenen römischen Feldherrn als Libations- und Trinkgefäß dem liturgischen Gerät ihres bedeutendsten Heiligtums einverleibten (*Ab urbe condita* 23,24,11 f.). Über die Verwendung von Menschenschädeln als Trinkgefäße berichten aus späterer Zeit auch die Historiker Ammianus Marcellinus (*Res gestae* 27,4,4) und Orosius (*Historia adversus paganos* 5,23,18) in ihren Beschreibungen des auf dem Balkan ansässigen keltischen Stammes der Skordisker. Daß Trinkgefäße aus Hirnschalen in vorchristlicher Zeit tatsächlich in Gebrauch waren, wird durch entsprechende archäologische Funde eindeutig bestätigt. Wie im Falle der Neunzahl legen jedoch auch hier ethnographische Parallelen aus anderen Kulturen die Vermutung nahe, daß es sich dabei um kein ausschließlich oder überwiegend germanisch-keltisches Phänomen handelt.

Betrachtet man die bislang angeführten Beispiele für germanisch-keltische Parallelen in ihrer Gesamtheit, so kann man zumindest drei weiterführende Schlußfolgerungen ziehen. Zunächst einmal ist bei sorgfältiger Quellenkritik davon auszugehen, daß viele Belege in unterschiedlicher Weise erklärt werden können und die Unterscheidung zwischen authentischer Überlieferung und literarischer Entlehnung gerade im Hinblick auf den konkreten Einzelfall oft nicht mit letzter Sicherheit zu treffen ist. Des weiteren ist festzustellen, daß zahlreiche keltisch-germanische Übereinstimmungen bei näherem Hinsehen auch anderweitig vorkommen und folglich nicht ohne weiteres als Belege für eine enge kulturelle Verwandtschaft zwischen Kelten und Germanen zu werten sind. Besondere Beachtung verdient schließlich der Umstand, daß wir die tatsächliche Bedeutung solcher Übereinstimmungen im gesamten Erscheinungsbild einer Kultur oft kaum abschätzen können: Ein Phänomen wie die Verwendung von Schädeln als Trinkschalen hätte vielleicht kaum Beachtung gefunden, wenn sich die antiken Autoren seiner nicht angenommen hätten und man es nicht schon im 18. Jahrhundert – und sei es auch nur aufgrund eines Mißverständnisses – wiederentdeckt hätte.

9.
GERMANISCHE RELIGION UND GERMANENIDEOLOGIE

In den vorangegangenen Kapiteln wurden die Kulte, Riten und Mythen der Germanen so geschildert, wie es vom Standpunkt der modernen Religionswissenschaft aus vertretbar erschien. Dabei sind zwischen der vorliegenden Darstellung und früheren Werken vergleichbarer Zielsetzung teilweise erhebliche Unterschiede zu verzeichnen. Sie erklären sich einerseits aus den Fortschritten der philologischen, historischen und archäologischen Forschung, andererseits aus der bewußten Abkehr von Denkgewohnheiten, Sichtweisen und Ordnungsbegriffen, die sich einer rationalen Überprüfung entziehen und letztlich vorwissenschaftlichen Ursprungs sind. In dieser Kontinuität vorwissenschaftlicher Deutungsmuster liegt letztlich eine der Hauptursachen für die Entstehung neuzeitlicher Germanenideologien, die ihrerseits den Anstoß zur Ausbildung neuheidnischer germanischer religiöser Bewegungen gaben.

Zur Kontinuität vorwissenschaftlicher Deutungsmuster

Zu den ältesten Grundanschauungen, die das neuzeitliche Verständnis der Religion der Germanen geprägt und die Beschäftigung damit bestimmt haben, zählt die Überzeugung von der Relevanz des Gegenstands für die Gegenwart. In einem allgemeinen Sinn verstanden, bekennt sich natürlich auch die vorliegende Darstellung zu der Auffassung, daß die Beschäftigung mit den untergegangenen Religionen Europas einen wesentlichen Beitrag zum Verständnis unserer abendländischen Zivilisation und damit unserer kulturellen Identität leisten kann. Die Religionsgeschichte Alteuropas erweist sich damit als Teil einer umfassenderen Geschichtswissenschaft nicht zum Zweck der Erkenntnis, «wie es eigentlich gewesen» (Leopold von Ranke), sondern vielmehr im Sinne eines immer wieder neu zu leistenden Bemühens der Gegenwart, sich über die eigene Vergangenheit Rechenschaft abzulegen, wie es Johann Huizinga einmal formuliert hat.

Im Unterschied zu einer solchen letztlich offenen Auseinandersetzung mit der Geschichte bestand jedoch gerade im Hinblick auf die Kultur und Religion der Germanen von Anfang an die Tendenz, den Einfluß der Vergangenheit auf die Gegenwart in unangemessener Weise zu überschätzen, die Vergangenheit selbst dem jeweiligen Zeitgeist entsprechend zu idealisieren und diese idealisierte Sicht besserer wissenschaftlicher Einsicht zum Trotz in dogmatischer Weise festzuschreiben. Eine wesentliche Ursache für diesen beständigen Rückbezug der Gegenwart auf die Vergangenheit liegt vermutlich in der zentralen Bedeutung von Genealogien, denen für die Legitimation politischer und gesellschaftlicher Verhältnisse sowohl bei den germanischen Völkern selbst als auch in der klassischen Antike und in der jüdisch-christlichen Kultur stets ein hoher Stellenwert zukam. Von diesem genealogischen Denken geleitet, schilderte schon um die Mitte des 9. Jahrhunderts der Mönch Rudolf von Fulda den Charakter, die Verhältnisse und die Religion der Sachsen vor ihrer Bekehrung zum Christentum mit Worten und Wendungen, die er fast wörtlich der *Germania* des Tacitus entlehnte.[252]

Den Anschluß an die biblische Urgeschichte ermöglichte ein erstmals 1497 erschienenes Werk des italienischen Dominikaners Annius von Viterbo, der auf der Grundlage gefälschter Fragmente der antiken Autoren Berosus und Manetho Noahs Sohn Japhet als gemeinsamen Ahnherrn der Gallier, Germanen, Griechen und Römer ausgab und es den französischen und deutschen Humanisten dadurch ermöglichte, die jeweilige nationale Kultur der Antike als gleichberechtigt zur Seite zu stellen.[253] Die Popularität dieser Geschichtsklitterung veranschaulicht vielleicht am besten das Schicksal des vermeintlichen germanischen Königs Gambrivius, dessen Namen Annius aus dem bei Tacitus erwähnten Volk der Gambrivii herausgesponnen hatte. Als Herrscher einer sagenumwobenen Frühzeit betrachtete Kaiser Maximilian I. König Gambrivius als einen seiner Vorgänger und ließ ihn im Holzschnitt darstellen, während Maximilians Zeitgenosse Burkhard Waldis in ihm den Erfinder des Bierbrauens und damit einen frühen Kulturbringer sah. Seit der zweiten Hälfte des 16. Jahrhunderts begegnet Gambrivius – vermutlich aufgrund eines Druckfehlers – auch als Gambrinus, und unter diesem Namen erscheint er gegen Ende des 17. Jahrhunderts als Gründer der für ihre Brauereien bekannten Stadt Hamburg.

«So waren wir», erklärte Friedrich Schiller mit Blick auf die antiken Schilderungen der Germanen in seiner Antrittsrede über das Studium der Universalgeschichte.[254] Ganz selbstverständlich sprach dementsprechend Jacob Grimm in der Vorrede zu seiner *Deutschen Mythologie* von «unsern vorfahren» und «unserer mythologie».[255] Im Einklang damit wählte der Däne Vilhelm Grønbech (1873–1948) für seine vor allem auf isländischen Quellen aufgebaute Schilderung der vorchristlichen Germanen den Titel *Unser Volk im Altertum* (*Vor Folkeæt i Oldtiden*). Unter dem Titel *Kultur und Religion der Germanen* wurde die erstmals 1937–1939 erschienene deutsche Übersetzung des religionswissenschaftlich längst überholten Werks bis in die jüngste Vergangenheit immer wieder nachgedruckt.

Eine verhängnisvolle Zuspitzung erfuhr der Glaube an die Bedingtheit der Gegenwart durch biologische Kontinuität schon zu Beginn des 18. Jahrhunderts, als Graf Henri de Boulainvilliers (1658–1722) die politischen Auseinandersetzungen zwischen dem Adel und dem Bürgertum Frankreichs mit Hilfe einer «Zwei-Rassen-Theorie» aus dem Gegensatz zwischen Germanen (Franken) und Kelten (Gallier) zu begründen suchte. Ausgeweitet auf die Universalgeschichte, finden sich vergleichbare Anschauungen in dem geschichtsphilosophischen *Versuch über die Ungleichheit der Menschenrassen* (1853–1855) von Joseph Arthur, Comte de Gobineau (1816–1882), dessen Hochschätzung der Rassereinheit man mit Tacitus' – ursprünglich keineswegs positiv gemeinter – Charakterisierung der Germanen als eines eigentümlichen, reinen und nur sich selbst ähnlichen Volkes (*Germania* 4,1) verbinden konnte.[256] Popularisiert und vulgarisiert wurden Gobineaus Theorien durch Houston Stewart Chamberlain (1855–1927), der 1899 in seinem kulturgeschichtlichen Werk *Die Grundlagen des 19. Jahrhunderts* die höchsten Werte der Menschheit in der «germanischen Rasse» verwirklicht sah und den Germanen die Semiten und insbesondere die Juden antithetisch gegenüberstellte. Ihm folgte Alfred Rosenberg (1893–1946), dessen erstmals 1930 erschienenes Buch *Der Mythus des 20. Jahrhunderts* die Germanen als Urheber der gesamten abendländischen Kultur propagierte und in abenteuerlicher Weise eine Verschwörung von Jesuiten, Freimaurern und Juden für deren Niedergang verantwortlich machte.[257]

In welchem Umfang rassistisches Gedankengut in der ersten Hälfte des 20. Jahrhunderts die Sicht der germanischen Religion und ihrer Bedeutung für die Gegenwart bestimmte, veranschaulicht die Position des lutherischen Theologen und Kirchenhistorikers Kurt Dietrich Schmidt (1896–1964), der in seinem großangelegten Werk über *Die Bekehrung der Germanen zum Christentum* zwar deutliche Kritik an nationalsozialistischen Anschauungen übte, aber dennoch bekannte:[258]

> Wir haben gelernt, daß auch die geistige Eigentümlichkeit eines Menschen weithin durch seine rassische Zugehörigkeit bestimmt ist. Zwar steckt die Rassenseelenkunde noch in den Kinderschuhen und die tausendfachen dilettantischen Versuche auf diesem Gebiet schaden der Sache, um die es geht, bestimmt mehr, als daß sie ihr nützen. Trotzdem, mag das Wie auch noch im Dunkeln liegen, an der Sache selbst können wir nicht mehr gut zweifeln.

In ganz ähnlicher Weise hatte bereits 1931 der Prähistoriker Gero von Merhart (1886–1959) festgestellt,[259]

> daß diese nordische Kultur an weitaus wichtigster Stelle unter den Ahnen unseres heutigen deutschen Volkes steht. Das kann selbst der nicht bezweifeln, der von den geheimnisvollen Bindungen zwischen Kultur, Sprache und Volk mehr das noch nicht definierte Geheimnis als die sicher gefühlte Bindung empfindet.

Daß auch Klarheit des wissenschaftlichen Urteils und außerwissenschaftlicher Rassismus keine unvereinbaren Größen waren, zeigt das Beispiel des Prähistorikers Karl Hermann Jacob-Friesen (1886–1960). Er wandte sich in seiner 1928 veröffentlichten Methodenlehre *Grundlagen der Urgeschichtsforschung* zwar gegen den «Rassenfanatismus» der Zwanziger Jahre und wies der «Rassenphilosophie» einen Platz «nicht ... unter den Wissenschaften, sondern unter den Glaubenssystemen» zu, forderte in einer Zeitschrift studentischer Verbindungen jedoch die Unterscheidung «zwischen Deutschen, die sich aus Germanen, Kelten und Slaven zusammensetzen und den semitischen Juden.»[260] Welch eigentümliche Blüten diese Sicht der Dinge treiben konnte, zeigt eine Bemerkung des Religionswissenschaftlers und Indologen Jakob Wilhelm Hauer (1881–1962), der 1934 die zeitgenössische Popularität einer «Niggerkultur mit Jazz und Tango» aus der vorgeschichtlichen Rassenverwandtschaft von Europäern und Afrikanern zu erklären suchte:[261]

> Bis hinein in die fernsten Dörfer des Schwarzwaldes und der Heide wurde durch das Radio dieses fremde Wesen getragen. Und seltsam, ja erschütternd: Millionen regten sich nach diesem Rhythmus, und jene Urwaldmelodien schwirrten durch die aufgeregten Seelen, als wären es Klänge der Heimat.

Galt die Religion der Germanen den Anhängern der Rasselehre so als Schlüssel zum Verständnis gegenwärtiger weltanschaulicher Auseinandersetzungen, so förderte der Glaube an eine rassisch bedingte geistig-seelische Verwandtschaft der heutigen Deutschen mit den antiken Germanen die nachgerade naiv anmutende Vorstellung, der moderne Religionshistoriker könne sich jenseits der philologisch-historischen Forschung gleichsam in den Gegenstand seiner Forschung hineinversetzen. Begünstigt wurde dieser Ansatz vermutlich durch die gleichzeitige Popularität der etwa von Gerardus van der Leeuw (1890–1950) vertretenen «phänomenologisch» orientierten Religionswissenschaft, die das Nachempfinden religiöser Erlebnisse als integralen Bestandteil religionswissenschaftlicher Arbeit propagierte. Von hier war es nur ein kleiner Schritt zur Überzeugung, die Religion der Germanen könne überhaupt nur von ihren Nachfahren verstanden werden. In scharfer Abgrenzung davon geht die moderne Anthropologie unter Rückgriff auf die Ergebnisse der Genforschung bekanntlich davon aus, daß sich Menschen aller Regionen in ihrem Chromosomenbestand nur unwesentlich voneinander unterscheiden, so daß man letztlich nur eine einzige menschliche Rasse (*Homo sapiens sapiens*) voraussetzen kann.[262]

Verhängnisvoll wirkten neben inzwischen widerlegten Rassetheorien aber auch geschichtsphilosophische Anschauungen, die ausgehend vom typologischen Denken der christlichen Theologie Deutsche und Germanen einander unmittelbar gegenüberstellten und der historischen Entwicklung dadurch einen Sinn zu verleihen suchten, daß sie einerseits Eigentümlichkeiten der neueren deutschen Geschichte bereits bei den Germanen angelegt sahen und andererseits die deutschen Geschichte als Vollendung und Erfüllung germanischer Wesenszüge betrachteten. Bezeichnend für diese Sichtweise ist etwa das Urteil des evangelischen Theologen und Literaturhistorikers August Friedrich Christian Vilmar (1800–1868), «der deutsche

Charakter» habe «durch das Christentum nur die Vollendung seiner selbst» bekommen.[263] In ähnlicher Weise hatte bereits Jacob Grimm mit unverhohlener konfessioneller Polemik erklärt:[264]

es war nicht zufall, sondern nothwendig, dass die reformation gerade in Deutschland aufgieng, das ihr längst ungespalten gehört hätte, würde nicht auswärts dawider angeschürt. [...] gleich sprache und mythus ist auch in der glaubensneigung unter den völkern etwas unvertilgbares.

Nicht von ungefähr veröffentlichte daher 1875 die satirische Wochenschrift *Kladderadatsch* anläßlich der Enthüllung des Hermannsdenkmals im Teutoburger Wald eine Zeichnung, die den Cherusker Arminius Seite an Seite mit Martin Luther und den Petersdom als Sinnbild des gemeinsamen Gegners Rom im Hintergrund zeigte.[265]

Eine wichtige Rolle spielte in diesem Zusammenhang der Begriff des aus verschiedenen Stämmen zusammengesetzten, aber letztlich einheitlichen Volkes, bei dessen Anwendung in der Gegenwart man auf Vorbilder in der Antike (die Stämme der Germanen bei Tacitus) und im Alten Testament (die zwölf Stämme des auserwählten Volkes Israel) zurückgreifen konnte. Im Zusammenhang mit einer typologischen Geschichtsdeutung begegnet der Begriff des Volkes schon in der neutestamentlichen Bezeichnung der Christen als «das Israel Gottes» (*Brief an die Galater* 6,16). Aufgegriffen und auf die außerbiblische Geschichte erweitert wurde diese Sichtweise im frühen Mittelalter, als christliche Autoren etwa die Franken und das Volk Israel zueinander in Beziehung setzten.[266] Als man dann im 18. und 19. Jahrhundert das Volk als tragende Kraft der geschichtlichen Entwicklung postulierte, die Einheit der germanischen Sprachen wissenschaftlich begründete und überdies die Begriffe Volk, Nation und Rasse nicht mehr deutlich voneinander abgrenzte, fehlte es nicht an Versuchen, die modernen Nationalstaaten Mittel- und Nordeuropas als unmittelbare Entsprechung der germanischen Stämme des Altertums zu verstehen. In welchem Umfang man dabei immer wieder spezifisch neuzeitliche Erscheinungsformen der Religion ins Altertum zurückspiegelte, mögen die folgenden Beispiele veranschaulichen.

Wissenschaftliche Fehlurteile im Kontext ihrer Zeit

Im ersten Band seiner bereits zitierten Darstellung *Die Bekehrung der Germanen zum Christentum* bescheinigte Kurt Dietrich Schmidt der germanischen Religion «Ansätze zum Henotheismus», die dem christlichen Monotheismus Bahn bereitet hätten. Für diese Deutung der geschichtlichen Entwicklung berief er sich auf einen Begriff, den der Religionswissenschaftler und Indologe Friedrich Max Müller (1823–1900) in die Diskussion eingeführt hatte. In Anlehnung an Gedanken seines Lehrers Schelling hatte Müller den Begriff des Henotheismus zunächst zur Bezeichnung eines durch Quellen nicht belegten, aber aus allgemeinen Erwägungen erschlossenen Urstadiums der Religion verwendet. In ihm sei der Mensch aus dem Gefühl der Abhängigkeit von einer höheren Macht heraus zu einer Ahnung Gottes gelangt, woraus später unter dem Einfluß der Sprachentwicklung die historisch bezeugten Religionsformen Polytheismus und Monotheismus entstanden seien. In seinem programmatischen Entwurf einer Vergleichenden Religionswissenschaft *Introduction to the Science of Religion* aus dem Jahr 1873 gebrauchte Müller den Begriff dann jedoch in einem deutlich anderen Sinne, nämlich einerseits zur Chrakterisierung der von ihm erforschten vedischen (altindischen) Religion, in deren Hymnen die jeweils angerufene Gottheit im Bewußtsein des Gläubigen alle anderen Götter in den Hintergrund treten lasse, und andererseits als klassifikatorischen Begriff der allgemeinen Religionsgeschichte analog zu den Bezeichnungen Polytheismus, Monotheismus und Dualismus.

In der Vergleichenden Religionswissenschaft fand die bereits hier zu beobachtende Unschärfe des Begriffs «Henotheismus» insofern eine Fortsetzung, als er in der Folgezeit oftmals in nur loser Anknüpfung an den Sprachgebrauch Müllers zur Bezeichnung ganz verschiedener Frömmigkeits- oder Religionstypen Verwendung fand. Erwähnt seien hier nur die Unterscheidung zwischen einem «akuten Henotheismus» der vedischen Religion und einem «permanenten Henotheismus» der Religion Altisraels als «geschichtliche Vorstufe zum universalen Monotheismus» sowie die schwankenden Definitionen des Begriffs als «Verehrung eines einzigen Gottes unter

Anerkennung der Existenz anderer Götter bei anderen Völkern oder Gruppen», «subjektiver Eingottglaube» oder als Religionsform, in der «innerhalb eines polytheistischen Systems ein Gott deutlich als Hauptgottheit verehrt» werde.

Ansätze zu einem germanischen Henotheismus ergeben sich nun Schmidts Auffassung zufolge daraus, daß «die Alemannen ('Ziuwaren') zu Ziu, die Sachsen zu Sachsnot, die Ostseevölker zu Nerthus [gehören]; die fränkischen Stämme eint nach Tacitus das Heiligtum der Tanfana; Frey ist Schwedengott; erst Skadi, dann Thor stehen im Mittelpunkt des norwegischen Kultes». Tatsächlich jedoch kann man die Stellung der hier aufgezählten Gottheiten im Rahmen des jeweiligen Götterhimmels wegen der Spärlichkeit und Einseitigkeit unserer Quellen gar nicht deutlich erkennen. Vielmehr erscheint Schmidts Deutung getragen von dem apologetischen Bemühen, in der zeitgenössischen Debatte um die «Germanisierung des Christentums» den christlichen Glauben als gleichsam natürliche und konsequente Fortsetzung der germanischen Religion erscheinen zu lassen. Darüber hinaus verrät sie deutlich ihre Abhängigkeit von der frühen Religionswissenschaft des 19. Jahrhunderts mit ihrem Fehlen einer präzisen Begrifflichkeit und ihrer Neigung zur spekulativen Rekonstruktion.

Ein weiteres charakteristisches Beispiel für den Einfluß moderner Zeitströmungen bildet die Erforschung des vermeintlich germanischen Schicksalsglaubens. Nicht von ungefähr häufen sich die Veröffentlichungen dazu in den beiden Jahrzehnten nach dem Ende des Ersten Weltkriegs, als die militärische Niederlage Deutschlands, der Zusammenbruch des Kaiserreichs und die wirtschaftliche Not der Inflationsjahre rationale Deutungen der Geschichte bei weiten Teilen der Bevölkerung in Mißkredit gebracht hatten. Ansatzpunkte für die Bewältigung der Gegenwart schien hier ein «heroischer Pessimismus» zu bieten, den der Germanist und Volkskundler Hans Naumann (1886–1951) als Grundlage der germanischen Weltanschauung nachweisen wollte.[267]

Daß der vermeintliche heroische Pessimismus der Germanen nur zu bald dazu dienen mußte, neuerliche Kriegsanstrengungen historisch zu «legitimieren», kann kaum überraschen. Am 10. Juni 1942, drei Tage nach Beginn der Offensive gegen Stalingrad, erklärte in der Alten Aula der Rheinischen-Friedrich-Wilhelms-Universität zu

Bonn der frischgebackene Professor für Religionswissenschaft Gustav Mensching (1901–1978) in seiner Antrittsvorlesung:[268]

> Nicht Fatalismus ist germanische Schicksalseinstellung, nicht müdes oder ergebenes Hinnehmen des Unabwendbaren, sondern, obwohl der Germane das Verhängnis ahnt und vielleicht gar um die Notwendigkeit des Untergangs weiß, handelt er dennoch und bewährt sich auch im aussichtslosen Kampfe als Held.

Wie nahe es lag, gegenwärtiges Kriegsgeschehen unter Rückgriff auf die vorchristliche Vergangenheit zu stilisieren, zeigt die berüchtigte Rede Hermann Görings anläßlich des zehnten Jahrestags der Machtergreifung, in der er die Vernichtung der Sechsten Armee mit dem Untergang der Burgunden in Etzels Halle verglich und seine Zuhörer versicherte, man werde «noch in tausend Jahren ... mit heiligem Schauer» davon sprechen.[269] Gustav Mensching scheint die Problematik seines Germanenbilds auch nach 1945 nicht bewußt geworden zu sein, findet man die oben zitierten Zeilen doch nahezu wörtlich und dem Sinn nach unverändert in seinem 1948 erschienenen Sammelband *Gott und Mensch*, mit dem der Verfasser «den religös Suchenden unserer Tage» erneut «Wege zu überzeitlichen Wahrheiten» zeigen wollte.[270]

Eine ausführliche Erörterung verdient in diesem Zusammenhang die Frage nach der Existenz germanischer Krieger- oder Männerbünde, die bis heute kontrovers diskutiert wird.[271] Am Anfang der Forschungsgeschichte steht hier die 1902 erschienene kulturgeschichtliche Studie *Altersklassen und Männerbünde. Eine Darstellung der Grundformen der Gesellschaft*, in welcher der Kulturtheoretiker Heinrich Schurtz (1863–1903) unter Rückgriff auf ethnologische Beobachtungen in Nordamerika, Afrika und Polynesien die strikte Trennung der Geschlechter und die dadurch bedingte gesellschaftliche Organisationsform des Männerbundes als Motor kultureller Entwicklung postulierte. Starken Auftrieb gewann das allgemeine Interesse an männlich dominierten bündischen Organisationsformen in der Folgezeit durch die Jugendbewegung, das Gemeinschaftserlebnis der Kriegsteilnehmer und den Einfluß paramilitärischer Kampfverbände nach dem Ende des Kaiserreichs. Eine Brücke von der ethnologischen Forschung zur europäischen Gegenwart schlug Jakob Wilhelm Hauer, der im ekstatischen Erlebnis einen Grundzug archaischer Religiosität sah und 1923 den ersten

Band seines Werkes *Die Religionen. Ihr Werden, ihr Sinn, ihre Wahrheit* mit einem Kapitel «Die Geheimbünde» beschloß. Darin stellte er zusammenfassend fest:[272] «Der Geheimbund der Primitiven war die armselige Vorbereitung weltgeschichtlicher Gemeinschaftsbildungen.» Bereits 1927 wandte Lily Weiser (1898–1987), eine Schülerin des Wiener Germanisten Rudolf Much (1862–1936), in ihrer Dissertation *Altgermanische Jünglingsweihen und Männerbünde. Ein Beitrag zur deutschen und nordischen Altertums- und Volkskunde* diese Sicht der Dinge auf die Kultur der Germanen an. Ihr folgte als ein weiterer und weitaus einflußreicherer Schüler Muchs Otto Höfler (1901–1988), der in seiner 1934 veröffentlichten Habilitationsschrift *Kultische Geheimbünde der Germanen* in dem durch Einweihungsrituale, Totenkult und ekstatisches Erleben gekennzeichneten Männerbund einen Grundpfeiler germanischer Gesellschaft und Religiosität sah.

Zu den Forschern, die Höflers Kontinuitätstheorie zustimmend aufgriffen und durch weitere Arbeiten zu stützen suchten, zählen Robert Stumpfl mit einer Untersuchung über *Kultspiele der Germanen als Ursprung des mittelalterlichen Dramas* (1936) sowie Richard Wolfram mit einer Studie über den Zusammenhang zwischen *Schwerttanz und Männerbund* (1936–1937). Scharfe Kritik erfuhr Höfler jedoch von anderer Seite aufgrund seiner Methode, hatte er doch aus einigen wenigen Bemerkungen in der *Germania* des Tacitus über die Krieger der Chatten und Harier weitreichende Schlußfolgerungen gezogen, sie mit unsicheren Parallelen in der altnordischen Überlieferung verknüpft und teilweise weitläufige Entsprechungen im neuzeitlichen Brauchtum als Ausdruck einer tiefgreifenden historischen Kontinuität interpretiert. Darüber hinaus wurde sogleich vermerkt, daß Höflers germanische Männerbünde nationalsozialistischen Organisationen wie der SS und der Hitlerjugend mit ihren pseudoreligiösen Ritualen in einer derart frappanten Weise glichen, als hätte man sie unmittelbar aus der Gegenwart ins Altertum versetzt. So äußerte denn auch der Germanist Friedrich von der Leyen schon 1935 in einer Rezension des Buches unverblümt die Vermutung, Höfler sei vielleicht durch die Ereignisse der jüngsten Vergangenheit zu seiner Meinung verführt worden, «was er zeige, das sei ein Beweis aus der germanischen Urgeschichte für die Richtigkeit der nun erreichten Ziele. Auch der Kult und die

Mythologie unserer Vorfahren hätten die Ekstase über die Vernunft, die Gesamtheit über den Einzelnen gestellt».[273] Tatsächlich offenbart die jahrzehntelange Diskussion um die Existenz germanischer Männerbünde ein grundlegendes Dilemma aller Versuche, die Religion der Germanen insgesamt zu rekonstruieren: Viele religiöse Phänomene, die in anderen Kulturen mit einer vergleichbaren Wirtschafts- und Gesellschaftsordnung gut bezeugt sind, haben in den Quellen der germanischen Religionsgeschichte nur wenige oder gar keine Spuren hinterlassen. Die Vermutung, daß es diese Phänomene gleichwohl auch bei den Germanen in der einen oder anderen Form gegeben habe, liegt dann zwar nahe, läßt sich anhand der vorhandenen Quellen jedoch weder bestätigen noch widerlegen und schon gar nicht präzisieren. Daß Hinweise antiker Autoren, archäologische Funde und volkstümliche Überlieferungen als Hinweise auf bestimmte Phänomene gedeutet werden *können*, sollte keinesfalls darüber hinwegtäuschen, daß alle diese Zeugnisse in der Regel mehrdeutig und für ganz unterschiedliche Gesamtdeutungen offen sind.

Eine grundsätzliche Schwierigkeit ergibt sich in diesem Zusammenhang noch aus der Frage nach der Gewichtung von «religiös» und «profan» bei den Germanen. Hier neigte gerade die ältere Forschung dazu, einerseits die Religion der Germanen für unableitbar zu halten, andererseits jedoch weitere Bereichen der germanischen Kultur wie etwa Recht und Sitte daraus abzuleiten. Eine wichtige Rolle spielte dabei gerade im deutschen Sprachraum die Meinung, vereinzelte Indizien in der antiken Ethnographie und in mittelalterlichen Quellen seien als Beweise dafür zu werten, das germanische Recht sei insgesamt religiösen Ursprungs gewesen. Trocken bemerkte dazu schon 1943 der Germanist Hans Kuhn (1899-1988):[274]

> Mir kommt dies fast so vor, als wollte man mit Fahnenweihe und Fahneneid, Garnisonskirchen, Feldpredigern und Feldgottesdiensten und mit dem Choral von Leuthen beweisen, daß das preußische Heer religiösen Ursprungs ist.

Wie Kuhn zutreffend feststellt, beruht die Vorstellung vom religiösen Ursprung des gesamten Rechts der Germanen vielmehr auf dem romantischen Vorurteil, die Religion habe einstmals – im Gegensatz zum modernen Zeitalter der Säkularisierung – alle Lebensbereiche durchdrungen und das Recht sei ebenso wie die Sitte ohne Zwang von oben aus der Gemeinschaft selbst erwachsen. Daß dies gerade für das älteste germanische Recht so nicht zutreffen kann, zeigte Kuhns Schüler Klaus von See.[275]

Religionsgeschichte als Kulturkritik und Religionsersatz

Blickt man auf die Einseitigkeiten und Auswüchse der Germanenforschung seit dem Humanismus zurück, so ist als eine bemerkenswerte Konstante der beständige Rückgriff auf die antike Überlieferung mit ihrer Hervorhebung des Gegensatzes zwischen den Germanen und ihren Nachbarn festzustellen. Im Zuge dieser Bemühungen um Abgrenzung übertrug man den bei Caesar vorherrschenden Kontrast zwischen Germanen und Kelten unbedenklich auf Deutsche und Franzosen oder Protestantismus und Katholizismus, und den taciteischen Gegensatz zwischen einfach gebliebenen Germanen und zivilisatorisch weiterentwickelten Römern sah man gespiegelt in modernen Spannungen wie der zwischen Agrarwirtschaft und Industrialisierung. Die Attraktivität der germanischen Religionsforschung bestand in diesem Zusammenhang letztlich darin, Kulturkritik historisch zu legitimieren und Rückschlüsse aus scheinbar wissenschaftlich gesicherten historischen Tatsachen und Gesetzmäßigkeiten als eine Art von Religionsersatz darzubieten.

Betrachtet man diese Bemühungen im Kontext der Geschichte religionswissenschaftlicher Forschungen von ihren Anfängen in der zweiten Hälfte des 19. Jahrhunderts bis zur Gegenwart, so stellt man auch außerhalb der germanischen Religionsgeschichte immer wieder fest, wie zeitbedingte Wunsch- und Idealvorstellungen die Deutung unzureichend bekannter religiöser Phänomene maßgeblich beeinflußten. Ein charakteristisches Beispiel dafür bietet bereits 1878 Friedrich Max Müller, der den melanesischen Begriff *mana*, verstanden als Bezeichnung einer unpersönliche Macht oder Kraft, mit Rückgriff auf den Religionsbegriff Schleiermachers als «melanesischen Namen für das Unendliche» interpretierte und so für die Religionstheorie der frühen Romantik vereinnahmte.[276] Eine ähnlich zeittypische Fehldeutung findet man nur wenig später bei dem Orientalisten Hubert Grimme, der 1892, also unmittelbar nach dem Aufstieg der SPD zur stimmstärksten Partei und der Verabschiedung der Arbeiterschutzgesetze, auch im frühen Islam nichts anderes sehen wollte als ein religiös verbrämtes sozialistisches System.[277] Kulturphilosophische und anthropologische Theorien der Zwanziger Jahre des 20. Jahrhunderts spiegeln sich in den Büchern der amerikanischen Ethnologin Margaret Mead, deren Schilderung einer konfliktfreien und von religiösen Ängsten unbeschwerten samoanischen Kultur nicht nur als heiterer Gegenentwurf zu den düsteren Seiten der westlichen Zivilisation gelesen werden konnte, sondern auch die damals populäre These von der formativen Kraft der Kultur und damit von der Formbarkeit des Menschen zu bestätigen schien.[278] Die daraus ersichtliche Anfälligkeit jeder Generation für religiöse Wunsch- und Idealvorstellungen ist jedoch keineswegs auf die Neuzeit beschränkt, sondern begegnet vielmehr in der gesamten abendländischen Geschichte der Beschäftigung mit fremden oder vergangenen Kulturen. So findet man schon bei Herodot die utopische Vorstellung von den frommen und heiteren Hyperboreern weit oben im Norden der bewohnten Welt, Poseidonios feierte die keltischen Druiden als ideale Philosophen, und im 18. Jahrhundert begeisterten sich die Exponenten der Aufklärung für die vermeintlich geistesverwandten chinesischen Denker. Antike, mittelalterliche und moderne Darstellungen fremder Religionen verbindet hier das Moment der Utopie, das Wunsch- und Idealvorstellungen der eigenen Kultur mit dem Hinweis auf die Verhältnisse einer geographisch entlegenen Region oder einer vergangenen Epoche als real existent ausgibt, um sie dadurch gleichsam dokumentarisch zu beglaubigen. In historischer Perspektive erweist sich die Religion der Germanen damit als nur eine von vielen möglichen Projektionsflächen utopischer Entwürfe, wie sie für die gesamte europäische Geistesgeschichte charakteristisch sind.

10.

GERMANISCHE RELIGION UND NEUGERMANISCHES HEIDENTUM

Wenn etliche moderne Bücher über die Religion der Germanen ihre Entstehung dem Bedürfnis nach einem wissenschaftlich begründeten Religionsersatz verdankten oder zumindest in dieser Funktion verwendet wurden, so hatten alle daraus abgeleiteten Weltanschauungen gegenüber einer Religion im Vollsinn dieses Wortes doch einen entscheidenden Nachteil: Sie boten mit ihren – tatsächlich oder auch nur scheinbar – wissenschaftlich gesicherten Deutungen zwar das Äquivalent einer Mythologie, besaßen jedoch keinen die Gefühle ansprechenden und dadurch Gemeinschaft stiftenden Kult. Alsbald meldete sich daher das Bedürfnis, die vermeintlichen Einsichten in das Wesen der germanischen Religion nun auch in rituelle Handlungen umzusetzen, um ihnen dadurch sichtbaren Ausdruck und Kontinuität zu verleihen.

Neugermanische religiöse Bewegungen

Am Anfang der neugermanischen religiösen Bewegungen steht die sogenannte Ariosophie, eine Verbindung völkischer und rassistischer Ideologien des späten 19. Jahrhunderts mit dem zeitgenössischen Okkultismus.[279] Einer ihrer Gründer war der Österreicher Guido List (1848–1919), der seit 1903 nach der Genesung von einer schweren Krankheit unter dem Namen Guido von List eine Reihe von Schriften über das germanische Altertum veröffentlichte.[280] Die Grundlage seiner Darstellungen bildeten Schauungen, die List als «Erberinnerung» an frühere Erdenleben interpretierte. Mit ihrer Hilfe deutete er zeitgenössische Volksbräuche, Lieder und Sagen ebenso wie archäologische Funde und altisländische Literaturwerke als Überreste einer uralten Hochkultur, deren Träger er Ario-Germanen nannte. Seiner Auffassung nach war die Religion der Ario-Germanen polytheistisch, besaß jedoch einen esoterischen, das heißt nur wenigen Eingeweihten bekannten, monotheistischen Kern. List selbst vertrat eine Art Pantheismus, wobei er in einem hierarchischen Schema die Existenz eines umfassenden Weltgeistes, eines untergeordneten Erdengeistes sowie verschiedener Rassen- und Volksgeister annahm. Die einzelnen Rassen ordnete List unterschiedlichen Stufen der geistigen und kulturellen Entwicklung zu und erklärte die Zugehörigkeit jedes einzelnen Menschen zu einer bestimmten Rasse mit Hilfe der Wiedergeburtslehre. Den Sinn der Ehe sah er vor allem in der Bewahrung der Rassereinheit. In der Gesellschaft der Ario-Germanen unterschied List einen Nähr-, Wehr- und Lehrstand, deren Angehörige er in Anlehnung an Tacitus (*Germania* 2,2) als Ingfoonen, Istfoonen und Armanen bezeichnete. Den vornehmsten Stand bildeten List zufolge die Armanen, bei denen man je nach Ausbildung drei verschiedene Grade oder Einweihungsstufen unterschieden habe. Sie wirkten nach List als Gelehrte, Priester, Richter und Herrscher, während die Istfoonen durch die kriegerische Unterwerfung fremder Völker die ario-germanische Kultur in der Welt verbreiteten. Die Runen hielt List für Sinnbilder der ario-germanischen Weltanschauung, die nicht nur als Buchstaben, sondern auch als Heilszeichen verwendet worden seien. Als verhängnisvollen Wendepunkt in der Geschichte der Ario-Germanen betrachtete er die Christianisierung, in deren Gefolge die Armanen bzw. ihre Nachfahren nur wenige Überreste der einstigen Hochkultur im Verborgenen weiterhin überliefert hätten.

Während der Ausarbeitung dieses Gedankenguts stand List in enger Verbindung mit Adolf Josef Lanz (1874–1954), der seit 1900 unter dem Namen Jörg Lanz von Liebenfels in einer eigenen Zeitschrift mit dem Titel *Ostara* eine elitäre rassistische Religion propagierte.[281] Vertraut mit modernen naturwissenschaftlichen Theorien und bewandert in der Auslegung biblischer, gnostischer und apokrypher Texte, sah der ehemalige Zisterziensermönch Lanz das Prinzip des Guten und der Ordnung verkörpert in der arischen Rasse, der er sämtliche anderen Rassen als Vertreter des bösen Prinzips in dualistischer Weise gegenüberstellte. Das Gebot der Stunde sah Lanz in der Veredelung der europäischen Rasse durch eugenische Maßnahmen und der Bekämpfung oder Vernichtung aller anderen Rassen. Züge einer Religion gewann diese menschenverachtende Weltanschauung, als Lanz zur Verwirklichung seiner Ziele einen «Orden der Neuen Templer» ins Leben rief, mit Hilfe Wiener Freunde 1907 die Burg Werfenstein bei Grein in Oberösterreich erwarb und dort sein Hauptquartier einrichtete. Für seinen Orden schuf Lanz nicht nur eine eigene Regel, sondern auch eine siebenstufige Hierarchie, ein Zeremoniell und eine Liturgie mit drei Gottesdiensten für jeden Tag der Woche.

Bereits 1908 hatten Freunde und Förderer Lists eine «Guido von List-Gesellschaft» gegründet, der auch Lanz angehörte. Weitere Verbreitung erfuhr die Ideologie der Ariosophen durch den «Germanenorden», der 1912 als geheime Schwesterorganisation des antisemitischen «Reichshammerbundes» in Leipzig gegründet wurde und von seinen Mitgliedern den Nachweis germanischer Abstammung und einer dementsprechenden äußeren Erscheinung verlangte.[282] Im Unterschied zu Lanz bezogen die Organisatoren des Germanenordens die Requisiten für ihr Zeremoniell jedoch weniger aus der Tradition des christlichen Mönchtums als vielmehr aus den Ritualen der Freimaurer und einer durch Richard Wagner vermittelten (pseudo-)germanischen Mythologie. In ihrer Zielsetzung vergleichbar erscheint die «Germanische Glaubensgemeinschaft», die 1913 aus einem Zusammenschluß verschiedener völkischer Gemeinschaften wie der «Großen Germanenloge» und der «Wodangesellschaft» entstand und bis 1964 Bestand hatte.

Nach dem Ende des Ersten Weltkriegs bestärkten die politischen, gesellschaftlichen und wirtschaftlichen Umwälzungen im Gefolge der militärischen Niederlage Deutschlands und Österreichs die völkischen Ideologen in ihrer Überzeugung von der Bedrohung Europas durch eine gigantische Verschwörung minderwertiger Rassen. Zu ihrer Bekämpfung gründete der Verleger Herbert Reichstein (1892–1944) eine «Deutsche Arbeitsgemeinschaft für Menschenkenntnis und Menschenschicksal» und begann mit der Herausgabe einer Buchreihe *Ariosophische Bibliothek*.[283] Als Spezialist für Runen und germanische Mythologie publizierte darin Frodi Ingolfson Wehrmann (1889–1945), der die Theorien Lists mit astrologischen und numerologischen Studien verband und seine Weltanschauung später in einer eigenen Zeitschrift mit dem Titel *Der Wehrmann* (1930–1933) verbreitete. Ein anderer Mitarbeiter Reichsteins war der russische Emigrant Gregor Schwartz-Bostunitsch, der von den Anthroposophen um Rudolf Steiner zu den Ariosophen wechselte, in den Zwanziger Jahren auch für Alfred Rosenberg tätig war und seine Laufbahn 1944 als Ehrenprofessor und Standartenführer der SS beschloß.

In einem Klima des wirtschaftlichen Niedergangs, der politischen Unsicherheit und des Gefühls allgegenwärtiger Bedrohung war bereits 1918 als ein Ableger des Germanenordens die «Thule-Gesellschaft» entstanden.[284] Ihr Gründer war der kosmopolitische Abenteurer Adam Alfred Rudolf Glauer (1875–1945), der ähnlich wie Lanz und List auf seine Verbindung zum Adel Wert legte und sich daher Rudolf von Sebottendorf nannte. In seinem Umkreis entstand im Januar 1919 die «Deutsche Arbeiterpartei» (DAP), die ein Jahr später zur «National-Sozialistischen Deutschen Arbeiterpartei» (NSDAP) umgewandelt wurde. Die Kontinuität mit den völkischen Ideologien der wilhelminischen Zeit verdeutlicht nicht zuletzt das Hakenkreuz als Parteiemblem, dessen Geschichte man über die DAP und die Thule-Gesellschaft bis hin zu Guido List zurückverfolgen kann.

Zu den Mitgliedern der Thule-Gesellschaft zählte auch Rudolf-John Gorsleben (1883–1930), der nach seiner Heimkehr aus dem Weltkrieg aus einer eigenwilligen Deutung eddischer Texte, rassistischen Ideologien und Vorstellungen von einer magischen Wirkung der Runen eine eigentümliche Weltanschauung entwarf. Ähnlich wie List interpretierte auch er literarische und archäologische Funde als Belege einer einstigen arischen Hochkultur, deren Spuren sich in zahllosen Wörtern, Symbolen und Bräuchen bis in die Gegenwart erhalten habe. Der Erforschung des germanischen Altertums sollte die von ihm gegründete «Edda-Gesellschaft» dienen, deren Zeitschrift *Hagal* nach Gorslebens Tod noch bis 1939 von Werner von Bülow (1870–1947) weitergeführt wurde. Ein weiterer Runenideologe der Zwanziger Jahre war Friedrich Bernhard Marby (1882–1966), der unter Rückgriff auf Theorien des Heilmagnetismus und den indischen Yoga die Intonation der Runen und die Imitation der einzelnen Zeichen als Gymnastikpositionen zur Förderung der Gesundheit empfahl. Als Okkultist denunziert, verbrachte Marby die Jahre 1936–1945 in verschiedenen Konzentrationslagern, um dann nach der Befreiung durch die Alliierten seine schriftstellerische Tätigkeit wieder aufzunehmen.

Die Behandlung Marbys veranschaulicht die Feindseligkeit, die das NS-Regime nicht nur konkurrierenden völkischen Ideologen, sondern auch vielen neuheidnischen Schwarmgeistern entgegenbrachte. Sie resultierte zum einen aus dem kompromißlosen Bemühen um Gleichschaltung, zum anderen aus Hitlers Bewunderung der griechischen und römischen Antike, die ihn weder für die archäologische Germanenforschung noch für sprachliche Deutschtümelei besonderes Interesse finden ließ.[285] In dieser Hinsicht berührte sich sein Geschichtsbild mit dem Mussolinis, der 1934 bekannte, «mit überlegenem Mitleid auf gewisse Theorien jenseits der Alpen zu blicken, die von den Nachkommen eines Volkes vertreten werden, das zu einer Zeit, als Rom Caesar, Virgil und Augustus besaß, nicht einmal die Schrift kannte, um Zeugnisse seines Lebens zu überliefern».[286]

Insbesondere im Umkreis des Reichsführers SS Heinrich Himmler gelangten Vertreter neugermanischer Bewegungen dennoch zu erheblichem Einfluß. Ein Beispiel dafür ist der deutsch-holländische Privatgelehrte Herman Wirth (1885–1981), der in den Zwanziger und Dreißiger Jahren die Wiedergeburt einer monotheistischen Urreligion propagierte, wie er sie schon in den mutterrechtlichen Gesellschaften des versunkenen Kontinents Atlantis und der Steinzeit glaubte nachweisen zu können.[287] Als eine Hauptquelle diente ihm dabei die sogenannte *Ura-Linda-Chronik*, eine Geschichte der Friesen und insbesondere der friesischen Familie Over de Linden, die den Zeitraum von der Weltentstehung bis ins 1. Jahrhundert v. Chr. behandelt und neben der eigentlichen Geschichtsdarstellung auch zahlreiche Rechtssatzungen und Angaben zur vorchristlichen Religion enthält. 1872 vom Konrektor des Gymnasiums in Leeuwarden erstmals herausgegeben, wurde das Werk nach einer aufsehenerregenden öffentlichen Debatte um seine Echtheit bereits 1876 als Fälschung entlarvt. Wie sich herausstellte, war das Papier nicht 600, sondern nur 25 Jahre alt und künstlich gebräunt worden. Die vermeintliche Runenschrift, in welcher der Fälscher den Text geschrieben hatte, war aus den Großbuchstaben des lateinischen Alphabets entwickelt worden, die Sprache ein nur mühsam auf Altfriesisch getrimmtes Neuholländisch. Als Quellen und Vorlagen der religionsgeschichtlichen Angaben ermittelte man neben Werken wie der Bibel, Tacitus' *Germania* und Jacob Grimms *Deutscher Mythologie* unter anderem ein Buch über *Die deutschen Volksfeste* aus dem

Jahr 1854, einen bereits 1812 erschienenen Ritterroman von Friedrich de la Motte Fouqué sowie Schriften des französischen philosophischen Schriftstellers Volney. Ungeachtet dieser vernichtenden Kritik, die in Holland auch hartgesottene Zweifler verstummen ließ, gab Wirth die *Ura-Linda-Chronik* 1933 in Deutschland abermals heraus und verursachte mit seinem nachhaltigen Eintreten für deren Echtheit erneut eine aufgeregte Diskussion. 1935 wurde Wirth Präsident der von Himmler neugegründeten «Studiengesellschaft für Geistesurgeschichte ‹Deutsches Ahnenerbe›» und erläuterte im Schutze dieser Gesellschaft auf Schulungsvorträgen seine Pläne für eine «Neubelebung und Erstarkung reiner deutscher Geistigkeit». Darüber hinaus legte er eine *germanische Brauchtumssammlung* an, unternahm kostspielige Exkursionen zum Studium skandinavischer Felszeichnungen und drehte in einer eigenen Filmwerkstatt noch bis 1937 aufwendige urgeschichtliche Filme. Ein anderer Protegé Himmlers war der pensionierte österreichische Offizier Karl Maria Wiligut (1866–1946), den seine Anhänger als letzten Abkömmling einer langen Reihe germanischer Weisen betrachteten und der auf der Grundlage einer hellseherischen Erberinnerung nicht nur ausführliche Schilderungen der altgermanischen Religion und Kultur zu Papier brachte, sondern darüber hinaus mit seinen Vorstellungen die Gestaltung der Montur und des Zeremoniells der SS beeinflußte.[288]

In scharfem Gegensatz zu dem von Himmler gegründeten «Ahnenerbe» stand seit den späten Dreißiger Jahren die «Dienststelle des Beauftragten des Führers für die Überwachung der gesamten geistigen und weltanschaulichen Schulung und Erziehung der NSDAP», nach ihrem Reichsleiter auch kurz das «Amt Rosenberg» genannt. Dieser Gegensatz beruhte teils auf unterschiedlichen ideologischen Voraussetzungen der jeweiligen Mitarbeiter, teils auf der offenkundigen Rivalität der beiden Hauptakteure Himmler und Rosenberg, von denen jeder für sich selbst die Rolle des Schöpfers einer neuen quasireligiösen Weltanschauung beanspruchte. Die kriegsbedingte Verknappung der materiellen Ressourcen und die beiden Parteien gemeinsame Überzeugung vom unbedingten Recht des Stärkeren im Kampf ums Dasein trugen dazu bei, daß die Auseinandersetzungen zwischen Wissenschaftlern beider Organisationen auch mit den Mitteln der politischen Denunziation und persönlichen Verfolgung ausgetragen wurden. Dies führte nicht zuletzt dazu, daß viele Beteiligte, die vor 1945 noch um ihre Anerkennung als Nationalsozialisten gerungen hatten, nach Kriegsende unter Rechtfertigungsdruck auf erlittene Unbill als Beleg der Gegnerschaft zum Nationalsozialismus verweisen konnten. Entsprechende Darstellungen und Selbstdarstellungen trugen ebenso wie das beliebte Klischee vom weltfremden Gelehrten wesentlich dazu bei, den Anteil auch der Religionshistoriker, Vor- und Frühgeschichtler, Volkskundler und Altgermanisten an der Entstehung, Popularisierung und praktischen Umsetzung einer menschenverachtenden Ideologie zu verschleiern.[289]

Zu den ersten neuheidnischen Bewegungen, die sich nach dem Ende des Zweiten Weltkriegs neu formierten, zählt der von Mathilde Ludendorff (1877–1966) 1951 neugegründete «Bund für Gotteserkenntnis», der 1961 vom Bundesinnenministerium als verfassungsfeindlich verboten, 1971 jedoch wegen rechtlicher Bedenken vom Bundesverwaltungsgericht wieder zugelassen wurde.[290] In ihrer antichristlichen und rassistischen Tendenz vergleichbar erscheint die ebenfalls 1951 ins Leben gerufene «Artgemeinschaft», deren Gründer Wilhelm Kusserow 1980 nach inneren Streitigkeiten mit einigen älteren Anhängern die Gemeinschaft verließ und einen eigenen «Treuekreis Artglaube Irminsul» gründete. Als eine der bedeutendsten neugermanischen Gemeinschaften riefen 1976 Adolf und Sigrun Schleipfer unter Rückgriff auf das Gedankengut der Guido von List-Gesellschaft den «Armanenorden» mit seiner Zeitschrift *Irminsul* ins Leben. In ihm sahen die Organisatoren eine Verkörperung der «Erkenntnis der göttlichen Weltordnung auf der Grundlage des germanischen und keltischen Weistums, dessen Religions- und Kultform die einheimischen Göttermythen bilden».[291] Zu den wichtigsten Aktivitäten des Ordens zählen Vorträge, Exkursionen zu vorchristlichen Heiligtümern, gemeinsame Brauchtumspflege und jahreszeitlich gebundene Feste wie das Ostara-Thing zu Ostern, ein Thing zur Mittsommerwende, die Feier von Wotans Opfertod zu Allerheiligen und das Julfest zur Wintersonnenwende. Zur rituellen Ausgestaltung dieser Feiern gehört eine mystische Ausdeutung der Runen, bei der auch die Schriften Friedrich Bernhard Marbys Verwendung finden.

1985 gründete ein Mitglied des Armanenordens, Geza von Neményi, die «Heidnische Gemeinschaft e. V.», laut Satzung als einen

Zusammenschluß von Menschen, die sich zu heidnischen Naturgöttern und einer germanisch-wendisch-keltischen Naturreligion bekennen, Faschismus und Rassismus aber ablehnen. In Abgrenzung von den Theorien der Ariosophen bemüht sich die Heidnische Gemeinschaft um eine möglichst getreue Rekonstruktion der vorchristlichen Religion, wobei man neben der altnordischen Literatur vor allem Märchen, Sagen und Bräuche heranzieht. Eine wichtige Rolle spielen auch hier jahreszeitlich gebundene Feste, die im Unterschied zum Armanenorden jedoch stets unter freiem Himmel begangen werden. Als eine der jüngsten neuheidnischen Gemeinschaften entstand 1989 unter der Führung von Sigrun Schleipfer die «Arbeitsgemeinschaft naturreligiöser Stammesverbände Europas», die im Unterschied zum Armanenorden intensiven Kontakt zu anderen heidnischen Gruppen pflegt und neben der Behandlung vorgeschichtlicher und volkskundlicher Fragestellungen auch Sonnwend- und Julfeiern sowie Runenseminare ausrichtet.

Neuheidentum und Synkretismus

Vergleicht man die Weltanschauung und die Rituale der oben genannten neuheidnischen Bewegungen mit den zuvor geschilderten Kulten und Mythen der Germanen, so sind die Unterschiede unübersehbar. Sie ergeben sich zunächst einmal daraus, daß die Religion der Germanen innerhalb einer bestimmten Region und Epoche eine historisch gewachsene und für alle Mitglieder der Gesellschaft verbindliche Größe darstellte und vom einzelnen wegen ihrer engen Verflechtung mit der sozialen Ordnung nicht ohne weiteres abgelehnt oder in Frage gestellt werden konnte. Im Gegensatz dazu handelt es sich bei den neugermanischen religiösen Bewegungen um reine Wahlgemeinschaften, für die sich die Mitglieder in der Regel aus einer Vielzahl von Angeboten aus freien Stücken entscheiden. Dabei mag die Instabilität und vergleichsweise kurze Lebensdauer vieler neugermanischer Religionen damit zusammenhängen, daß deren Mitglieder innerhalb der Gesellschaft stets nur eine verschwindend kleine Minderheit bilden und ihr Religionsvollzug in der Regel ohne näheren Zusammenhang mit den übrigen Lebensbereichen und damit auf vergleichsweise enge

Freiräume beschränkt bleibt. Ein weiterer gewichtiger Unterschied zur Religion der historischen Germanen besteht natürlich darin, daß sämtliche neugermanischen Gemeinschaften nicht an die Religion einer bestimmten Region und Epoche anknüpfen, sondern vielmehr – ausgehend von einem mehr oder weniger weit gefaßten Begriff des Germanischen – Kulte, Riten und Mythen aus mehreren Jahrhunderten oder sogar Jahrtausenden in eklektischer Weise miteinander verbinden. Entgegen ihrem Selbstverständnis beziehen sie ihre Kenntnisse darüber jedoch nicht etwa aus einer ungebrochenen Tradition, sondern vielmehr aus der Literatur des 19. und 20. Jahrhunderts, wobei bleibende Erkenntnisse und Fehleinschätzungen der älteren Forschung nur selten klar unterschieden werden. Charakteristisch dafür sind die bei Neuheiden verbreitete Vorstellung von einem Ursprung der germanischen Kultur in der Steinzeit, die Annahme eines vorgeschichtlichen Matriarchats, eine Datierung der Edda in die Zeit vor Christi Geburt, die fehlende Einsicht in die Abhänigkeit der Runen von mediterranen Schriftsystemen sowie die unkritische Ableitung neuzeitlicher Sagen, Märchen und Legenden aus der germanischen Mythologie. Davon abgesehen trägt das neugermanische Heidentum jedoch auch Züge, die mit der Religion der historischen Germanen überhaupt nichts zu tun haben und letztlich auf eine Verschmelzung des spätromantischen Germanenbilds mit Gedanken der zeitgenössischen Theosophie zurückzuführen sind.

1875 von Helena Petrowna Blavatsky (1831–1891) und Henry Steel Olcott (1832–1902) gegründet, propagierte die «Theosophische Gesellschaft» die fundamentale Einheit aller Religionen. Die weltanschauliche Grundlage dafür bildete ein monistischer Pantheismus, der Geist und Materie als unterschiedliche Erscheinungsformen eines in der Welt sich manifestierenden Gottes auffaßte und die Geschichte als einen Prozeß der zunehmenden Verstofflichung und darauffolgenden Vergeistigung interpretierte. Dabei führte man die Unterschiede zwischen den einzelnen Religionen auf eine unterschiedlich hohe Entwicklung der verschiedenen menschlichen Rassen zurück und erklärte die Zugehörigkeit eines Menschen zu einer bestimmten Rasse mit Hilfe der Wiedergeburtslehre aus seiner bisherigen Geschichte. Eine wichtige Rolle spielte ferner die Vorstellung von überragenden Lehrern, die ihr überlegenes Wissen unmittelbar nur einem kleinen Schülerkreis, der übrigen Welt aber gleichsam verschlüsselt mitteilten.

Verdeutlicht schon die von Lanz geprägte Bezeichnung «Ariosophie» den Zusammenhang mit der älteren «Theosophie», so werden viele Eigenheiten im Weltbild der Ariosophen und ihrer Nachfolger überhaupt erst durch den Einfluß theosophischer Schriften verständlich. Ein augenfälliges Beispiel dafür ist die Verknüpfung der Germanen mit Atlantis, die letztlich auf die theosophische Annahme eines Ursprungs der heutigen Menschheit mit ihren unterschiedlich hoch entwickelten «Unterrrassen» aus einer in Atlantis beheimateten «Wurzelrasse» zurückgeht. In dieser Tradition steht übrigens auch die 1912 als Abspaltung der Theosophie entstandene Anthroposophie Rudolf Steiners (1861–1925), der eine eigene Schrift über *Unsere Atlantischen Vorfahren* verfaßte. Anthroposophen wie Ariosophen stehen hier in der Tradition des englischen Theosophen William Scott-Elliot, der in seinem 1896 erschienen Buch *Atlantis* zeitgenössische Spekulationen über einen versunkenen Kontinent mit den Erkenntnissen der Geologie und der indischen Weltalterlehre in Einklang zu bringen suchte.[292] Unmittelbar von der Theosophie übernommen ist auch die Lehre von der Wiederverkörperung im Sinne einer zielgerichteten Höherentwicklung des Menschen, die in dieser Form weder dem Hinduismus noch dem Buddhismus bekannt ist und letztlich auf eine Verschmelzung indischer Traditionen mit der christlichen Geschichtstheologie, der naturwissenschaftlichen Evolutionslehre und dem Fortschrittsoptimismus der Jahrzehnte vor dem Ausbruch des Ersten Weltkriegs zurückzuführen ist. Dabei ist im Hinblick auf die Entstehung dieser Vorstellung zu beachten, daß die Wiederverkörperungslehre in Blavatskys 1877 erschienenem erstem großen Werk *Isis Unveiled* (*Die entschleierte Isis*) noch keine Rolle spielt und erst nach der Übersiedlung der Theosophischen Gesellschaft nach Indien in dem erstmals 1888 veröffentlichten Kompendium *Die Geheimlehre* (*The Secret Doctrine*) ausdrücklich gelehrt wird. Theosophisch beeinflußt erscheint schließlich auch die neuheidnische Vorstellung einer Übereinstimmung von Makrokosmos und Mikrokosmos, wie sie unter anderem der Runengymnastik Marbys zugrundeliegt. Ein Zusammenhang zwischen der fachwissenschaftlichen Diskussion um die Existenz kultischer Geheimbünde bei den Germanen und der theosophischen Annahme geheimer Bruderschaften und eines esoterischen und exoterischen Doppelgesichts der germanischen Religion erscheint immerhin erwägenswert.

Außer Frage steht, daß die Übereinstimmungen zwischen der Theosophie und dem germanischen Neuheidentum nicht nur auf der gleichzeitigen Entwicklung in ein und demselben geistigen Klima beruhen, sondern darüber hinaus auf persönliche Kontakte zurückzuführen sind. So etwa fungierte Guido Lists Biograph Johannes Balzli als Sekretär der Theosophischen Gesellschaft in Leipzig, während umgekehrt führende Theosophen und sämtliche Mitglieder der Theosophischen Gesellschaft in Wien der Guido von List-Gesellschaft beitraten.[293] Die Vermutung liegt daher nahe, daß Theosophie und Ariosophie für ein und denselben Personenkreis eine vergleichbare Attraktivität besaßen.

Neugermanische Religion als Kompensation und Utopie

Sucht man die Attraktivität der neuheidnischen Bewegungen von ihrem ersten Auftreten gegen Ende des 19. Jahrhunderts bis hin zur Gegenwart zu verstehen, wird man zwischen epochen- und gesellschaftsübergreifenden Grundmotiven und deren spezifischen historischen Ausprägungen unterscheiden müssen. Charakteristisch für alle neuheidnischen Bewegungen erscheint die Unzufriedenheit mit den religiösen, gesellschaftlichen und politischen Verhältnissen der Gegenwart, die alle Formen vom diffusen Unbehagen bis hin zur erdrückenden Angst vor einer existentiellen Bedrohung annehmen kann. Charakteristisch erscheint ferner eine stark emotionelle und antirationalistische Haltung der Betroffenen, die keine graduellen Verbesserungen aus einer Analyse und allmählichen Umgestaltung der Gegenwart, sondern vielmehr radikale Lösungen aus der unvermittelten Wiedereinsetzung einer idealisierten fernen Vergangenheit herbeizuführen sucht. Dabei beruht die Attraktivität der zahlreichen Rand- und Splittergruppen wohl weniger auf den von ihnen tatsächlich bewirkten Veränderungen als vielmehr auf der durch sie vermittelten Überzeugung, sich schon durch die Einsicht in verborgene Zusammenhänge vom Gefühl der Angst und Bedrohung befreien zu können. Eine wichtige Rolle spielt dementsprechend der

Glaube an den Besitz einer sinnstiftenden, absoluten und unwiderlegbaren Wahrheit, die gerade durch die verständnislose Ablehnung einer breiten Mehrheit dazu geeignet ist, in ihren Anhängern das Bewußtsein der Bevorzugung und Auserwähltheit zu wecken oder zu befördern.

Im Hinblick auf diese grundlegenden Übereinstimmungen erweisen sich vordergründig ganz unterschiedliche Auffassungen innerhalb der verschiedenen neuheidnischen Gemeinschaften bei genauerem Hinsehen als bloße Varianten ein und desselben Themas. So ist die antichristliche Einstellung der frühen Ariosophen zwar zunächst im Kontext der alldeutschen «Los-von-Rom-Bewegung» im deutschsprachigen Österreich gegen Ende des 19. Jahrhunderts zu verstehen, doch konnten die Schriften der betreffenden Autoren auch unabhängig davon in einem allgemein kirchenkritischen Sinn gelesen werden. In ähnlicher Weise steht der monistische Pantheismus der Theosophen und Ariosophen zwar unter dem Einfluß zeitgenössischer philosophischer und naturwissenschaftlicher Theorien, konnte unabhängig davon jedoch auch all jenen als Alternative dienen, die in der Entzauberung oder Entgöttlichung der Welt die Ursache der modernen Misere sahen oder der Vorstellung eines transzendenten Gottes verständnislos gegenüberstanden. Daß die Furcht vergangener Generationen vor den Folgen der Industrialisierung unmittelbar in die moderne Angst vor einer globalen Umweltzerstörung mündet, leuchtet unmittelbar ein. Darüber hinaus könnte man aber auch in der Warnung völkischer Ideologen vor der Unterdrückung Europas durch minderwertige Rassen einen gewissen Vorläufer des fatalen Schlagworts vom Kampf der Kulturen im Zeitalter der Globalisierung sehen.

Daß all dies mit dem Lebensgefühl, dem Weltbild, der Ethik und dem alltäglichen Lebensvollzug der historischen Germanen nur wenig zu tun hat, kann kaum überraschen. So stellt man denn auch bei den Beschreibungen neuheidnischer Weltbilder und Rituale immer wieder fest, daß die Mythologie der Germanen lediglich als eine Art Staffage dient, die nicht nur nach Belieben mit anderen Elementen kombiniert werden kann, sondern im Grunde selbst austauschbar ist. Nicht von ungefähr sind daher in den vergangenen Jahrzehnten gerade im deutschsprachigen Raum verstärkt imaginäre Kelten an die Stelle imaginärer Germanen getreten, um die ungebrochene Sehnsucht nach dem Einklang des Menschen mit sich selbst und der ganzen Welt historisch zu legitimieren. Angesichts des weitgehenden Schweigens der Quellen erweist sich eine Kultur so gut wie die andere als ideale leere Leinwand, auf die jede Generation aufs neue ihre individuellen und kollektiven Wunschbilder projizieren kann. Der Vergleichenden Religionswissenschaft kommt im Hinblick darauf eine doppelte Aufgabe zu: Zunächst gilt es, durch ein intensives Studium der Originalquellen, eine kulturübergreifende Betrachtungsweise und die beständige Reflexion der Interpretationsmethoden ein möglichst authentisches und differenziertes Bild der Religionsgeschichte zu erarbeiten, das mehr als nur einen Spiegel des jeweiligen Zeitgeistes darstellt. Sodann sind aber auch die Mechanismen der Rezeption vergangener und fremder religiöser Traditionen zu analysieren und die Ergebnisse dieser Forschung einer möglichst breiten Öffentlichkeit zu vermitteln, um so der Instrumentalisierung religiöser Phänomene vorzubeugen. Mit Blick auf die Geschichte des 19. und 20. Jahrhunderts bildet die Religion der Germanen vielleicht eines der eindrucksvollsten Beispiele für die Dringlichkeit dieser Aufgabe.

ANHANG

ANMERKUNGEN

Die folgenden Anmerkungen sind in erster Linie dazu bestimmt, wissenschaftlich interessierte Benutzer mit den wichtigsten Primär- und Sekundärquellen der vorliegenden Darstellung bekannt zu machen. Angeführt wurden an erster Stelle die relevanten Artikel in Rudolf Simeks *Lexikon der germanischen Mythologie* sowie die maßgeblichen Beiträge der Neubearbeitung des *Reallexikons der Germanischen Altertumskunde* (RGA), ferner einige grundlegende Standardwerke und eine Auswahl neuerer Spezialuntersuchungen. Diese enthalten ausführliche Hinweise auf weiterführende Literatur, mit deren Hilfe sich der Leser ein Bild von der Geschichte und dem gegenwärtigen Stand der Forschung wird machen können (vgl. dazu die einführenden Bemerkungen zum Literaturverzeichnis). Auf die ausführliche Diskussion abweichender Forschungsmeinungen mußte aus Platzgründen verzichtet werden.

1 Zur Geschichte des Germanenbegriffs, den konkurrierenden sprachwissenschaftlichen Erklärungsversuchen und der neueren interdisziplinären Diskussion vgl. den Artikel «Germanen, Germania, Germanische Altertumskunde», in: RGA 11 (1998) 181–438, darunter insbesondere die Teilbeiträge von D. Timpe (182–245), G. Neumann (259–265) und H. Steuer (318–327), sowie GÜNNEWIG 1998, LUND 1998a und WELLS 2001.

2 Zum religionsgeschichtlichen Quellenwert der *Germania* des Tacitus vgl. die kommentierten Ausgaben von LUND 1988 und PERL 1990, die quellenkritische Studie von TIMPE 1992 und die Beobachtungen von CANCIK 2001.

3 Vgl. dazu insbesondere RIDÉ 1977 und KRAPF 1979. Weitere Literaturhinweise bietet PERL 1990, 53 Anm. 160 und 66 Anm. 201.

4 Vgl. LOSEMANN 1988, 258f.

5 Vgl. PERL 1990, 64 und LOSEMANN 1988, 259f. Zur propagandistischen Vereinnahmung archäologischer Forschungen während der deutschen Besetzung des Elsaß von 1940–1944 vgl. LEGENDRE 1999.

6 Vgl. dazu die grundlegenden Studien von MESSMER 1960 und SVENNUNG 1967 sowie F. Paul, «Gotizismus», in: RGA 12 (1998) 461–466.

7 Vgl. dazu VON SEE 1994, 68ff. sowie ausführlich BLOCHER 1993.

8 Vgl. dazu die Hinweise bei SCHIER 1998.

9 Daher auch die isländische Bezeichnung *Konungsbók eddukvæða*. Die ältere Bezeichnung *Sæmundar Edda* beruht auf der irrigen Annahme, die Sammlung sei ein Werk des isländischen Gelehrten *Sæmundr Sigfússon*

mit dem Beinamen *hinn fróði* «der Weise» (1056–1133). Zur Rezeption der Edda im Zeitalter der Aufklärung und in der Romantik vgl. Wawn 1994 und Böldl 2000.

10 Vgl. dazu von See 1994, besonders 9–30 und 61–82, sowie den Ausstellungskatalog Henningsen u. a. 1997.

11 Zur Germanenideologie im Nationalsozialismus vgl. ausführlich und mit reichen Literaturhinweisen Lund 1995.

12 Vgl. dazu insbesondere den in Anm. 1 zitierten Artikel «Germanen, Germania, Germanische Altertumskunde», in: RGA 11 (1998) 181–438 sowie als archäologische Kritik überkommener Ethnizitätsvorstellungen Brather 2000 und Wells 2001.

13 Zur Kritik dieses – hierzulande vor allem mit dem Namen des Vorgeschichtsforschers Gustaf Kossinna (1858–1931) verbundenen – Verfahrens vgl. den Beitrag von H. Steuer in dem Sammelartikel «Kontinuitätsprobleme», in: RGA 17 (2001) 205–237, den Artikel von S. Brather, «Gustaf Kossinna», in: RGA 17 (2001) 263–267 und den Sammelband Steuer 2001.

14 Für eine Herausbildung der germanischen Sprachen an der Ostseeküste in Nachbarschaft der baltischen Sprachen argumentiert mit namenkundlichen Argumenten Udolph 1994.

15 Vgl. zusammenfassend mit weiterführenden Literaturangaben Hartinger 1992 und Kramer 1992.

16 Unter den archäologischen Zeugnissen der Bronzezeit, die deshalb hier – im Unterschied zu vielen älteren Darstellungen – nicht besprochen werden, zählen so bekannte Denkmäler wie etwa die skandinavischen Felsritzungen (vgl. dazu Schier 1992), der Sonnenwagen von Trundholm auf Seeland und das Grab von Kivik auf Schonen.

17 Vgl. dazu T. Capelle u. a., «Figürliche Kunst», in: RGA 9 (1995) 11–28, G. Wegner, «Flußfunde», in: RGA 9 (1995) 263–276, H. Steuer u. a., «Fürstengräber», in: RGA 10 (1998) 168–220, zur allgemeinen Übersicht Ellmers 1992 sowie aus der umfangreichen neueren Literatur die zusammenfassenden bzw. einführenden Darstellungen von Hagberg 1984, Harck 1984, Bradley 1990 (Opfer- und Weihegaben), Jankuhn 1970, Müller-Wille 1984, Bemmann u. Hahne 1992, Müller-Wille 1999 (Opferplätze, Kultstätten, Heiligtümer),

18 Vgl. dazu einführend K. Hauck, «Brakteatenikonologie», in: RGA 3 (1978) 362–401, ders., «Goldblechfigürchen», in: RGA 12 (1998) 313–323, M. Axboe, «Goldbrakteaten», in: RGA 12 (1998) 323–327, M. Watt, «Gubber», in: RGA 13 (1999) 132–142 sowie Hauck 1992b, Seebold 1992, Gaimster 1998 und Lamm u. a. 2000.

19 Vgl. dazu Leunissen 1985 und Derks 1992 (lateinische Weihinschriften) sowie Nielsen 1985, Flowers 1986, Düwel 1992, Nedoma 1998 und Hultgård 1998 (Runeninschriften).

20 Eine umfassende und unter Berücksichtigung des derzeitigen Forschungsstands kommentierte Sammlung der antiken und mittelalterlichen literarischen Quellen zur Religion der Germanen fehlt. Vgl. aus älterer Zeit die Anthologien von CLEMEN 1928 (lateinische Quellen ohne Übersetzung) und BAETKE 1938 (lateinische und altnordische Zeugnisse in deutscher Übersetzung) sowie LANGE 1962 (Texte zur Bekehrungsgeschichte).

21 Vgl. dazu grundlegend BOUDRIOT 1928 und HARMENING 1979 sowie aus neuerer Zeit HEN 1995.

22 Vgl. dazu SCHMIDT-WIEGAND 1992 und 1994 sowie MORDEK u. GLATTHAAR 1993.

23 Eine erste Übersicht ermöglicht das Nachschlagewerk SIMEK u. PÁLSSON 1987. Vgl. ferner PULSIANO 1993 sowie die einschlägigen Artikel im RGA.

24 Vgl. dazu MAROLD 1990 und 1992.

25 Vgl. dazu K. Schier, «Edda, Ältere», in: RGA 6 (1986) 355–394, DRONKE 1992a und 1997 sowie VON SEE u. a. 1997ff.

26 Vgl. dazu G. W. Weber, «Edda, Jüngere», in: RGA 6 (1986) 394–412 sowie zur neueren Diskussion VON SEE 1988, CLUNIES ROSS 1992, BECK 1993, VON SEE 1993, WEBER 1993, BECK 1994, CLUNIES ROSS 1998 und MAROLD 1998b.

27 Vgl. dazu grundlegend BAETKE 1952 (= BAETKE 1973, 319–350) sowie zur neueren Diskussion AÐALSTEINSSON 1990a und WALTER 2000.

28 Vgl. dazu als Einführung MEID 1992 sowie DÜWEL 1970 (vorchristliche Bezeichnungen für Opferriten), WESCHE 1940 und DE BOOR 1944 (Begriffe für Zauber und Weissagung), MAROLD 1988 (heidnischer Wortschatz der Skaldik), HOLMBERG 1990, ANDERSSON 1992a und 1992b, HOLMBERG 1992, SANDNES 1992 und SØRENSEN 1992 (sakrale Ortsnamen) sowie ANDERSSON 1992b, HOLMBERG 1992 und REICHERT 1992 (theophore Personennamen). Vgl. ferner J. Udolph/J. Insley, «Kultische Namen», in: RGA 17 (2001) 415–437 sowie zur germanischen Personennamengebung im allgemeinen SONDEREGGER 1997.

29 Unter den bisherigen monographischen Gesamtdarstellungen des Gegenstands seien wegen ihrer großen forschungsgeschichtlichen Wirkung, ihres Stoffreichtums oder ihrer Eignung als aktuelle Ergänzungen des vorliegenden Buches die folgenden Werke besonders hervorgehoben und kurz charakterisiert: GRIMM 1968 (Nachdruck der 1875–1878 veröffentlichten vierten Auflage des erstmals 1836 erschienenen grundlegenden Werks, das als Ausgangspunkt fast aller weiteren Forschungen diente), HELM 1913–1953 (erste streng chronologisch und geographisch differenzierende Darbietung des Stoffs), DE VRIES 1956–1957 (bis heute ausführlichstes Handbuch mit ausführlichem Referat älterer Forschungsmeinungen, im Unterschied zur ersten Ausgabe von 1935–1937 phänomenologisch statt geographisch-chronologisch gegliedert und stark an den Theorien Georges Dumézils orientiert), TURVILLE-PETRE 1964 (zusammenfassende Behand-

lung der skandinavischen Überlieferung in der für ein breites Publikum bestimmten Reihe «History of Religion»), Ström 1975 (handbuchartige Zusammenstellung in der für ein breites Publikum bestimmten Reihe «Die Religionen der Menschheit», ebenso wie de Vries stark an den Theorien Dumézils orientiert), Beck u. a. 1992 (Sammelband mit Beiträgen ausgewiesener Fachleute als Querschnitt neuerer Forschungen), Simek 1995 (Aufbereitung nicht nur der Mythologie, sondern der gesamten Religionsgeschichte in Form eines knappen, allgemeinverständlichen Lexikons mit reichen Literaturangaben), DuBois 1999 (Darstellung der spätheidnischen Religion des Nordens unter Berücksichtigung außergermanischer Überlieferungen aus dieser Region). Zur Gottesvorstellung der Germanen vgl. zusammenfassend B. Maier, «Götter und Göttinnen», «Götterattribute», «Götterdichtung», «Götternamen» und «Göttersprache», in: RGA 12 (1998) 283–298.

30 Vgl. dazu die Erwägungen zur Bedeutungsentwicklung von Seebold 1991.

31 Vgl. dazu und zum folgenden Marold 1992, 704–719.

32 Der Skalde Þjóðólfr ór Hvini lebte im 9. Jahrhundert in Norwegen. Er gilt als Verfasser des genealogischen Gedichts *Ynglingatal* und des Schildgedichts *Haustlǫng*. *Ynglingatal* behandelt die Ahnenreihe des norwegischen Königs Rǫgnvaldr heiðumhæri, der seine Abkunft auf das schwedische Königsgeschlecht der Ynglinger zurückführte; *Haustlǫng* beschreibt zwei mythologische Szenen um die Götter Thor und Loki, die auf einem Schild dargestellt waren (vgl. Simek u. Pálsson 1987, 152f. und 399).

33 Die weitverbreitete Übersetzung der Lieder-Edda durch Felix Genzmer erschien erstmals 1912–1920 als Auftakt zur «Sammlung Thule» des Verlags Eugen Diederichs. Sie «spiegelt die wissenschaftlichen Ansichten der ersten Hälfte unseres Jahrhunderts wider; durch ihre Eingriffe in den überlieferten Text ist sie in dieser Hinsicht keine genaue Übertragung des altnordischen Originals» (Kurt Schier in seiner Einleitung zur 1981 veröffentlichten einbändige Neuausgabe). Zur nicht unumstrittenen Deutung der *Vǫluspá* als Zeugnis spätheidnischer Religiosität vgl. Dronke 1992 b (mit dem Hinweis auf den klassischen Aufsatz von de Boor 1930).

34 Vgl. Düwel 1983, 31 sowie zur Inschrift von Sparlösa Birkmann 1995,239–255. Die insgesamt 164 Strophen der *Hávamál* wurden in der uns vorliegenden Form im 12. oder 13. Jahrhundert zusammengestellt. Sie enthalten Überlieferungen vorchristlicher Herkunft, sind aber in hohem Maße geprägt von christlichem und klassisch-antikem Bildungsgut (vgl. Simek u. Pálsson 1987, 152f.).

35 Vgl. H. Kuhn, «Asen», in: RGA 1 (1973) 457f. (= Kuhn 1978, 265f.) sowie Simek 1995, 25–27.

36 Vgl. Baetke 1948 (= Baetke 1973, 129–142).

37 Zur Etymologie des Wortes *Gott* vgl. Kluge 1995, 332. Die in der älteren

wissenschaftlichen Literatur gängige Ableitung von einer Wurzel mit der Bedeutung rufen («Gott» als «angerufenes Wesen») ist aus sprachwissenschaftlichen Gründen abzulehnen.

38 Vgl. dazu ausführlich MAIER 2001, 85 ff.

39 Vgl. dazu den Kommentar zur Stelle von PERL 1990, 158 f.

40 Die klassische Behandlung des Themas bietet WISSOWA 1919. Vgl. ferner BAUCHHENSS 1984 und 1992 sowie B. Maier, «Interpretatio», in: RGA 15 (2000) 460–465.

41 Zu der teilweise polemisch geführten Debatte um die Bedeutung des Namens Thingsus vgl. VON SEE 1972, HÖFLER 1979 und SIMEK 1995, 258 f.

42 Vgl. zusammenfassend SIMEK 1995, 268.

43 Vgl. SIMEK 1995, 123.

44 Vgl. dazu B. Maier, «Fruchtbarkeitskulte», in: RGA 10 (1998) 128–133.

45 Vgl. dazu MAIER 2001, 115 und 205.

46 Vgl. dazu TIMPE 1992, 460–465, SIMEK 1995, 290 f. sowie LUND 1998b.

47 Vgl. TURVILLE-PETRE 1964, 162–165 und SIMEK 1995, 294–296.

48 Vgl. dazu die Erwägungen zur entsprechenden Lesung einer Runeninschrift auf einem bronzenen Schildbuckelfragment bei DÜWEL 1992, 346–349.

49 So u. a. DÜWEL 1992, 348–353 und BIRKMANN 1995, 125–141.

50 Vgl. zusammenfassend TURVILLE-PETRE 1964, 75–105 sowie SIMEK 1995, 403–413.

51 *Gylfaginning* 24 (vgl. LORENZ 1984, 340–347). Über Frey vgl. zusammenfassend TURVILLE-PETRE 1964, 165–175, MEULENGRACHT SØRENSEN 1992, SIMEK 1995, 111–113 sowie E. C. Polomé, «Freyr», in: RGA 9 (1995) 587–594.

52 Zur Symbolik des Ebers vgl. ausführlich BECK 1965.

53 Vgl. zusammenfassend MÜLLER-WILLE 1999. Zu den keltischen Parallelen vgl. MAIER 2001, 35 mit Hinweisen auf weiterführende Literatur

54 Vgl. RANDSBORG 1995, MÜLLER-WILLE 1999, 39 f. sowie K. Randsborg, «Hjortspring», in: RGA 14 (1999) 640–644.

55 Vgl. M. Ørsnes, «Ejsbøl», in: RGA 7 (1986) 67–77 sowie MÜLLER-WILLE 1999, 47–49.

56 Vgl. dazu die Zusammenfassungen des gegenwärtigen archäologischen und historischen Forschungsstandes zur Lokalisierung des Schlachtfelds und zur Rekonstruktion des Geschehens durch W. Schlüter und R. Wiegels, «Kalkriese», in: RGA 16 (2000) 180–199.

57 *Gylfaginning* 25 (vgl. LORENZ 1984, 348–354). Über Odin und Týr vgl. zusammenfassend TURVILLE-PETRE 1964, 35–74 und 180–182 sowie SIMEK 1995, 302–315 und 432–434.

58 Vgl. TURVILLE-PETRE 1964, 180–182 und SIMEK 1995, 432–434.

59 Vgl. TURVILLE-PETRE 1964, 35–74 und SIMEK 1995, 315.

60 So BAETKE 1973, 74–80 und 351–369. Über die Bekehrung der Isländer zum Christentum vgl. ferner AÐALSTEINSSON 1998.

61 Vgl. D. Huth, «Hrafnkels saga», in: RGA 15 (2000) 148–150.
62 Vgl. dazu Baetke 1956 (Teilabdruck in Baetke 1973, 256–279), Baetke 1974, Vorwort (= Baetke 1973, 247–255) sowie zur neueren Forschung St. Würth, «Isländersagas», in: RGA 15 (2000) 511–517.
63 Vgl. dazu ausführlich Lange 1958, 120–126.
64 Vgl. zusammenfassend J. Zernack, «Fulltrúi», in: RGA 10 (1998) 243–245 gegenüber Ström 1975, 198.
65 Vgl. Simek u. Pálsson 1987, 329f. sowie North 1990.
66 Heusler 1969, I, 506.
67 Vgl. dazu Kuhn 1978, 309–317 sowie E. Meineke und B. Maier, «Glaube», in: RGA 12 (1998) 182–188.
68 Vgl. zusammenfassend Schäferdiek 1984, mit dem Ansatz zu einer neuerlichen Bestimmung des Begriffs auch Russell 1994.
69 Vgl. dazu die Neuausgabe Grimm 1968 (das Zitat auf S. IX).
70 Vgl. dazu Simek 1995, 79 und 281 sowie J. Zernack, «Eugen Mogk», in: RGA 20 (2002) 142–144. Zu Dumézil vgl. Belier 1991, Schlerath 1995–1996 und Deeg 1998.
71 Vgl. dazu von See 1990 sowie Strerath-Bolz 1991 und 1998.
72 Vgl. dazu insbesondere Marold 1990 und 1992.
73 Vgl. dazu von See u. a. 1997ff., Band 1, 509–575.
74 Vgl. dazu Höfler 1971, Gurevic 1976 und McKinnell 1995.
75 Vgl. dazu von See u. a. 1997ff., Band 1, 45–151.
76 Vgl. zum folgenden Turville-Petre 1964, 35–74 und Simek 1995, 302–315.
77 Zur Etymologie und zum sprachgeschichtlichen Zusammenhang zwischen den lateinischen und keltischen Formen vgl. Meid 1992, 500–502.
78 Vgl. dazu Simek 1995, 232f. und 367–369.
79 Vgl. die Abbildung in Buisson 1976, Tafel 23.
80 Vgl. Lorenz 1984, 541–547, Simek 1995, 416–418, von See u. a. 1997ff., Band 1, 259–265 und 311–330 sowie Marold 1998a.
81 Vgl. dazu die Abbildungen in Buisson 1976, Tafel 12 und Tafel 13.
82 Zur altnordischen Überlieferung um die Weltschlange im allgemeinen vgl. Simek 1995, 272f. sowie Heizmann 1999b.
83 Vgl. dazu Simek 1995, 35–42 sowie Schier 1995 und Lindow 1997.
84 Vgl. dazu Simek 1995, 39.
85 Zu Sophus Bugge und die für seinen Ansatz charakteristische Annahme einer späten Entstehung und christlichen Beeinflussung der altnordischen mythologischen Texte vgl. Simek 1995, 62.
86 Vgl. B. Maier, «(Sir) James George Frazer», in: RGA 9 (1995) 517–519.
87 Vgl. dazu Simek 1995, 322–325 und 435f.
88 Vgl. O. Haid, «Wilhelm Mannhardt», in: RGA 19 (2001) 225–228.
89 Vgl. dazu Helm 1953, 88–100, Motz 1984, Steinsland 1986 und Simek 1995, 337–339.

90 Vgl. dazu HELM 1953, 101–105 und SIMEK 1995, 490–492.
91 Zur möglichen Verwandtschaft von *Zwerg* und *trügen* vgl. KLUGE 1995, 919.
92 Vgl. TURVILLE-PETRE 1964, 221–235 und Ch. Daxelmüller, «Geisterglaube», in: RGA 10 (1998) 589–592.
93 Vgl. HELM 1953, 105–107.
94 Vgl. dazu SIMEK 1995, 234f.
95 Vgl. HELM 1953, 107–109, H. Kuhn, «Alben», in: RGA 1 (1973) 130–132 (= KUHN 1978, 266–269), SIMEK 1995, 8–10 und 86 sowie KLUGE 1995, 24f.
96 Vgl. dazu KLUGE 1995, 217.
97 Vgl. HELM 1953, 109f. sowie L. Petzoldt, «Hausgeister», in: RGA 14 (1999) 64–66.
98 Vgl. dazu KLUGE 1995, 459.
99 Vgl. den Kommentar zur Stelle (Gylfaginning 17) von LORENZ 1984, 271–273 sowie SIMEK 1995, 79 und 238.
100 Vgl. dazu KLUGE 1995, 885.
101 Vgl. MAIER 2001, 55f.
102 Vgl. dazu und zum folgenden LÖNNROTH 1981, DÜWEL 1983, 76 sowie MEID 1992, 496.
103 *Gylfaginning* 5–8. Vgl. dazu Text, Übersetzung und Kommentar in LORENZ 1984, 121–167.
104 Vgl. dazu TURVILLE-PETRE 1964, 275–278 sowie SIMEK 1995, 484f.
105 Vgl. dazu SIMEK 1995, 282–284 sowie Ch. Staiti, «Muspilli», in: RGA 20 (2002) 433–438.
106 Vgl. MAIER 2001, 70 und 154 mit dem Hinweis auf die Möglichkeit der Beeinflussung dieser Formulierung durch die stoische Vorstellung von einem endzeitlichen Weltbrand.
107 Vgl. dazu HULTGÅRD 1990 sowie SIMEK 1995, 330–332.
108 Vgl. dazu und zum folgenden die kommentierte zweisprachige Ausgabe der Prosa-Edda von LORENZ 1984, 594–652.
109 Zum Wolf Fenrir oder Fenriswolf vgl. SIMEK 1995, 96f. sowie HEIZMANN 1999a.
110 Vgl. dazu MAIER 2001, 70–72 mit weiteren keltischen Parallelen.
111 Vgl. dazu F.-X. Dillmann, «Nornen», in: RGA 21 (2002) 388–394.
112 Vgl. zusammenfassend SIMEK 1995, 353f. und 481.
113 Vgl. PERL 1990, 131 sowie SIMEK 1995, 431f.
114 Zusammenfassend mit Hinweisen auf verwandte indogermanische Wörter für «Mensch» KLUGE 1995, 538.
115 Vgl. PERL 1990, 131 sowie SIMEK 1995, 257.
116 *Gylfaginning* 9. Vgl. dazu Text, Übersetzung und Kommentar in LORENZ 1984, 168–180.
117 Vgl. SIMEK 1995, 28f. und 87f.

118 *Gylfaginning* 10–11. Vgl. dazu LORENZ 1984, 181–192.

119 Zurückhaltend im Hinblick auf die Etymologie von *Jahr* KLUGE 1995, 408 f.

120 Vgl. dazu Kluge 1995, 566 f., H. Tiefenbach, «Monate», in: RGA 20 (2002) 161–165 sowie R. Nedoma, J. May und R. Zumpe, «Mond», in: RGA 20 (2002) 167–177.

121 Vgl. dazu KLUGE 1995, 895 sowie SIMEK 1995, 479 f. mit weiterführenden Literaturangaben.

122 Vgl. dazu B. Maier, «Himmel und Himmelsgott» in RGA 14 (1999) 580–583. Zurückhaltend gegenüber der Ableitung des germanischen Wortes für «Himmel» von einer Wurzel mit der Bedeutung «bedecken» KLUGE 1995, 374 f.

123 Vgl. dazu VON SEE u. a. 1997 ff., Band 3, 732 f.

124 Vgl. dazu KLUGE 1995, 380 f.

125 Vgl. dazu SIMEK 1995, 172–174 sowie H. Beck, «Hel», in: RGA 14 (1999) 257–260.

126 Vgl. dazu und zum folgenden KUHN 1978, 295–302 sowie SCHJØDT 1990.

127 Vgl. dazu KLUGE 1995, 591.

128 Vgl. dazu MAIER 2001, 57 f. mit weiteren Parallelen.

129 Vgl. SIMEK 1995, 216 f.

130 Vgl. dazu TURVILLE-PETRE 1964, 251–262, DÜWEL 1970, AÐALSTEINSSON 1990 b sowie SIMEK 1995, 320–322.

131 Vgl. HELM 1937, 57, 1953, 194–196 sowie KLUGE 1995, 602.

132 Vgl. zusammenfassend JANKUHN 1970, BEMMANN u. HAHNE 1992 sowie MÜLLER-WILLE 1999.

133 Zur kultischen Bedeutung heiliger Haine im allgemeinen und zu den dafür belegten Bezeichnungen vgl. zusammenfassend H. Reichert, «Lucus», in: RGA 19 (2001) 3–11.

134 Vgl. HELM 1937, 58 sowie KLUGE 1995, 848.

135 Vgl. HELM 1953, 196 f. sowie KLUGE 1995, 287.

136 Vgl. BECK 1970, SIMEK 1995, 266 f. sowie A. Hultgård, «Menschenopfer», in: RGA 19 (2001) 533–546.

137 Vgl. BEMMANN u. HAHNE 1992, 21.

138 Vgl. SIMEK 1995, 313 f. mit weiterführenden Literaturangaben.

139 Vgl. dazu MAIER 2001, 113 f.

140 So HELM 1953, 192. Vgl. dazu KLUGE 1995, 511.

141 Vgl. HELM 1937, 55 f. sowie zum Opfermahl im allgemeinen W. Spickermann und A. Hultgård, «Mahl», in: RGA 19 (2001) 165–171.

142 Vgl. BEMMANN u. HAHNE 1992, 40 f.

143 Vgl. BEMMANN u. HAHNE 1992, 47.

144 Vgl. dazu SIMEK 1995, 12.

145 Vgl. dazu MÜLLER-WILLE 1999, 43–47.

146 Vgl. dazu MARINGER 1979 sowie CAPELLE 1987.
147 Vgl. WESCHE 1940, 81 sowie KLUGE 1995, 905.
148 Vgl. HELM 1953, 158–166, SIMEK 1995, 251 sowie J. McKinnell, «Mantik», in: RGA 19 (2001) 245–257.
149 Vgl. dazu den ausführlichen Kommentar zur Stelle von PERL 1990, 162f.
150 Vgl. WESCHE 1940, 82 sowie HELM 1953, 164.
151 Vgl. SIMEK 1995, 187.
152 Vgl. dazu insbesondere die grundlegenden Arbeiten von BOUDRIOT 1928 und HARMENING 1979.
153 Vgl. dazu SIMEK 1995, 359f. sowie die methoden- und quellenkritischen Erwägungen bei TIMPE 1992, 473–480.
154 Vgl. SIMEK 1995, 394f.
155 Vgl. TIMPE 1992, 443 und 454.
156 Vgl. dazu TIMPE 1992, 460–465, SIMEK 1995, 290f. sowie Cancik 2001.
157 Vgl. dazu HELM 1953, 207–213.
158 Vgl. A. Hultgård, «Jul», in: RGA 16 (2000) 100–105.
159 Vgl. dazu KLUGE 1995, 605f. sowie ausführlich UDOLPH 1999.
160 Vgl. dazu HARTINGER 1992, KRAMER 1992 sowie A. Demandt, H.-W. Goetz, H. Reimitz, H. Steuer und H. Beck, «Kontinuitätsprobleme», in: RGA 17 (2001) 205–237.
161 Vgl. dazu KRAMER 1992, 604f. mit dem Hinweis auf zwei grundlegende Aufsätze des Volkskundlers Hans Moser, in: ders., *Volksbräuche in geschichtlichem Wandel. Ergebnisse aus fünfzig Jahren volkskundlicher Quellenforschung*, München 1985, 58–73 und 74–97.
162 Vgl. dazu KRAMER 1992, 605 mit dem Hinweis auf die ausführliche Dokumentation von Friedrich Sieber, *Deutsch-westslawische Beziehungen in Frühlingsbräuchen*, Berlin 1968.
163 Vgl. MÜLLER-WILLE 1999, 42 sowie ausführlich TEEGEN 1999.
164 Vgl. zur Übersicht JANKUHN 1970, BEMMANN u. HAHNE 1992 sowie MÜLLER-WILLE 1999.
165 Vgl. MÜLLER-WILLE 1999, 41, BEMMANN u. HAHNE 1992, 44 und S. Dusek, «Oberdorla», in: RGA 21 (2002) 466–476.
166 MÜLLER-WILLE 1999, 44.
167 Vgl. L. Lundberg, «Käringsjön», in: RGA 16 (2000) 156–159.
168 MÜLLER-WILLE 1999, 77–80.
169 Vgl. z. B. THRANE 1998.
170 Vgl. PERL 1990, 35 und 160 mit Stellennachweisen.
171 Vgl. HELM 1953, 169f., TURVILLE-PETRE 1964, 236–243, ANDERSSON 1986 sowie SIMEK 1995, 194.
172 Vgl. dazu OWEN 1981, WILSON 1992, BLAIR 1995, MEANEY 1995 und PAGE 1995.
173 Vgl. TURVILLE-PETRE 1964, 244–246 und MÜLLER-WILLE 1999, 75f.
174 Vgl. T. Capelle u. a., «Figürliche Kunst», in: RGA 9 (1995) 11–28 und

T. Capelle/B. Maier, «Idole und Idolatrie», in: RGA 15 (2000) 325–330.

175 Vgl. PERL 1990, 160.

176 Vgl. MÜLLER-WILLE 1999, 24–28.

177 Vgl. G. Neumann u. P. Stuart, «Nehalennia», in: RGA 21 (2002) 61–65.

178 Vgl. dazu die Beiträge in dem Sammelband BAUCHHENSS u. NEUMANN 1987 sowie G. Neumann, «Matronen», in: RGA 19 (2001) 438–440.

179 Vgl. dazu SIMEK 1995, 57f. sowie MÜLLER-WILLE 1999, 64f.

180 Vgl. dazu M. Lundgreen und H. Beck, «Merseburger Zaubersprüche», in: RGA 21 (2001) 601–605.

181 Vgl. K. Hauck, «Goldblechfigürchen», in: RGA 12 (1998) 318–323 sowie MÜLLER-WILLE 1999, 65–68.

182 Vgl. Ch. Daxelmüller, «Flurumgang», in: RGA 9 (1995) 261–263 sowie A. Hultgård, «Kultische Umfahrt», in: RGA 17 (2001) 437–442.

183 Vgl. TURVILLE-PETRE 1964, 247 sowie SIMEK u. PÁLSSON 1987, 264.

184 Vgl. HELM 1937, 50f.

185 Vgl. zum folgenden die Zusammenstellung der germanischen Bezeichnungen und diesbezüglichen Erläuterungen bei KUHN 1978, 231–242. Deutsch *Priester* geht über lateinisch *presbyter* auf griechisch *presbýteros* «der Ältere» im Sinne des Gemeindevorstehers zurück (vgl. KLUGE 1995, 647).

186 Vgl. SIMEK 1995, 138f. und E. Ebel, «Gode, Godentum», in: RGA 12 (1998) 260–263.

187 Vgl. PERL 1990, 158 mit dem Hinweis auf *Annalen* 15,23,3 und 16,21,2.

188 Vgl. PERL 1990,158 und SIMEK 1995, 450–452.

189 Vgl. SIMEK 1995, 472f.

190 Vgl. VON SEE u. a. 1997ff., Band 3, 417–424.

191 Vgl. zusammenfassend GRÜNERT 1991.

192 Vgl. dazu und zum folgenden den Kommentar von PERL 1990, 203f. mit den Bemerkungen des Herausgebers Joachim Herrmann zur archäologisch nachweisbaren Realität auf S. 204f.

193 Vgl. HELM 1953, 22.

194 Vgl. HELM 1937, 17.

195 Vgl. HELM 1937, 18f.

196 Vgl. HELM 1953, 15–17.

197 Vgl. HELM 1953, 42f.

198 Vgl. HELM 1937, 16f.

199 Vgl. WERNER 1992.

200 Vgl. zum folgenden INGSTAD 1995 und PESCH 1999.

201 Vgl. Th. Andersson und T. Capelle, «Gokstad», in: RGA 12 (1998) 298–301.

202 Vgl. BRUCE-MITFORD 1975–1983, EVANS 1986 sowie CARVER 1998.

203 Vgl. A. Hultgård, «Mythische Stätten, Tod und Jenseits», in: RGA 21 (2001) 472–477.

204 Vgl. HELM 1953, 54f. und SIMEK 1995, 172f.

205 Vgl. LORENZ 1984, 549 und 552 sowie 576.
206 Vgl. SIMEK 1995, 134.
207 Vgl. LORENZ 1984, 412, 414 und den Kommentar 424 f.
208 Vgl. LORENZ 1984, 86 f. sowie den Kommentar 100 f.
209 Vgl. TURVILLE-PETRE 1964, 272 und STRÖM 1975, 183.
210 Vgl. dazu ELLMERS 1986.
211 Vgl. NORTH 1990 und SIMEK 1995, 333.
212 Vgl. L. Richter-Bernburg, «Ibn Fadlān», in: RGA 15 (2000) 315–317 sowie die Zusammenfassung der Schilderung bei TURVILLE-PETRE 1964, 272 f.
213 Vgl. LORENZ 1984, 463–487 sowie SIMEK 1995, 469–471.
214 Vgl. MAROLD 1972.
215 Vgl. SIMEK 1995, 202 f. sowie H. Beck und B. Maier, «Huginn und Muninn», in: RGA 15 (2000) 200–202.
216 Vgl. SIMEK 1995, 471 f.
217 Vgl. dazu BECK 1987, LA FARGE 1991 sowie SIMEK 1995, 357.
218 Vgl. SIMEK 1995, 19 sowie H. Röhn, «Fylgja», in: RGA 10 (1998) 287–290.
219 Vgl. SIMEK 1995, 161 sowie H. Beck, «Hamingja», in: RGA 13 (1999) 478–481.
220 Vgl. L. Petzoldt und O. Haid, «Lebender Leichnam», in: RGA 18 (2001) 165–169.
221 Vgl. SIMEK 1995, 76.
222 Vgl. HELM 1937, 22 und 25 f. sowie WESCHE 1940, 48–50.
223 Vgl. WESCHE 1940, 102–106.
224 Diese und weitere Belege bei VON SEE u. a. 1997 ff., Band 3, 417–420.
225 Vgl. SIMEK 1995, 12.
226 Vgl. Ruth Schmidt-Wiegand, «Lex Frisionum», in: RGA 18 (2001) 318–320.
227 Vgl. zum folgenden den philologischen Kommentar zur Stelle von PERL 1990, 166 sowie die Darstellung der archäologischen Problematik bei SIMEK 1997 und P. Pieper, «Moorleichen», in: RGA 20 (2002) 222–229.
228 Vgl. dazu KROESCHELL 1986.
229 Vgl. dazu den Kommentar von PERL 1990, 232 sowie MAIER 2001, 121.
230 Einen Überblick über die Problematik und die Geschichte der Forschung ermöglicht die Lektüre der Beiträge von HÖFLER 1956, BAETKE 1964, KUHN 1978, 242–247, FAULKES 1978/79, WORMALD 1986, PICARD 1991, STEINSLAND 1992 und SIMEK 1995, 348–350.
231 Vgl. dazu BAETKE 1973, 338–340.
232 Vgl. dazu und zum folgenden WESCHE 1940, 5–17 sowie KLUGE 1995, 904.
233 Vgl. dazu WESCHE 1940, 17–22.
234 Vgl. WESCHE 1940, 40–45.

235 Vgl. dazu Meaney 1981.
236 Einen Einstieg in die umfangreiche Literatur dazu bietet Jolly 1996.
237 Vgl. dazu Simek 1995, 89 und 489 f. mit weiterführenden Literaturangaben.
238 Einen Einstieg in den gegenwärtigen Stand der indogermanistischen Forschung ermöglicht Meier-Brügger 2002.
239 De Vries 1956, Band 1, 82.
240 Vgl. Seipp 1968 sowie Ström 1975, 37 und 49.
241 Vgl. dazu insbesondere von See 1988, Belier 1991, Schlerath 1995–1996 und Deeg 1998.
242 Vgl. dazu und zum folgenden von See u. a. 1997 ff., Band 3, 412 f.
243 Vgl. dazu von See u. a. 1997 ff., Band 3, 477–513, insbesondere 483 f.
244 Vgl. Kuhn 1978, 269–277.
245 Vgl. dazu Maier 1994, 72 f. mit weiterführenden Literaturangaben.
246 Vgl. zum folgenden ausführlich Maier 1999 sowie die Zusammenfassung in Maier 2001, 99–102.
247 Vgl. zusammenfassend Birkhan 1970 sowie Maier 1994, 190 f. mit weiterführenden Literaturangaben.
248 Vgl. dazu Lorenz 1984, 360 f. mit dem Kommentar 367–369.
249 Vgl. von See u. a. 1997 ff., Band 3, 790–792.
250 Vgl. dazu Maier 2001, 94 f.
251 Vgl. dazu von See 1997, Band 3, 217 f. sowie Maier 2001, 65–67.
252 Vgl. dazu Perl 1990, 53 f.
253 Vgl. zusammenfassend und mit einer zweisprachigen Ausgabe der angeblichen Fragmente des Berosus und Manetho Asher 1993.
254 Friedrich Schiller, *Sämtliche Werke*, Säkular-Ausgabe, Band 13, 10.
255 Grimm 1968, IVf.
256 Zum ursprünglichen, negativen Sinn der taciteischen Wendung *propriam et sinceram et tantum sui similem gentem* vgl. von See 1994, 62.
257 Über die Weltanschauung sowie die kultur- und wissenschaftspolitischen Zielsetzungen Alfred Rosenbergs informieren verschiedene Beiträge in Jacobeit u. a. 1994, 139–331.
258 Kurt Dietrich Schmidt, *Die Bekehrung der Germanen zum Christentum, Band 1 Die Bekehrung der Ostgermanen zum Christentum (Der ostgermanische Arianismus)*, Göttingen 1939, 16.
259 Gero Merhart von Bernegg, *Urgeschichte als Geschichtswissenschaft*, Marburg 1931, 9, zitiert nach Steuer 2001, 28.
260 Vgl. Steuer 2001, 15–18 (die Zitate auf S. 17).
261 Wilhelm Hauer, *Deutsche Gottschau*, Stuttgart 1934, 51. Zur Biographie, Weltanschauung und wissenschaftlichen Arbeit Hauers im Kontext der Zeit vgl. ausführlich Horst Junginger, *Von der philologischen zur völkischen Religionswissenschaft. Das Fach Religionswissenschaft an der Universität Tübingen von der Mitte des 19. Jahrhunderts bis zum Ende des Dritten Reiches*, Stuttgart 1999.

262 Vgl. K. W. Alt, «Genetik», in: RGA 11 (1998) 58–66.
263 F. A. Ch. Vilmar, *Geschichte der deutschen Nationalliteratur*, 21. Auflage, Marburg 1883, 5.
264 GRIMM 1968, Band 1, XXXVIIf.
265 Abgebildet bei VON SEE 1994, 12.
266 Vgl. dazu GARRISON 2000.
267 Zu Naumanns wissenschaftlichem Werk und seinem politischen Engagement für den Nationalsozialismus vgl. R. Schmook und P. Assion in JACOBEIT u. a. 1994, 39–50 sowie U. Meves, «Hans Naumann», in: RGA 21 (2002) 4–7.
268 Gustav Mensching, *Der Schicksalsgedanke in der Religionsgeschichte*, Bonn 1942, 9.
269 Vgl. VON SEE 1994, 130.
270 Gustav Mensching, *Gott und Mensch. Vorträge und Aufsätze zur Vergleichenden Religionswissenschaft*, o. O. 1948, 86f.
271 Vgl. dazu VON SEE 1994, 319–342, D. Timpe, G. Scheibelreiter und Ch. Daxelmüller, «Geheimbünde», in: RGA 10 (1998) 558–564, LUND u. MATEEVA 1997, MEIER 1999 sowie M. Meier, «Männerbund», in: RGA 19 (2001) 105–110.
272 Jakob Wilhelm Hauer, *Die Religionen. Ihr Werden, ihr Sinn, ihre Wahrheit. Erstes Buch: Das religiöse Erlebnis auf den unteren Stufen*, Berlin u. a. 1923, 486.
273 Fr. v. d. Leyen in *Anzeiger für deutsches Altertum* 54 (1935) 153–165, zitiert nach VON SEE 1972, 50. Vgl. VON SEE 1994, 232.
274 KUHN 1971, 328
275 VON SEE 1964. Vgl. dazu KUHN 1971, 255 unten.
276 F. Max Müller, *Lectures on the Origin and Growth of Religion*, London 1878, 53ff. Vgl. dazu Burkhard Gladigow, «Religionsgeschichte des Gegenstandes – Gegenstände der Religionsgeschichte», in: Hartmut Zinser (Hrsg.), *Religionswissenschaft. Eine Einführung*, Berlin 1988, 6–37 (auf S. 9) mit dem Hinweis auf J. Rohls, «‹Sinn und Geschmack fürs Unendliche› – Aspekte romantischer Kunstreligion», in: *Neue Zeitschrift für systematische Theologie und Religionsphilosophie* 27 (1985) 1–24.
277 Hubert Grimme, *Mohamed. Erster Teil: Das Leben*, Münster 1892, 14ff. Der Hinweis auf den zeitbedingten Charakter dieser Interpretation findet sich bei Maxime Rodinson, *Mohammed*, Frankfurt/Main 1975, 20.
278 Vgl. Derek Freeman, *Margaret Mead and Samoa. The Making and Unmaking of an Anthropological Myth*, Cambridge/Mass. 1983 (dt. *Liebe ohne Aggression. Margaret Meads Legende von der Friedfertigkeit der Naturvölker*, München 1983).
279 Vgl. zusammenfassend HIERONIMUS 1986, SCHNURBEIN 1992 und 1993, SIEWERT 2002 sowie zur Vorgeschichte und zum geistesgeschichtlichen Hintergrund VON SEE 1994.

280 Vgl. dazu SCHNURBEIN 1993, 63–68 und GOODRICK-CLARKE 1997, 36–82.

281 Vgl. dazu SCHNURBEIN 1993, 68–71 und GOODRICK-CLARKE 1997, 83–109.

282 Vgl. dazu GOODRICK-CLARKE 1997, 112–120.

283 Vgl. GOODRICK-CLARKE 1997, 145–151.

284 Vgl. dazu GILBHARD 1994 sowie GOODRICK-CLARKE 1997, 121–135.

285 Vgl. dazu ausführlich VON SEE 1994, 159, 206 und 384 f.

286 Nach J. Petersen, *Hitler – Mussolini. Die Entstehung der Achse Berlin – Rom 1933–1936*, Tübingen 1973, 370, zitiert nach LOSEMANN 1988, 277.

287 Vgl. dazu SCHNURBEIN 1993, 74–76.

288 Vgl. GOODRICK-CLARKE 1997, 155–166.

289 Vgl. dazu insbesondere BOLLMUS 1970, KATER 1974, JACOBEIT u. a. 1994, 139–331 und STEUER 2001.

290 Zu dieser und den im folgenden genannten Gruppierungen vgl. die Charakterisierungen bei SCHNURBEIN 1992 und 1993.

291 Aus einer Broschüre des Ordens, zitiert nach SCHNURBEIN 1993, 13.

292 Vgl. dazu GOODRICK-CLARKE 1997, 24–27, 53 und 92 sowie Bernhard Maier, *Die religionsgeschichtliche Stellung der Anthroposophie*, München 1988, 15–20 und 38–50.

293 Vgl. SCHNURBEIN 1993, 63 sowie GOODRICK-CLARKE 1997, 44.

LITERATURVERZEICHNIS

Das folgende Literaturverzeichnis enthält sämtliche in den Anmerkungen mit Verfassernamen und Erscheinungsjahr abgekürzt zitierten Titel mit Ausnahme der auch so leicht aufzufindenden Artikel des *Reallexikons der Germanischen Altertumskunde* (RGA). Im einzelnen handelt es sich dabei um eine Auswahl aus der neueren Spezialliteratur sowie um grundlegende ältere Werke, die als Materialsammlungen ihren Wert behalten haben, auch wenn sie aufgrund veränderter wissenschaftlicher Voraussetzungen und Grundanschauungen nur mit Vorsicht und Einschränkungen zu benutzen sind. Einige Werke, die mit dem Thema des vorliegenden Buches in keinem engeren Zusammenhang stehen, wurden in das folgende Literaturverzeichnis nicht aufgenommen und sind daher in den Anmerkungen mit vollständigen bibliographischen Angaben angeführt. Darüber hinaus sind auch überwiegend ideologisch motivierte und pseudowissenschaftliche Werke, wie sie insbesondere in den beiden letzten Kapiteln des Buches zur Sprache kommen, in den Anmerkungen mit vollständigen Angaben zitiert, um die an Aktualität und wissenschaftlicher Qualität orientierte Bibliographie nicht unnötig zu belasten.

Aðalsteinsson 1990a: Jón Hnefill Aðalsteinsson, «Old Norse Religion in the Sagas of Icelanders», in: *Gripla* 7 (1990) 303–322.

Aðalsteinsson 1990b: Jón Hnefill Aðalsteinsson, «Opferbeschreibungen in christlichen Schriften», in: Ahlbäck 1990, 206–222.

Aðalsteinsson 1990c: Jón Hnefill Aðalsteinsson, «Gods and Giants in Old Norse Mythology», in: *Temenos* 26 (1990) 7–22.

Aðalsteinsson 1998: Jón Hnefill Aðalsteinsson, «Die Bekehrung der Isländer zum Christentum», in: *Temenos* 34 (1998) 73–93.

Ahlbäck 1990: Tore Ahlbäck (Hrsg.), *Old Norse and Finnish Religions and Cultic Place-Names. Based on Papers read at the Symposium on Encounters between Religions in Old Nordic Times and on Cultic Place-Names held at Åbo, Finland, on the 19th-21st of August 1987*, Åbo 1990.

Andersson 1986: Thorsten Andersson, «Germanisch *Hof* Hügel, Hof, Heiligtum», in: K. Hauck u. a. (Hrsg.), *Festschrift für Ruth Schmidt-Wiegand zum 60. Geburtstag*, Berlin 1986, 1–9.

Andersson 1992a: Thorsten Andersson, «Haupttypen sakraler Ortsnamen Ostskandinaviens», in: Hauck 1992a, 241–256.

Andersson 1992b: Thorsten Andersson, «Orts- und Personennamen als Aussagequelle für die altgermanische Religion», in: Beck u. a. 1992, 508–540.

ASHER 1993: RONALD E. ASHER, *National Myths in Renaissance France: Francus, Samothes and the Druids*, Edinburgh 1993.

BAETKE 1938: WALTER BAETKE, *Die Religion der Germanen in Quellenzeugnissen*, zweite Auflage Frankfurt/M 1938.

BAETKE 1948: WALTER BAETKE, «*Guð* in den altnordischen Eidesformeln», in: *Beiträge zur Geschichte der deutschen Sprache und Literatur* 70 (1948) 351–371.

BAETKE 1952: WALTER BAETKE, *Christliches Lehngut in der Sagareligion*, Berlin 1952.

BAETKE 1956: WALTER BAETKE, *Über die Entstehung der Isländersagas*, Berlin 1956.

BAETKE 1964: WALTER BAETKE, *Yngvi und die Ynglinger. Eine quellenkritische Untersuchung über das nordische «Sakralkönigtum»*, Berlin 1964.

BAETKE 1973: WALTER BAETKE, *Kleine Schriften. Geschichte, Recht und Religion in germanischem Schrifttum*, hrsg. v. Kurt Rudolph und Ernst Walter, Weimar 1973.

BAETKE 1974: WALTER BAETKE (Hrsg.), *Die Isländersaga*, Darmstadt 1974 (Wege der Forschung 151).

BAUCHHENSS 1984: GERHARD BAUCHHENSS, «Mars in den nordwestlichen Provinzen (Gallien, Germanien, Britannien)», in: *Lexicon Iconographicum Mythologiae Classicae* Band 2, München 1984, 559–580.

BAUCHHENSS 1992, GERHARD BAUCHHENSS, «Mercurius in den Nordwestprovinzen», in: *Lexicon Iconographicum Mythologiae Classicae* Band 6, München 1992, 537–554.

BAUCHHENSS u. NEUMANN 1987: GERHARD BAUCHHENSS und GÜNTER NEUMANN (Hrsg.), *Matronen und verwandte Gottheiten*, Bonn 1987 (Beihefte der Bonner Jahrbücher 44).

BECK 1965: HEINRICH BECK, *Das Ebersignum im Germanischen, Berlin 1965.*

BECK 1970: HEINRICH BECK, «Germanische Menschenopfer in der literarischen Überlieferung», in: JANKUHN 1970, 240–258.

BECK 1987: HEINRICH BECK, «Seelenwörter des Germanischen», in: R. Bergmann u. a. (Hrsg.), *Althochdeutsch*, Band 2, Heidelberg 1987, 985–999.

BECK 1993: HEINRICH BECK, «Gylfaginning und Theologie», in: WOLF 1993, 49–57.

BECK 1994: HEINRICH BECK, *Snorri Sturlusons Sicht der paganen Vorzeit*, Göttingen 1994.

BECK 1998: HEINRICH BECK, «Probleme einer völkerwanderungszeitlichen Religionsgeschichte», in: GEUENICH 1998, 475–488.

BECK u. a. 1992: HEINRICH BECK, DETLEV ELLMERS und KURT SCHIER (Hrsg.), *Germanische Religionsgeschichte. Quellen und Quellenprobleme*, Berlin 1992 (Ergänzungsbände zum RGA 5).

BELIER 1991: WOUTER W. BELIER, *Decayed Gods. Origin and Development of Georges Dumézil's ‹Idéologie tripartite›*, Leiden 1991.

Bemmann u. Hahne 1992: Jan Bemmann und Güde Hahne, «Ältereisenzeitliche Heiligtümer im nördlichen Europa», in: Beck u. a. 1992, 30–94.

Birkhan 1970: Helmut Birkhan, *Germanen und Kelten bis zum Ausgang der Römerzeit*, Wien 1970.

Birkmann 1995: Thomas Birkmann, *Von Ågedal bis Malt. Die skandinavischen Runeninschriften vom Ende des 5. bis zum Ende des 9. Jahrhunderts*, Berlin 1995 (Ergänzungsbände zum RGA 12).

Blair 1995: J. Blair, «Anglo-Saxon Pagan Shrines and their Prototypes», in: *Anglo-Saxon Studies in Archaeology and History* 8 (1995) 1–28.

Blocher 1993: Sabine Blocher, *Altertumskunde und Sammlungswesen in Schweden von den Anfängen im Mittelalter bis zur Regierungszeit Gustavs II. Adolf*, Frankfurt/Main und Bern 1993 (Texte und Untersuchungen zur Germanistik und Skandinavistik 31).

Böldl 2000: Klaus Böldl, *Der Mythos der Edda. Nordische Mythologie zwischen europäischer Aufklärung und nationaler Romantik*, Stuttgart 2000.

Bollmus 1970: Reinhard Bollmus, *Das Amt Rosenberg und seine Gegner. Zum Machtkampf im nationalsozialistischen Herrschaftssystem*, Stuttgart 1970.

de Boor 1930: Helmut de Boor, «Die religiöse Sprache der Vǫluspá und verwandter Denkmäler», in: *Deutsche Islandforschung*, Band 1, Breslau 1930, 68–142 (= Ders., *Kleine Schriften*, hrsg. v. Roswitha Wisniewski und Herbert Kolb, Berlin 1964, 209–283).

de Boor 1944: Helmut de Boor, «Zum althochdeutschen Wortschatz auf dem Gebiet der Weissagung», in: *Beiträge zur Geschichte der deutschen Sprache und Literatur* 67 (1944) 65–110.

Boudriot 1928: Wilhelm Boudriot, *Die altgermanische Religion in der amtlichen kirchlichen Literatur des Abendlandes vom 5. bis 11. Jahrhundert*, Bonn 1928 (Untersuchungen zur allgemeinen Religionsgeschichte 2).

Bradley 1990: Richard Bradley, *The passage of arms. An archaeological analysis of prehistoric hoards and votive deposits*, Cambridge 1990.

Brather 2000: Sebastian Brather, «Ethnische Identitäten als Konstrukte der frühgeschichtlichen Archäologie», in: *Germania* 78 (2000) 139–177.

Bruce-Mitford 1975–1983: R. L. S. Bruce-Mitford, *The Sutton Hoo Ship Burial*, 3 Bände, London 1975–1983.

Buisson 1976: Ludwig Buisson, *Der Bildstein Ardre VIII auf Gotland. Göttermythen, Heldensagen und Jenseitsglaube der Germanen im 8. Jahrhundert n. Chr.*, Göttingen 1976.

Cancik 2001: Hubert Cancik, «Religionsgeschichtsschreibung bei Tacitus. Zur Darstellung der germanischen und jüdischen Religion in Tacitus' Germania und Historiae», in: Spickermann u. a. 2001, 49–68.

Capelle 1987: Torsten Capelle, «Eisenzeitliche Bauopfer», in: *Frühmittelalterliche Studien* 21 (1987) 182–205.

CARVER 1998: M. O. H. CARVER, *Sutton Hoo: Burial Ground of Kings?*, London 1998.

CLEMEN 1928: CARL CLEMEN, *Fontes historiae religionis Germanicae*, Berlin 1928.

CLUNIES ROSS 1998: MARGARET CLUNIES ROSS, «Snorri's *Edda* as narrative», in: FIX 1998, 9–21.

DEEG 1998: MAX DEEG, «Dumézil ‹in practice›: der ‹Fall› Varuṇa und Odin», in: *Zeitschrift für Religionswissenschaft* 6 (1998) 137–162.

DERKS 1992: T. DERKS, «La perception du panthéon romain par une élite indigène: le cas des inscriptions votives de la Germanie inférieure», in: *Mélanges d'archéologie et d'histoire de l'École française de Rome* 104 (1992) 7–23.

DRONKE 1992 a: URSULA DRONKE, «Eddic poetry as a source for the history of Germanic religion», in: BECK u. a. 1992, 656–684.

DRONKE 1992 b: URSULA DRONKE, «Vǫluspá and Sibylline Traditions», in: Richard North und Tette Hofstra (Hrsg.), *Latin Culture and Medieval Germanic Europe*, Groningen 1992, 3–23.

DRONKE 1997: URSULA DRONKE (Hrsg.), *The Poetic Edda*, Band 2: *Mythological Poems*, Oxford 1997.

DRONKE u. a. 1981: URSULA DRONKE, GUÐRÚN P. HELGADÓTTIR, GERD WOLFGANG WEBER und HANS BEKKER-NIELSEN (Hrsg.), *Specvlvm Norroenvm. Norse Studies in Memory of Gabriel Turville-Petre*, Odense 1981.

DUBOIS 1999: THOMAS A. DUBOIS, *Nordic Religions in the Viking Age*, Philadelphia, Pennsylvania 1999.

DÜWEL 1970: KLAUS DÜWEL, «Germanische Opfer und Opferriten im Spiegel altgermanischer Kultworte», in: JANKUHN 1970, 219–239.

DÜWEL 1983: KLAUS DÜWEL, *Runenkunde*, zweite Auflage Stuttgart 1983.

DÜWEL 1985: KLAUS DÜWEL, *Das Opferfest von Lade. Quellenkritische Untersuchungen zur germanischen Religionsgeschichte*, Wien 1985.

DÜWEL 1992: KLAUS DÜWEL, «Runeninschriften als Quellen der germanischen Religionsgeschichte», in: BECK u. a. 1992, 336–364.

DÜWEL 1998: KLAUS DÜWEL und SEAN NOWAK (Hrsg.), *Runeninschriften als Quellen interdisziplinärer Forschung*, Berlin 1998 (Ergänzungsbände zum RGA 15).

ELLMERS 1986: DETLEV ELLMERS, «Schiffsdarstellungen auf skandinavischen Grabsteinen», in: Helmut Roth (Hrsg.), *Zum Problem der Deutung frühmittelalterlicher Bildinhalte*, Sigmaringen 1986, 341–372.

ELLMERS 1992: DETLEV ELLMERS, «Die archäologischen Quellen zur germanischen Religionsgeschichte», in: BECK u. a. 1992, 95–117.

EVANS 1986: A. C. EVANS, *The Sutton Hoo Ship Burial*, London 1986.

FAULKES 1978/79: ANTHONY FAULKES, «Descent from the gods», in: *Medieval Scandinavia* 11 (1978/79) 92–125.

FIX 1998: HANS FIX (Hrsg.), *Snorri Sturluson. Beiträge zu Werk und Rezeption*, Berlin 1998 (Ergänzungsbände zum RGA 18).

FLOWERS 1986: STEPHEN E. FLOWERS, *Runes and Magic. Magical Formulaic Elements in the Older Runic Tradition*, New York u. a. 1986.

GAIMSTER 1998: M. GAIMSTER, *Vendel period bracteates on Gotland. On the significance of Germanic art*, Lund 1998.

GARRISON 2000: MARY GARRISON, «The Franks as the New Israel? Education for an identity from Pippin to Charlemagne», in: Y. Hen und M. Innes (Hrsg.), *The Uses of the Past in the Early Middle Ages*, Cambridge 2000, 114–161.

GEUENICH 1998: DIETER GEUENICH (Hrsg.), *Die Franken und die Alemannen bis zur ‹Schlacht bei Zülpich› (496/7)*, Berlin 1998 (Ergänzungsbände zum RGA 19).

GILBHARD 1994: HERMANN GILBHARD, *Die Thule-Gesellschaft. Vom okkulten Mummenschanz zum Hakenkreuz*, München 1994.

GÍSLASON 1990: JÓNAS GÍSLASON, «Acceptance of Christianity in Iceland in the Year 1000 (999)», in: AHLBÄCK 1990, 223–255.

GOODRICK-CLARKE 1997: NICHOLAS GOODRICK-CLARKE, *Die okkulten Wurzeln des Nationalsozialismus*, Graz 1997 (englische Originalausgabe *The Occult Roots of Nazism. The Ariosophists of Austria and Germany 1890–1935*, Wellingborough 1985).

GRIMM 1968: JACOB GRIMM, *Deutsche Mythologie*, um eine Einleitung von Leopold Kretzenbacher vermehrter Nachdruck der 4., von Elard Hugo Meyer besorgten Auflage (Berlin 1875–1878), 3 Bände, Graz 1968.

GRÜNERT 1991: HEINZ GRÜNERT, «Ur- und frühgeschichtliche Bestattungssitten in der Sicht antiker und mittelalterlicher Autoren», in: F. Horst und H. Keiling (Hrsg.), *Bestattungswesen und Totenkult in ur- und frühgeschichtlicher Zeit*, Berlin 1991, 285–316.

GÜNNEWIG 1998: BEATRIX GÜNNEWIG, *Das Bild der Germanen und Britannier. Untersuchungen zur Sichtweise von fremden Völkern in antiker Literatur und moderner wissenschaftlicher Forschung*, Frankfurt/Main 1998.

GUREVIC 1976: AARON J. GUREVIC, «On the Nature of the Comic in the Elder Edda: A comment on an article by Professor Höfler», in: *Mediaeval Scandinavia* 9 (1976) 127–137.

HAGBERG 1984: ULF ERIK HAGBERG, «Opferhorte der Kaiser- und Völkerwanderungszeit in Schweden», in: *Frühmittelalterliche Studien* 18 (1984), 73–82.

HALSALL 1998: GUY HALSALL, «Burial, Ritual and Merovingian Society», in: Joyce Hill und Mary Swan (Hrsg.), *The Community, the Family and the Saint. Patterns of Power in Early Medieval Europe*, Turnhout 1998, 325–338.

HARCK 1984: OLE HARCK, «Gefäßopfer der Eisenzeit im nördlichen Mitteleuropa», in: *Frühmittelalterliche Studien* 18 (1984), 102–121.

HARMENING 1979: DIETER HARMENING, *Superstitio. Überlieferungs- und theoriegeschichtliche Untersuchungen zur kirchlich-theologischen Aberglaubensliteratur des Mittelalters*, Berlin 1979.

Hartinger 1992: Walter Hartinger, *Religion und Brauch*, Darmstadt 1992.

Hasenfratz 1992: Hans-Peter Hasenfratz, *Die religiöse Welt der Germanen*, Freiburg 1992.

Hauck 1992a: Karl Hauck (Hrsg.), *Der historische Horizont der Götterbild-Amulette aus der Übergangsepoche von der Spätantike zum Frühmittelalter*, Göttingen 1992.

Hauck 1992b: Karl Hauck, «Der religions- und sozialgeschichtliche Quellenwert der völkerwanderungszeitlichen Goldbrakteaten», in: Beck u. a. 1992, 229–269.

Hauck 1993: Karl Hauck, «Die bremische Überlieferung zur Götterdreiheit Altuppsalas und die bornholmischen Goldfolien aus Sorte Muld (Zur Ikonologie der Goldbrakteaten LII)», in: *Frühmittelalterliche Studien* 27 (1993) 409–479.

Hauck 1994: Karl Hauck, «Altuppsalas Polytheismus exemplarisch erhellt mit Bildzeugnissen des 5.-7. Jahrhunderts», in: Heiko Uecker (Hrsg.), *Studien zum Altgermanischen. FS für Heinrich Beck*, Berlin 1994, 197–302.

Hauck 1998: Karl Hauck, «Der Kollierfund vom fünischen Gudme und das Mythenwissen skandinavischer Führungsschichten in der Mitte des ersten Jahrtausends», in: Geuenich 1998, 489–544.

Heizmann 1999a: Wilhem Heizmann, «Fenriswolf», in: Müller u. Wunderlich 1999, 229–256.

Heizmann 1999b: Wilhelm Heizmann, «Midgardschlange», in: Müller u. Wunderlich 1999, 413–438.

Helm 1913: Karl Helm, *Altgermanische Religionsgeschichte.* Band 1: *Die römische Zeit*, Heidelberg 1913.

Helm 1937: Karl Helm, *Altgermanische Religionsgeschichte.* Band 2: *Die nachrömische Zeit, Teil I: Die Ostgermanen*, Heidelberg 1937.

Helm 1953: Karl Helm, *Altgermanische Religionsgeschichte,* Band 2: *Die nachrömische Zeit, Teil II: Die Westgermanen*, Heidelberg 1953.

Hen 1995: Yitzhak Hen, *Culture and Religion in Merovingian Gaul, A. D. 481–751*, Leiden 1995.

Hen 2001: Yitzhak Hen, «Martin of Braga's *De correctione rusticorum* and its Uses in Frankish Gaul», in: E. Cohen und M. B. de Jong (Hrsg.), *Medieval Transformations*, Leiden 2001, 35–49.

Henningsen u. a. 1997: Bernd Henningsen u. a. (Hrsg.), *Wahlverwandtschaft. Skandinavien und Deutschland 1800 bis 1914*, Berlin 1997.

Heusler 1969: Andreas Heusler, *Kleine Schriften*, hrsg. v. H. Reuschel und St. Sonderegger, 2 Bände, Berlin 1969.

Hieronimus 1986: Ekkehard Hieronimus, «Von der Germanen-Forschung zum Germanen-Glauben – Zur Religionsgeschichte des Präfaschismus», in: Richard Faber und Renate Schlesier (Hrsg.), *Die Restauration der Götter – Antike Religion und Neo-Paganismus*, Würzburg 1986, 241–257.

Höfler 1956: Otto Höfler, «Der Sakralcharakter des germanischen Königtums», in: *Das Königtum. Seine geistigen und rechtlichen Grundlagen*, Sigmaringen 1956 (Vorträge und Forschungen 3), 75–104.

Höfler 1971: Otto Höfler, «Götterkomik: Zur Selbstrelativierung des Mythos», in: *Zeitschrift für deutsches Altertum* 100 (1971) 371–389.

Höfler 1979: Otto Höfler, «Mars Thingsus», in: *Handwörterbuch der deutschen Rechtsgeschichte* 3, Berlin 1979, 344–348.

Holmberg 1990: Bente Holmberg, «Views on Cultic Place-Names in Denmark», in: Ahlbäck 1990, 381–393.

Holmberg 1992: Bente Holmberg, «Über sakrale Ortsnamen und Personennamen im Norden», in: Beck u. a. 1992, 541–551.

Hultgård 1990: Anders Hultgård, «Old Scandinavian and Christian Eschatology», in: Ahlbäck 1990, 344–357.

Hultgård 1998: Anders Hultgård, «Runeninschriften und Runendenkmäler als Quellen der Religionsgeschichte», in: Düwel 1998, 715–737.

Hunger 1984: Ulrich Hunger, *Die Runenkunde im Dritten Reich. Ein Beitrag zur Wissenschafts- und Ideologiegeschichte des Nationalsozialismus*, Frankfurt/M 1984.

Hutter 2000: Peter Hutter, *Germanische Stammväter und römisch-deutsches Kaisertum*, Hildesheim 2000 (Historische Texte und Studien 21).

Ingstad 1995: Anne Stine Ingstad, «The Interpretation of the Oseberg Find», in: O. Crumlin-Pedersen und B. Munch Thye (Hrsg.), *The Ship as Symbol in Prehistoric and Medieval Scandinavia*, Copenhagen 1995, 138–147.

Innes 2000: Matthew Innes, «Teutons or Trojans? The Carolingians and the Germanic past», in: Y. Hen und M. Innes (Hrsg.), *The Uses of the Past in the Early Middle Ages*, Cambridge 2000, 227–249.

Jacobeit u. a. 1994: Wolfgang Jacobeit, Hannjost Lixfeld und Olaf Bockhorn in Zusammenarbeit mit James R. Dow (Hrsg.), *Völkische Wissenschaft. Gestalten und Tendenzen der deutschen und österreichischen Volkskunde in der ersten Hälfte des 20. Jahrhunderts. Helmut Paul Fielhauer † gewidmet*, Wien u. a. 1994.

Jankuhn 1970: Herbert Jankuhn (Hrsg.), *Vorgeschichtliche Heiligtümer und Opferplätze in Mittel- und Nordeuropa*, Göttingen 1970.

Jolly 1996: K. L. Jolly, *Popular Religion in Late Saxon England: Elf Charms in Context*, London 1996.

Kater 1974: Michael H. Kater, *Das «Ahnenerbe» der SS 1935–1945 – ein Beitrag zur Kulturpolitik im Dritten Reich*, Stuttgart 1974.

Kluge 1995: Friedrich Kluge, *Etymologisches Wörterbuch der deutschen Sprache*, bearbeitet von Elmar Seebold, 23., erweiterte Auflage, Berlin 1995.

Kramer 1992: Karl-S. Kramer, «Jacob Grimm und seine ‹volkskundlichen Quellen›. Zur Frage der Zeugniskraft von ‹Sitte und Sage› für die ‹Deutsche Mythologie›», in: Beck u. a. 1992, 588–607.

KRAPF 1979: LUDWIG KRAPF, *Germanenmythos und Reichsideologie. Frühhumanistische Rezeptionsweisen der taciteischen «Germania»*, Tübingen 1979 (Studien zur deutschen Literatur 59).

KROESCHELL 1986: KARL KROESCHELL, «Germanisches Recht als Forschungsproblem», in: Ders. (Hrsg.), *Festschrift für Hans Thieme zu seinem 80. Geburtstag*, Sigmaringen 1986, 3–19.

KUHN 1971: HANS KUHN, *Kleine Schriften. Zweiter Band. Literaturgeschichte – Heldensage und Heldendichtung – Religions- und Sittengeschichte – Recht und Gesellchaft*, Berlin 1971.

KUHN 1978: HANS KUHN, *Kleine Schriften. Vierter Band. Aufsätze aus den Jahren 1968–1976*, Berlin 1978.

LA FARGE 1991: BEATRICE LA FARGE, *«Leben» und «Seele» in den altgermanischen Sprachen. Studien zum Einfluß christlich-lateinischer Vorstellungen auf die Volkssprachen*, Heidelberg 1991.

LAMM u. a. 2000: JAN PEDER LAMM, H. HYDMAN, M. AXBOE, K. HAUCK, H. BECK, CH. BEHR und A. PESCH, «‹Der Brakteat des Jahrhunderts›: Über den einzigartigen zehnten Brakteaten aus Söderby in der Gemeinde Danmark, Uppland», in: *Frühmittelalterliche Studien* 34 (2000) 1–93.

LANGE 1958: WOLFGANG LANGE, *Studien zur christlichen Dichtung der Nordgermanen 1000–1200*, Göttingen 1958 (Palaestra 222).

LANGE 1962: WOLFGANG LANGE, *Texte zur germanischen Bekehrungsgeschichte*, Tübingen 1962.

LEGENDRE 1999: JEAN-PIERRE LEGENDRE, «Archaeology and ideological propaganda in annexed Alsace (1940–1944)», in: *Antiquity* 73 (1999) 184–190.

LEUNISSEN 1985: P. M. M. LEUNISSEN, «Römische Götternamen und einheimische Religion in der Provinz Germania Superior», in: *Fundberichte aus Baden-Württemberg* 10 (1985) 155–195.

LICHTBLAU 1999: KARIN LICHTBLAU, «Kobold», in: MÜLLER u. WUNDERLICH 1999, 343–352.

LINDOW 1997: JOHN LINDOW, *Murder and Vengeance among the Gods. Baldr in Scandinavian Mythology*, Helsinki 1997.

LÖNNROTH 1981: LARS LÖNNROTH, «*Iǫrð fannz æva né upphiminn*. A formula analysis», in: U. Dronke u. a. (Hrsg.), *Speculum Norroenum. Norse Studies in Memory of Gabriel Turville-Petre*, Odense 1981, 310–327.

LORENZ 1984: GOTTFRIED LORENZ, *Snorri Sturluson Gylfaginning. Texte, Übersetzung, Kommentar*, Darmstadt 1984.

LOSEMANN 1988: VOLKER LOSEMANN, «Aspekte der nationalsozialistischen Germanenideologie», in: P. Kneissl und V. Losemann (Hrsg.), *Alte Geschichte und Wissenschaftsgeschichte. Festschrift für Karl Christ zum 65. Geburtstag*, Darmstadt 1988, 256–284.

LUND 1988: ALLAN A. LUND, *P. Cornelius Tacitus, Germania*, Heidelberg 1988.

LUND 1995: ALLAN A. LUND, *Germanenideologie im Nationalsozialismus. Zur Rezeption der ‹Germania› des Tacitus im «Dritten Reich»*, Heidelberg 1995.

LUND 1998 a: ALLAN A. LUND, *Die ersten Germanen. Ethnizität und Ethnogenese*, Heidelberg 1998.

LUND 1998 b: ALLAN A. LUND, «Interpretatio Romana. Tacitus über die germanischen Kulte», in: *Temenos* 34 (1998) 95–110.

LUND u. MATEEVA 1997: A. A. LUND und A. S. MATEEVA, «Gibt es in der Taciteischen ‹Germania› Beweise für kultische Männerbünde der frühen Germanen?», in: *Zeitschrift für Religions- und Geistesgeschichte* 49 (1997) 208–216.

MAIER 1994: BERNHARD MAIER, *Lexikon der keltischen Religion und Kultur*, Stuttgart 1994.

MAIER 1999: BERNHARD MAIER, «Beasts from the Deep: The Water-Bull in Celtic, Germanic and Balto-Slavonic Traditions», in: *Zeitschrift für celtische Philologie* 51 (1999) 4–16.

MAIER 2001: BERNHARD MAIER, *Die Religion der Kelten. Götter – Mythen – Weltbild*, München 2001.

MARINGER 1979: JOHANNES MARINGER, «Das Bauopfer im früh-und vorgeschichtlichen Europa», in: *Humanitas Religiosa. Festschrift für Haralds Biezais*, Stockholm 1979, 222–227.

MAROLD 1972: EDITH MAROLD, «Das Walhallbild in den Eiríksmál und den Hákonarmál», in: *Medieval Scandinavia* 5 (1972) 19–33.

MAROLD 1988: EDITH MAROLD, «Der heidnische Wortschatz der Skaldik des 10. Jahrhunderts», in: *Nordeuropa-Studien* 23 (1988) 56–63.

MAROLD 1990: EDITH MAROLD, «Skaldendichtung und Mythologie», in: T. Pàroli (Hrsg.), *Poetry in the Scandinavian Middle Ages*, Spoleto 1990, 107–130.

MAROLD 1992: EDITH MAROLD, «Die Skaldendichtung als Quelle der Religionsgeschichte», in: BECK u. a. 1992, 685–719.

MAROLD 1998 a: EDITH MAROLD, «Der gotländische Bildstein von Ardre VIII und die Hymiskviða», in: A. Wesse (Hrsg.), *Studien zur Archäologie des Ostseeraumes. Von der Eisenzeit zum Mittelalter. Festschrift für Michael Müller-Wille*, Neumünster 1998, 565–569.

MAROLD 1998 b: EDITH MAROLD, «Der Dialog in Snorris *Gylfaginning*«, in: FIX 1998, 131–180.

MCKINNELL 1994: JOHN MCKINNELL, *Both One and Many: Essays on Change and Variety in Late Norse Paganism*, Rom 1994.

MCKINNELL 1995: JOHN MCKINNELL, «Þórr as Comic Hero», in: Teresa Pàroli (Hrsg.), *La funzione dell'eroe germanico: storicità, metafora, paradigma*, Rom 1995, 141–183.

MEANEY 1981: A. L. MEANEY, *Anglo-Saxon Amulets and Curing Stones*, Oxford 1981

MEANEY 1995: A. L. MEANEY, «Pagan English Sanctuaries, Place-Names and

Hundred Meeting-Places», in: *Anglo-Saxon Studies in Archaeology and History* 8 (1995) 29–42.

MEENS 1998: ROB MEENS, «Magic and the Early Medieval World View», in: Joyce Hill und Mary Swan (Hrsg.), *The Community, the Family and the Saint. Patterns of Power in Early Medieval Europe*, Turnhout 1998, 285–295.

MEID 1992: WOLFGANG MEID, «Die germanische Religion im Zeugnis der Sprache», in: BECK u. a. 1992, 486–507.

MEIER 1999: MISCHA MEIER, «Zum Problem der Existenz kultischer Geheimbünde bei den frühen Germanen», in: *Zeitschrift für Religions- und Geistesgeschichte* 51 (1999) 322–341.

MEIER-BRÜGGER 2002: MICHAEL MEIER-BRÜGGER, *Indogermanische Sprachwissenschaft*, 8., überarbeitete und ergänzte Auflage unter Mitarbeit von MATTHIAS FRITZ und MANFRED MAYRHOFER, Berlin 2002.

MESSMER 1960: HANS MESSMER, *Hispania-Idee und Gotenmythos*, Zürich 1960 (Geist und Werk der Zeiten 5).

MEULENGRACHT SØRENSEN 1992: PREBEN MEULENGRACHT SØRENSEN, «Freyr in den Isländersagas», in: BECK u. a. 1992, 720–735.

MORDEK u. GLATTHAAR 1993: HUBERT MORDEK und MICHAEL GLATTHAAR, «Von Wahrsagerinnen und Zauberern. Ein Beitrag zur Religionspolitik Karls des Großen», in: *Archiv für Kulturgeschichte* 75 (1993) 33–64 (= H. Mordek, *Studien zur fränkischen Herrschergesetzgebung*, Frankfurt/Main 2000, 229–260).

MOTZ 1984: LOTTE MOTZ, «Giants and Giantesses. A Study in Norse Mythology and Belief», in: *Amsterdamer Beiträge zur älteren Germanistik* 22 (1984) 83–108.

MÜLLER u. WUNDERLICH 1999: ULRICH MÜLLER und WERNER WUNDERLICH (Hrsg.), *Dämonen, Monster, Fabelwesen*, St. Gallen 1999.

MÜLLER-WILLE 1984: MICHAEL MÜLLER-WILLE, «Opferplätze der Wikingerzeit», in: *Frühmittelalterliche Studien* 18 (1984) 187–221.

MÜLLER-WILLE 1999: MICHAEL MÜLLER-WILLE, *Opferkulte der Germanen und Slawen*, Stuttgart 1999.

NEDOMA 1998: ROBERT NEDOMA, «Zur Problematik der Deutung älterer Runeninschriften – kultisch, magisch oder profan?», in: DÜWEL 1998, 24–54.

NIELSEN 1985: KARL MARTIN NIELSEN, «Runen und Magie. Ein forschungsgeschichtlicher Überblick», in: *Frühmittelalterliche Studien* 19 (1985) 75–97.

NORTH 1990: RICHARD NORTH, «The Pagan Inheritance of *Sonatorrek*«, in: T. Pàroli (Hrsg.), *Poetry in the Scandinavian Middle Ages*, Spoleto 1990, 147–167.

NORTH 1998: RICHARD NORTH, *Heathen Gods in Old English Literature*, Cambridge 1998.

OBMANN u. WIRTZ 2000: JÜRGEN OBMANN und DERK WIRTZ, «Vorchristliche Heiligtümer im Spiegel der Esoterik und des Neuheidentums», in: M. Baumbach (Hrsg.), *Tradita et inventa*, Heidelberg 2000, 629–650.

Owen 1981: G. R. Owen, *Rites and Religions of the Anglo-Saxons*, Newton Abbot 1981.

Page 1995: R. I. Page, «Anglo-Saxon Paganism: The Evidence of Bede», in: T. Hofstra u. a. (Hrsg.), *Pagans and Christians*, Groningen 1995, 99–129.

Perl 1990: Gerhard Perl, *Tacitus, Germania*, Berlin 1990.

Pesch 1999: Alexandra Pesch, «Die Oseberg-‹Saga› in ihrer Vielschichtigkeit», in: Stig Toftgaard Andersen (Hrsg.), *Die Aktualität der Saga. Festschrift für Hans Schottmann*, Berlin 1999 (Ergänzungsband zum RGA 21), 177–199.

Picard 1991: Eve Picard, *Germanisches Sakralkönigtum?* Heidelberg 1991.

Pulsiano 1993: Phillip Pulsiano (Hrsg.), *Medieval Scandinavia: an encyclopedia*, New York 1993.

Randsborg 1995: K. Randsborg, *Hjortspring. Warfare and Sacrifice in Early Europe*, Aarhus 1995.

Reichert 1992: Hermann Reichert, «Altgermanische Personennamen als Quellen der Religionsgeschichte», in: Beck u. a. 1992, 552–574.

Ridé 1977: Jacques Ridé, *L'image du Germain dans la pensée et la littérature allemandes de la redécouverte de Tacite à la fin du XVIe siècle*, 3 Bände, Paris 1977.

Russell 1994: James C. Russell, *The Germanization of Early Medieval Christianity. A Sociohistorical Approach to Religious Transformation*, New York 1994.

Sandnes 1992: Jørn Sandnes, «Haupttypen sakraler Ortsnamen Westskandinaviens», in: Hauck 1992a, 257–266.

Schäferdiek 1984: Knut Schäferdiek, «Germanisierung des Christentums», in: *Theologische Realenzyklopädie* 12 (1984) 521–524.

Schier 1963: Kurt Schier, «Die Erdschöpfung aus dem Urmeer und die Kosmogonie der Völospá», in: Hugo Kuhn und Kurt Schier (Hrsg.), *Märchen, Mythos, Dichtung. Festschrift zum 90. Geburtstag Friedrich von der Leyens am 19. August 1963*, München 1963, 303–334 (= Schier 1994, 15–52).

Schier 1968: Kurt Schier, «Freys und Fróðis Bestattung», in: Helmut Birkhan u. a. (Hrsg.), *Festschrift für Otto Höfler zum 65. Geburtstag*, Band 2, 389–409 (= Schier 1994, 53–79).

Schier 1976: Kurt Schier, «Die Húsdrápa von Úlfr Uggason und die bildliche Überlieferung altnordischer Mythen», in: *Minjar og Menntir. Afmælisrit helgað Kristjáni Eldjárn, 6. Desember 1976*, Reykjavík 1976, 425–443 (= Schier 1994, 80–101).

Schier 1981: Kurt Schier, «Zur Mythologie der Snorra Edda: Einige Quellenprobleme», in: Dronke u. a. 1981, 405–420 (= Schier 1994, 102–121).

Schier 1992: Kurt Schier, «Skandinavische Felsbilder als Quellen für die germanische Religionsgeschichte?», in: Beck u. a. 1992, 162–228.

Schier 1994: Kurt Schier, *Nordlichter. Ausgewählte Schriften 1960–1992*, hrsg. v. Ulrike Strerath-Bolz, Stefanie Würth und Sibylle Geberl, München 1994.

SCHIER 1995: KURT SCHIER, «Gab es eine eigenständige Balder-Tradition in Dänemark?», in: Edith Marold und Christiane Zimmermann (Hrsg.), *Nordwestgermanisch*, Berlin 1995 (Ergänzungsbände zum RGA 13), 125–153.

SCHIER 1998: KURT SCHIER, «Literatur als historisches Argument: Einige Bemerkungen zum Nachwirken Snorris in Skandinavien vom 17.-19. Jahrhundert», in: FIX 1998, 181–229.

SCHJØDT 1990: JENS PETER SCHJØDT, «Horizontale und vertikale Achsen in der vorchristlichen skandinavischen Kosmologie», in: AHLBÄCK 1990, 35–57.

SCHLERATH 1995–1996: BERNFRIED SCHLERATH, «Georges Dumézil und die Rekonstruktion der indogermanischen Kultur», in: *Kratylos* 40 (1995) 1–48 und 41 (1996) 1–67.

SCHLERATH 1998: BERNFRIED SCHLERATH, «Religion der Indogermanen», in: W. Meid (Hrsg.), *Sprache und Kultur der Indogermanen*, Innsbruck 1998, 87–99.

SCHMIDT-WIEGAND 1992: RUTH SCHMIDT-WIEGAND, «Spuren paganer Religiosität in frühmittelalterlichen Rechtsquellen», in: BECK u. a. 1992, 575–587.

SCHMIDT-WIEGAND 1994: RUTH SCHMIDT-WIEGAND, «Spuren paganer Religiosität in den frühmittelalterlichen Leges», in: H. Keller und N. Staubach (Hrsg.), *Iconologia Sacra. Festschrift K. Hauck*, Berlin 1994, 249–262.

SCHNURBEIN 1990: STEFANIE VON SCHNURBEIN, «Geheime kultische Männerbünde bei den Germanen. Eine Theorie im Spannungsfeld zwischen Wissenschaft und Ideologie», in: G. Völger und Karin von Welck (Hrsg.), *Männerbande, Männerbünde. Zur Rolle des Mannes im Kulturvergleich*, Köln 1990, 97–102.

SCHNURBEIN 1992: STEFANIE VON SCHNURBEIN, *Religion als Kulturkritik. Neugermanisches Heidentum im 20. Jahrhundert*, Heidelberg 1992 (Skandinavistische Arbeiten 13).

SCHNURBEIN 1993: STEFANIE VON SCHNURBEIN, *Göttertrost in Wendezeiten. Neugermanisches Heidentum zwischen New Age und Rechtsradikalismus*, München 1993.

SCHWAB 1998: UTE SCHWAB, «Runen der Merowingerzeit als Quelle für das Weiterleben der spätantiken christlichen und nichtchristlichen Schriftmagie?», in: DÜWEL 1998, 376–433

SCHWARCZ 2000: ANDREAS SCHWARCZ, «Cult and Religion among the Tervingi and the Visigoths and their conversion to Christianity», in: Peter Heather (Hrsg.), *The Visigoths from the Migration Period to the Seventh Century: An Ethnographic Perspective*, San Marino 2000 (Studies in Historical Archaeoethnology 4), 447–459.

VON SEE 1964: KLAUS VON SEE, *Altnordische Rechtswörter*, Tübingen 1964.

VON SEE 1972: KLAUS VON SEE, *Kontinuitätstheorie und Sakraltheorie in der Germanenforschung. Antwort an Otto Höfler*, Frankfurt/M 1972.

VON SEE 1981: KLAUS VON SEE, *Edda, Saga, Skaldendichtung. Aufsätze zur skandinavischen Literatur des Mittelalters*, Heidelberg 1981.

VON SEE 1988: KLAUS VON SEE, *Mythos und Theologie im skandinavischen Hochmittelalter*, Heidelberg 1988 (Skandinavistische Arbeiten 8).

VON SEE 1990: KLAUS VON SEE, «Zum Prolog der Snorra-Edda», in: *Skandinavistik* 20 (1990) 111–126.

VON SEE 1993: KLAUS VON SEE, «Snorris Konzeption einer nordischen Sonderkultur», in: WOLF 1993, 141–177.

VON SEE 1994: KLAUS VON SEE, *Barbar, Germane, Arier: die Suche nach der Identität der Deutschen*, Heidelberg 1994.

VON SEE 1999 a: KLAUS VON SEE, *Europa und der Norden im Mittelalter*, Heidelberg 1999.

VON SEE 1999 b: KLAUS VON SEE, «Der Germane als literarische und ideologische Fiktion», in: G. Bönnen und O. Gallé (Hrsg.), *Ein Lied von gestern? Wormser Symposium zur Rezeptionsgeschichte des Nibelungenliedes*, Worms 1999, 105–139.

VON SEE u. a. 1997 ff.: KLAUS VON SEE u. a., *Kommentar zu den Liedern der Edda*, Heidelberg 1997 ff.

SEEBOLD 1991: ELMAR SEEBOLD, «Der Himmel, der Tag und die Götter bei den Indogermanen», in: *Historische Sprachforschung* 104 (1991) 29–45.

SEEBOLD 1992: ELMAR SEEBOLD, «Römische Münzbilder und germanische Symbolwelt», in: BECK u. a. 1992, 270–335.

SEIPP 1968: HORST SEIPP, *Entwicklungszüge der germanischen Religionswissenschaft. Von Jacob Grimm bis Georges Dumézil*, Diss. Bonn 1968.

SIEWERT 2002: SYLVIA SIEWERT, *Germanische Religion und neugermanisches Heidentum*, Frankfurt/M. 2002.

SIMEK 1995: RUDOLF SIMEK, *Lexikon der germanischen Mythologie*, zweite ergänzte Auflage Stuttgart 1995.

SIMEK 1997: RUDOLF und ANGELA SIMEK, «Bog People Revisited», in: *Hugur. Mélanges d'histoire, de littérature et de mythologie offerts à Régis Boyer pour son 65e anniversaire*, Paris 1997, 51–85.

SIMEK u. PÁLSSON 1987: RUDOLF SIMEK und HERMANN PÁLSSON, *Lexikon der altnordischen Literatur*, Stuttgart 1987.

SONDEREGGER 1997: STEFAN SONDEREGGER, «Prinzipien germanischer Personennamengebung», in: D. Geuenich, W. Haubrichs und J. Jarnut (Hrsg.), *Nomen et gens. Zur historischen Aussagekraft frühmittelalterlicher Personennamen*, Berlin 1997 (Ergänzungsbände zum RGA 16), 1–29.

SØRENSEN 1992: J. K. SØRENSEN, «Haupttypen sakraler Ortsnamen Südskandinaviens», in: HAUCK 1992, 228–240.

SPICKERMANN 2001: WOLFGANG SPICKERMANN, «Die germanischen Provinzen als Feld religionshistorischer Untersuchungen», in: SPICKERMANN u. a. 2001, 3–46.

SPICKERMANN u. a. 2001: WOLFGANG SPICKERMANN in Verbindung mit HUBERT CANCIK und JÖRG RÜPKE (Hrsg.), *Religion in den germanischen Provinzen Roms*, Tübingen 2001.

STARKEY 1999: KATHRYN STARKEY, «Imagining an Early Odin. Gold Bracteates as Visual Evidence?», in: *Scandinavian Studies* 71 (1999) 373–392.

STEINSLAND 1986: GRO STEINSLAND, «Giants as Recipients of Cult in the Viking Age?», in: Dies. (Hrsg.), *Words and Objects. Towards a Dialogue between Archaeology and History of Religion*, Oslo 1986, 212–222.

STEINSLAND 1992: GRO STEINSLAND, «Die mythologische Grundlage für die nordische Königsideologie», in: BECK u. a. 1992, 736–751.

STEUER 2001: HEIKO STEUER (Hrsg.), *Eine hervorragend nationale Wissenschaft. Deutsche Prähistoriker zwischen 1900 und 1995*, Berlin 2001 (Ergänzungsbände zum RGA 29).

STRERATH-BOLZ 1991: ULRIKE STRERATH-BOLZ, *Kontinuität statt Konfrontation. Der Prolog der Snorra-Edda und die europäische Gelehrsamkeit des Mittelalters*, Frankfurt/Main und Bern 1990 (Texte und Untersuchungen zur Germanistik und Skandinavistik 27).

STRERATH-BOLZ 1998: ULRIKE STRERATH-BOLZ, «Sprache und Religion im Prolog der *Snorra Edda*«, in: FIX 1998, 267–274.

STRÖM 1975: ÅKE V. STRÖM, «Germanische Religion», in: Ders. und Haralds Biezais, *Germanische und Baltische Religion*, Stuttgart 1975 (Die Religionen der Menschheit 19,1), 5–306.

SVENNUNG 1967: JOSEF SVENNUNG, *Zur Geschichte des Goticismus*, Uppsala 1967.

TEEGEN 1999: WOLF-RÜDIGER TEEGEN, *Studien zu dem kaiserzeitlichen Quellopferfund von Bad Pyrmont*, Berlin 1999 (Ergänzungsbände zum RGA 20).

THRANE 1998: HENRIK THRANE, «Materialien zur Topographie einer eisenzeitlichen Sakrallandschaft um Gudme auf Ostfünen in Dänemark», in: Anke Wesse (Hrsg.), *Studien zur Archäologie des Ostseeraumes. Festschrift für Michael Müller-Wille*, Neumünster 1998, 235–247.

TIMPE 1992: DIETER TIMPE, «Tacitus' Germania als religionsgeschichtliche Quelle», in: BECK u. a. 1992, 434–485.

TURVILLE-PETRE 1964: E. O. GABRIEL TURVILLE-PETRE, *Myth and Religion of the North. The Religion of Ancient Scandinavia*, London 1964.

UDOLPH 1994: JÜRGEN UDOLPH, *Namenkundliche Studien zum Germanenproblem*, Berlin 1994 (Ergänzungsbände zum RGA 9).

UDOLPH 1999: JÜRGEN UDOLPH, *«Ostern»: Geschichte eines Wortes*, Heidelberg 1999.

DE VRIES 1956–1957: JAN DE VRIES, *Altgermanische Religionsgeschichte*, 2 Bände, Berlin 1956–1957.

WALTER 2000: ERNST WALTER, «Zum Problem des Christlichen in den Isländersagas», in: H. Beck und E. Ebel (Hrsg.), *Studien zur Isländersaga. Festschrift für Rolf Heller*, Berlin 2000 (Ergänzungsbände zum RGA 24), 275–282.

WAWN 1994: ANDREW WAWN (Hrsg.), *Northern Antiquity. The Post-Medieval Reception of Edda and Saga*, Enfield Lock 1994.

WEBER 1993: GERD WOLFGANG WEBER, «Snorri Sturlusons Verhältnis zu seinen Quellen und sein Mythosbegriff», in: WOLF 1993, 193–244.

WELLS 2001: PETER S. WELLS, *Beyond Celts, Germans and Scythians*, London 2001.

WERNER 1992: JOACHIM WERNER, «Childerichs Pferde», in: BECK u. a. 1992, 145–161.

WESCHE 1940: HEINRICH WESCHE, *Der althochdeutsche Wortschatz im Gebiete des Zaubers und der Weissagung*, Halle/Saale 1940 (Untersuchungen zur Geschichte der deutschen Sprache 1).

WILSON 1992: DAVID WILSON, *Anglo-Saxon Paganism*, London 1992.

WISSOWA 1919: GEORG WISSOWA, «Interpretatio Romana. Römische Götter im Barbarenland», in: *Archiv für Religionswissenschaft* 19 (1919) 1–49.

WOLF 1993: ALOIS WOLF (Hrsg.), *Snorri Sturluson. Kolloquium anläßlich der 750. Wiederkehr seines Todestages*, Tübingen 1993 (ScriptOralia 51).

WORMALD 1986: PATRICK WORMALD, «Celtic and Anglo-Saxon kingship: some further thoughts», in: Paul E. Szarmach (Hrsg.), *Sources of Anglo-Saxon Culture*, Kalamazoo, Michigan 1986, 151–183.

BILDNACHWEIS

Abb. 1	Aus *Die Edda*, übertragen von Felix Genzmer, erschienen bei Diederichs im Heinrich Hugendubel Verlag Kreuzlingen/München 1981, Frontispiz.
Abb. 2 u. 3	Aus R. L. M. Derolez, *Götter und Mythen der Germanen*, Suchier & Englisch, Wiesbaden 1974, Tafeln 16, 27.
Abb. 4 u. 7	Aus H. R. Ellis Davidson, *Scandinavian Mythology*, Hamlyn, London 1982 S. 33, 48.
Abb. 5	Archäologische Sammlungen, Inv.-Nr. Haug 24, Reiss-Engelhorn-Museen Mannheim. Aufnahme: Deutscher Kunstverlag München/Berlin.
Abb. 6a u. 6b	University Museum of Cultural Heritage. Universität von Oslo, Norwegen.

REGISTER

Das folgende Register beschränkt sich auf eine Auswahl der wichtigsten Namen und Begriffe. Stichwörter, die als Überschriften der einzelnen Kapitel und ihrer Unterabschnitte auch im Inhaltsverzeichnis erscheinen, wurden grundsätzlich nicht aufgenommen. In größerem Umfang erfaßt wurden die aus den altgermanischen Sprachen zitierten Namen und Wörter, nicht aber deren gelegentlich angeführte Entsprechungen in anderen indogermanischen Sprachen. In der alphabetischen Anordnung erscheint *æ* ebenso wie *ae* nach *ad*, ð als eigener Buchstabe nach *d*, *ǫ* als eigener Buchstabe nach *o* und *þ* ebenso wie *th* vor *ti*. Das vorangestellte Sternchen (*) kennzeichnet Wörter, die nicht belegt sind, sondern durch Sprachvergleich erschlossen wurden.